은혜로운 대표기도

박 래 균 지음

도서출판

은혜로운 대표기도

2019년 10월 7일 · 초판 9쇄 발행
2022년 04월 8일 · 초판 10쇄 발행
2023년 04월 13일 · 초판 11쇄 발행
2024년 08월 13일 · 초판 12쇄 발행

지은이 · 박래균
펴낸이 · 박래균
펴낸곳 · 도서출판 밝은꿈

131-820 서울특별시 중랑구 동일로 107길 12
기 획 · (02)070-8274-8777
영 업 · (02)964-6993 / Fax (02) 2208-0153
등 록 · 2008. 8. 23 제 13-10호

ⓒ 밝은꿈 2010

기 획 · 박래균
편 집 · 소금창고 디자인
영 업 · 일오삼 출판사

ISBN 978-89-962124-1-6(03230)

* 이 책의 저작권은 저자가 소유하고 있습니다.
* 저자와 출판사의 사전 승인없이 책의 내용이나 표지 등을 복제, 인용할 수 없습니다.
  잘못된 책은 바꿔 드립니다.

• 차례 •

머리말　20

1월의 대표기도

첫째 주_
주일예배 • 예수님은 우리의 푯대이시다 (신년주일)　25
주일오후예배 • 옛 구습을 버리고 믿음의 새 옷을 입자　27
수요예배 • 새롭게 하여 주소서　28
구역예배 • 직분을 감당하는 구역　29
가정예배 • 예수님만 바라보는 가정　29

둘째주_
주일예배 • 온전케 하시는 주님 바라보자　30
주일오후예배 • 기도할 때 응답 주심　32
수요예배 • 풍랑을 잔잔케 하신 주님　33
구역예배 • 하나님이 기뻐하시는 예배　34
가정예배 • 응답받은 고넬료의 가정　34

셋째주_
주일예배 • 신령과 진정으로 드리는 예배　35
주일오후예배 • 예배를 생활화 하자　37
수요예배 • 기도로 문제를 해결하자　38
구역예배 • 믿음으로 하나 되는 구역　39
가정예배 • 주님만 바라보는 가정　39

넷째주_
주일예배 • 창조주 하나님께 감사하자　40
주일오후예배 • 봉사하며 전도하는 교회　42
수요예배 • 믿음을 단정하게 하자　43
구역예배 • 꿈꾸는 요셉처럼　44
가정예배 • 노아의 가정처럼　44

2월의 대표기도

첫째 주_
주일예배 • 부흥되는 교회가 되게 하옵소서   47
주일오후예배 • 세상의 유혹을 이기자   49
수요예배 • 변하지 않는 믿음으로 충성하자   50
구역예배 • 기도로 문제해결   51
가정예배 • 나 때문에   51

둘째 주_
주일예배 • 죄에서 자유를 얻으려면   52
주일오후예배 • 하나님 나라 확장을 위하여   54
수요예배 • 사랑으로 실천을   55
구역예배 • 하나님의 약속   56
가정예배 • 회개하는 가정을 기뻐하심   56

셋째 주_
주일예배 • 너희도 서로 사랑하라   57
주일오후예배 • 주님 바라보며 세상을 이기자   59
수요예배 • 하나님의 뜻을 깨닫자   60
구역예배 • 헌신하는 구역   61
가정예배 • 하나님의 일꾼이 되는 가정   61

넷째 주_
주일예배 • 모세와 같은 일꾼으로   62
주일오후예배 • 내 주를 가까이   64
수요예배 • 소외된 자를 위하여   65
구역예배 • 초대교회를 본받자   66
가정예배 • 반석 위에 세운 가정   66

3월의 대표기도

첫째 주_	주일예배 • 3·1 운동과 기도의 응답 (3·1절)	69
	주일오후예배 • 성령의 불로 소멸	71
	수요예배 • 기도는 문제를 푸는 열쇠	72
	구역예배 • 주님의 십자가를 붙들자	73
	가정예배 • 기도 쉬지 않는 가정	73
둘째 주_	주일예배 • 너희는 복음을 전파하라	74
	주일오후예배 • 심는대로 거두는 생활	76
	수요예배 • 그리스도의 분량에 이르기까지	77
	구역예배 • 여호와를 경외하는 복	78
	가정예배 • 영혼이 잘 되는 자녀	78
셋째 주_	주일예배 • 빛이 되신 예수님	79
	주일오후예배 • 믿음의 눈이 열리게 하옵소서	81
	수요예배 • 협력하는 믿음	82
	구역예배 • 내 마음에 합한 사람	83
	가정예배 • 소원을 이루소서	83
넷째 주_	주일예배 • 내 짐을 여호와께 맡기자	84
	주일오후예배 • 선교하는 교회가 되자	86
	수요예배 • 주님의 사랑으로 하나되자	87
	구역예배 • 소금의 사명을 다하자	88
	가정예배 • 위태할 때 주님의 도우심	88

4월의 대표기도

첫째 주_
주일예배 • 주님의 수난과 함께 (종려주일)   91
주일오후예배 • 겸손하신 평화의 주님   93
수요예배 • 우리 죄를 지신 십자가 (고난주일)   94
구역예배 • 나귀타고 입성하신 주님   95
가정예배 • 무거운 짐을 주님께   95

둘째 주_
주일예배 • 부활의 소망 (부활주일)   96
주일오후예배 • 날마다 나와 함께 하시는 주님   98
수요예배 • 죄악을 치료하시는 주님   99
구역예배 • 소문 나는 구역   100
가정예배 • 좋은 열매를 맺자   100

셋째 주_
주일예배 • 마음 문을 두드리는 주님   101
주일오후예배 • 말씀을 실천하는 믿음   103
수요예배 • 선교하는 교회   104
구역예배 • 복음으로 사는 구역   105
가정예배 • 예배를 주관하시는 하나님   105

넷째 주_
주일예배 • 주님의 뜻을 이루는 교회   106
주일오후예배 • 축복을 약속하신 하나님   108
수요예배 • 말로 형용할 수 없는 사랑   109
구역예배 • 주님이 인도하십니다   110
가정예배 • 하나님의 뜻대로 사는 가정   110

5월의 대표기도

첫째 주_
주일예배 • 어린이는 하나님의 선물 (어린이 주일)   113
주일오후예배 • 어린이와 같이 되라   115
수요예배 • 주님의 음성을 듣자   116
구역예배 • 주님의 십자가를 붙들자   117
가정예배 • 기도가 능력이 되는 가정   117

둘째 주_
주일예배 • 부모를 공경하라 (어버이 주일)   118
주일오후예배 • 예수님을 모시는 가정 (가정의 달)   120
수요예배 • 착하고 선하게 살아가자   121
구역예배 • 십자가 군병   122
가정예배 • 개미에게 배우라   122

셋째 주_
주일예배 • 성장하는 교회가 되자   123
주일오후예배 • 시냇가에 심은 나무   125
수요예배 • 등불 들고 신랑 맞이하자   126
구역예배 • 예수님의 향기를 나타내자   127
가정예배 • 찬양으로 주님을 기쁘게   127

넷째 주_
주일예배 • 주님의 마음을 품자   128
주일오후예배 • 사랑으로 교제하는 교회   130
수요예배 • 우리를 부르시는 예수님   131
구역예배 • 보배로운 질그릇   132
가정예배 • 말씀으로 살자   132

6월의 대표기도

첫째 주_	주일예배 • 주님의 빛을 나타내자	135
	주일오후예배 • 섬김을 받는 진리	137
	수요예배 • 믿음으로 헌신하자	138
	구역예배 • 사랑의 첫 계명	139
	가정예배 • 말씀으로 승리	139
둘째 주_	주일예배 • 항상 기뻐하라 (보훈의 달)	140
	주일오후예배 • 주님의 빛을 비추자	142
	수요예배 • 믿음으로 드리는 헌신	143
	구역예배 • 반석 위에 세운 교회	144
	가정예배 • 믿음으로 결단하자	144
셋째 주_	주일예배 • 세상을 이기는 믿음을 갖자	145
	주일오후예배 • 깨닫고 회개하자	147
	수요예배 • 예수님의 부탁	148
	구역예배 • 칭찬받는 구역	149
	가정예배 • 즐거운 우리 집	149
넷째 주_	주일예배 • 민족의 아픔을 통회하자 (6·25 기념일)	150
	주일오후예배 • 우선순위를 세우자	152
	수요예배 • 청지기의 마음가짐	153
	구역예배 • 살아 있는 믿음	154
	가정예배 • 예수만 섬기는 가정	154

7월의 대표기도

첫째 주_	주일예배 • 첫 열매로 감사하자 (맥추감사주일)	157
	주일오후예배 • 면류관 받는 자 되자	159
	수요예배 • 땅끝까지 복음의 증인	160
	구역예배 • 우리의 대장 예수님	161
	가정예배 • 순종의 가정이 되라	161

둘째 주_	주일예배 • 세계 꿈을 갖자	162
	주일오후예배 • 용서와 사랑	164
	수요예배 • 주님의 뜻	165
	구역예배 • 금 같은 믿음으로	166
	가정예배 • 여호와는 나의 목자	166

셋째 주_	주일예배 • 광야의 삶은 연단	167
	주일오후예배 • 성도들의 복된 삶	169
	수요예배 • 네 영혼이 잘됨같이	170
	구역예배 • 너희는 세상의 소금	171
	가정예배 • 열매 맺는 가정	171

넷째 주_	주일예배 • 큰 믿음을 주옵소서	172
	주일오후예배 • 성장하며 거듭나는 교회	174
	수요예배 • 마지막 때	175
	구역예배 • 별과 같이 빛나는 구역	176
	가정예배 • 행함이 있는 사랑	176

8월의 대표기도

첫째 주_
- 주일예배 • 새롭게 거듭나자 — 179
- 주일오후예배 • 엘리야의 영감을 받자 — 181
- 수요예배 • 믿음을 본받자 — 182
- 구역예배 • 겸손한 삶 — 183
- 가정예배 • 가정 복음화 — 183

둘째 주_
- 주일예배 • 기둥 같은 일꾼이 되자 — 184
- 주일오후예배 • 말씀으로 오신 예수님 — 186
- 수요예배 • 주님을 떠나서는 살 수 없다 — 187
- 구역예배 • 날로 부흥하는 구역 — 188
- 가정예배 • 은혜의 단비가 내리는 가정 — 188

셋째 주_
- 주일예배 • 시대적인 사명을 갖자 — 189
- 주일오후예배 • 칭찬받는 믿음 — 191
- 수요예배 • 하나 되게 하옵소서 — 192
- 구역예배 • 주님의 제자가 되려면 — 193
- 가정예배 • 섬기며 사는 가정 — 193

넷째 주_
- 주일예배 • 주님의 장막을 사모하라 — 194
- 주일오후예배 • 온전하신 예수를 바라보자 — 196
- 수요예배 • 회개의 열매 — 197
- 구역예배 • 날마다 주님과 동행하자 — 198
- 가정예배 • 주님의 뜻대로 — 198

9월의 대표기도

첫째 주_	주일예배 • 시험을 이기는 믿음	201
	주일오후예배 • 말씀으로 승리하자	203
	수요예배 • 하나님의 전신갑주를 입자	204
	구역예배 • 믿음의 기도	205
	가정예배 • 예수님만 자랑	205
둘째 주_	주일예배 • 행복의 근원되신 하나님	206
	주일오후예배 • 순종하는 믿음	208
	수요예배 • 믿음의 자리를 지키자	209
	구역예배 • 안디옥 교회를 배우자	210
	가정예배 • 말씀으로 살아가는 가정	210
셋째 주_	주일예배 • 성령충만함을 받으라	211
	주일오후예배 • 귀를 기울이고 들으라	213
	수요예배 • 기도의 불이 타오르는 교회	214
	구역예배 • 하나님을 가까이 하자	215
	가정예배 • 진리 위에 세운 가정	215
넷째 주_	주일예배 • 구원의 감격이 넘치게 하자	216
	주일오후예배 • 범사에 감사하자	218
	수요예배 • 주님을 가까이	219
	구역예배 • 하나님을 기쁘게	220
	가정예배 • 사람을 낚는 어부	220

10월의 대표기도

첫째 주_
주일예배 • 의롭게 살아가자   223
주일오후예배 • 믿음으로 지은 방주   225
수요예배 • 내 주여 뜻대로 행하시옵소서   226
구역예배 • 야곱의 믿음   227
가정예배 • 좋은 씨를 뿌리자   227

둘째 주_
주일예배 • 말씀을 사모하자   228
주일오후예배 • 하나님을 기쁘게 하자   230
수요예배 • 시냇가에 심은 나무가 되자   231
구역예배 • 예수님을 맞이하자   232
가정예배 • 하나님의 소원을 이루자   232

셋째 주_
주일예배 • 예수님의 향기   233
주일오후예배 • 베드로의 신앙고백처럼   235
수요예배 • 심령이 가난한 자로 살자   236
구역예배 • 놋 뱀을 바라보자   237
가정예배 • 사랑을 나타내자   237

넷째 주_
주일예배 • 환란 날에 부르짖자   238
주일오후예배 • 인정받는 자가 되자   240
수요예배 • 낙심치 말고 기도하자   241
구역예배 • 말씀으로 살자   242
가정예배 • 주님만 자랑 하자   242

11월의 대표기도

첫째 주_
주일예배 • 말씀을 전하자 245
주일오후예배 • 다윗처럼 감사하며 살자 247
수요예배 • 영적인 눈을 뜨자 248
구역예배 • 영적 감각으로 살자 249
가정예배 • 중심을 보십니다 249

둘째 주_
주일예배 • 영적 추수의 계절이다 250
주일오후예배 • 주님 안에서 살자 252
수요예배 • 마음의 문이 열자 253
구역예배 • 구별된 삶을 살자 254
가정예배 • 만물은 하나님의 것 254

셋째 주_
주일예배 • 감사는 하나님의 명령 (추수감사절) 255
주일오후예배 • 희생의 첫 열매 (추수감사절) 257
수요예배 • 추수하는 일꾼이 되자 258
구역예배 • 부활의 신앙으로 감사하자 259
가정예배 • 하나님을 모시는 감사 259

넷째 주_
주일예배 • 신령한 복을 받자 260
주일오후예배 • 선한 청지기로 살자 262
수요예배 • 의롭고 진실한 마음 263
구역예배 • 주님과 동행하자 264
가정예배 • 하나님은 나의 목자 264

12월의 대표기도

첫째 주_
- 주일예배 • 임마누엘 되신 하나님 — 267
- 주일오후예배 • 하나님의 경고하심 — 269
- 수요예배 • 하나님 나라를 사모하자 — 270
- 구역예배 • 영원한 하나님의 나라 — 271
- 가정예배 • 온전하신 예수님 — 271

둘째 주_
- 주일예배 • 주님 오실 날을 준비하자 — 272
- 주일오후예배 • 승리하는 자 — 274
- 수요예배 • 회개의 열매를 맺자 — 275
- 구역예배 • 믿음으로 승리하자 — 276
- 가정예배 • 드보라의 믿음 — 276

셋째 주_
- 주일예배 • 주님의 증인이 되자 — 277
- 주일오후예배 • 이름을 예수라 하라 — 279
- 수요예배 • 북한 땅에도 예수 탄생 — 280
- 구역예배 • 꿈이 있는 구역 — 281
- 가정예배 • 주는 자가 복이 있다 — 281

넷째 주_
- 주일예배 • 성탄의 기쁨을 온 세계에 (성탄주일) — 282
- 주일오후예배 • 나그네 인생 (송년주일) — 284
- 주일저녁예배 • 복음의 열매를 맺게 하옵소서 — 286
- 수요예배 • 앞에 있는 것을 잡으라 — 287
- 구역예배 • 말구유에 탄생하는 구주 — 288
- 가정예배 • 새롭게 하소서 — 288

부 록

남선교회예배 •	모세처럼 기도하는 선교회	290
	솔로몬 성전과 같이	292
	하나가 되게 하옵소서	294
	마음과 뜻과 목숨을 다하는 헌신	295
여선교회예배 •	눈물의 기도	296
	좋은 그릇으로 헌신하자	297
	민족을 구원한 에스더	298
재직회예배 •	칭찬받는 청지기	299
	죽도록 충성하자	300
청년회예배 •	죽기까지 복종하자	301
	요셉 같은 믿음	302
구역장예배 •	선한 목자 되신 예수님	303
학생회예배 •	소년 시절의 예수님	304
교사예배 •	권세 있는 말씀으로	305
성가대예배 •	하나님이 기뻐하시는 찬양	306
선교회예배 •	선교는 주님의 명령	307
봉헌헌금 •	자원하는 예물을 드리자	308
	감사로 드리는 인생	309
	보물을 하늘에 쌓자	310
	염려를 주께 맡기고 드리자	311
설날예배 •	소망의 새해를 맞자	312
3·1절예배 •	3·1절 만세는 주님의 만세	313
수난주일예배 •	내가 목마르다	314
부활절예배 •	부활은 우리의 부활	315

어린이주일예배 •	어린이는 나라의 보배	316
어버이주일예배 •	부모 공경은 첫 계명	317
현충일예배 •	나라를 위한 희생은 의로운 희생	318
맥추절예배 •	첫 열매를 기쁨으로 드리는 맥추절	319
8·15해방예배 •	8·15는 민족의 유월절	320
추석 예배 •	이웃과 함께 나누는 명절	321
추수감사주일예배 •	범사에 참된 감사	322
전도주일예배 •	한 영혼이 온 천하보다 귀하다	323
성탄예배 •	인류 구원의 성탄	324
송구영신예배 •	새해 새 소망을	325
세례주일예배 •	요단강에서 세례를 받으신 예수님	326
창립주일예배 •	만세 반석 위에 세운 교회	327
장로, 안수집사, 임명자, 임직 절기예배 •	죽도록 충성하라	328

심방예배_

시험 당한 가정 •	환난 날에 나를 부르라	329
새로 믿는 가정 •	네 집이 구원을 얻으리라	329
돌 •	자식은 여호와의 주신 기업	330
회갑/칠순 •	백발은 영화의 면류관	330
추모 •	이 땅 위에 삶보다 더 좋은 낙원	331
약혼 •	주님의 사랑으로 이루는 부부	331
임직 받은 가정 •	충성스러운 종의 가정이 되라	332
이사한 가정 •	주님을 주인으로 모시는 가정	332
입학한 가정 •	하나님은 지혜와 지식의 근본	333
믿음이 약한 가정 •	믿음과 중심을 보시는 주님	333

군대 간 가정 •	예수님의 좋은 군사	334
졸업하는 가정 •	졸업은 시작이다	334
병든 가정 •	주님은 만병의 대 의사	335
믿다가 낙심한 가정 •	하늘나라의 소망을 바라보자	335
승진한 가정 •	주님의 빛을 내기 위한 승진	336
군에 입대한 가정 •	나라를 위해 부름 받은 가정	336
사업 실패한 가정 •	욥의 인내를 생각하라	337
진학에 실패한 가정 •	실패는 성공의 지름길	337
취업한 가정 •	직장은 사업이다	338
퇴원한 가정 •	환난에서 구원하신 하나님	338
노인생신 •	구원 받은 기쁨의 생신	339
술로 고민하는 가정 •	새 사람으로 변화되자	339
개업하는 가정 •	사업의 걸음을 인도하는 자는 여호와	340
사업을 확장하는 가정 •	성공을 주관 하시는 주님	340
상을 당한 가정 •	부활과 영생의 소망	341
결혼한 가정 •	예수 사랑 충만한 가정	341
성묘 가정 •	그날이 온다	342
믿음이 하나 되지 못한 가정 •	믿음으로 하나 되자	342

• 머리말 •

   오늘날 이 시대를 살아가는 기독교인들은 하나님을 예배하는 신앙이 기본 바탕이며, 핵심가치입니다. 즉 예배 없는 신앙은 상상할 수도 없으며, 예배 없는 신앙은 죽은 것이나 다름없습니다. 따라서 예배에는 찬양과 경배, 기도와 헌금, 말씀선포가 있습니다. 그중에도 기도는 하나님과의 영적인 교제요, 예배 속에 성령님의 임재와 능력을 경험하는 가장 중요한 부분이기도 합니다.

   하지만 누구나 '기도를 어떻게 해야 하나님이 받으시는 기도가 될까?' 하는 것이 가장 커다란 과제이기도 합니다.
   예수님의 제자들도 예수님께 "기도를 어떻게 해야 합니까?" 하고 물을 때 "기도는 이렇게 하라" 하시면서 기도하는 방법을 가르쳐 주신 것이 주기도문입니다.
   기도는 예수님의 이름으로 하나님께 드리는 언어이며, 우리 자신의 진실한 표현입니다. 하나님은 큰 눈으로 우리를 바라보시고, 큰 귀를 기울이시고 들으시며 그분의 능력으로 채워주시기를 기뻐하십니다.

   그러나 기도에도 함정이 있습니다.
   그것은 주님께 이끌리는 기도라야 되는데, 어떻게 하면 청중에게 감동적이고 멋진 기도를 해볼까? 라는 생각을 가지고 준비 하다 보면 기도는 자꾸 어려워지기 시작하여, 주보에 기도 순서만 올라오면 한 주간 밥 생각도 없어지고 소화도 안 됩니다. 그래서 혹자는 "대표기도는 호랑이보다 더 무섭다"는 말을 하기도 했습니다.

이런 경험을 해 본 사람은 '기도' 라는 단어만 들어도 자신감이 없어지고 두려운 마음까지 생깁니다. 이런 두려움의 갈등을 해결하지 않으면 자포자기하고 신앙의 깊은 늪에 빠져 잠이 들게 됩니다. 많은 성도들이 기도를 이렇게 두려워하고 어렵게 생각하기 때문에 신앙이 성장하지 못 하고 신앙생활을 바르게 하지 못하는 것은 꾸준한 기도생활을 하지 않기 때문입니다.

저자는 어떻게 하면 성도들이 기도의 두려움을 없애고 하나님과 깊이 있는 영적인 교제에 들어갈 수 있도록 조금이나마 도움이 될 수 있을까 하여 '은혜로운 대표기도'를 출판하게 되었습니다.

영적인 생활은 포기하지 않고 지속적으로 도전하면 반드시 주님의 임재와 능력을 경험하게 됩니다.
하나님은 살아계시기 때문에 그분께 예배하는 자들을 찾으십니다. 기도하는 마음으로 이 책을 읽어보시면, 우리 안에 감추어진 하나님을 향한 열정을 표현하기

시작할 것입니다. 그때부터 뿌리 깊은 영적갈증이 해갈될 것이라고 분명히 생각하여 이 글을 씁니다.

   본서는 대표기도문입니다.
   주일낮예배 기도, 주일오후예배 기도, 수요예배 기도, 구역예배 기도, 가정예배 기도, 심방예배 기도까지 소상하게 편집하였기에 이 책을 읽는 성도들에게 신앙성장의 큰 도움이 되리라 믿습니다. 이제 두려워 말고, 주님이 주시는 마음으로 담대하게 기도하면 주님이 말씀하시는 은혜로운 대표기도가 되어 하나님께 상달되고 응답받는 기도가 되리라 믿습니다.

저자씀

1월의 대표기도

1월 첫째 주

예수님은 우리의 푯대이시다

• 주일예배(신년예배) •

우주 만물을 창조하시고, 인류를 다스리시는 거룩하신 하나님 아버지, 아버지의 사랑으로 신년예배를 드리게 됨을 감사드립니다.

새롭게 시작하는 신년을 맞이하여 감격과 벅찬 마음으로 예배를 드립니다. 지난 날들을 되돌아볼 때 하나님의 말씀대로 살아가지 못 하고 하나님이 주신 기쁨보다 세상 것을 염려하다가 주님의 기대에 부응하지 못한 것을 회개합니다.

한 해를 살아가기 위해 헤쳐나가야 할 광야 같은 수많은 역경을 여호수아와 같이 담대한 마음으로 이겨나갈 수 있도록 하나님께서 우리의 마음을 강하고 담대하게 하시어, 우리 앞에 놓인 1년이라는 새로운 시간을 가치 있게 살아가게 하옵소서. 또한 사도 바울이 "푯대를 향하여 그리스도 예수 안에서 하나님이 위에서 부르신 부름의 상을 위하여 달려가노라"(빌3:14) 권고했던 말씀처럼 하나님께서 원하시는 목표를 바로 잡고 흔들림 없이 달려 나가는 한 해가 되도록 인도하여 주옵소서.

우리 인생의 목표가 오직 주님만이 나의 삶의 가치가 되게 하시고, 그 푯대를 향해 달려갈 때 한 몸된 지체들이 주님의 몸을 세워 날마다 예수 믿는 사람이 더해가는 초대교회의 모습으로 부흥하는 교회가 되기를 간절히 소망합니다.

우리 모두에게 새로운 시간과 새로운 날을 공평주신 하나님, 이 민족이 허례허식과 과소비의 가면을 벗어버리고, 부지런하고 근면한 민족으로 세계에 으뜸가는 선진 국민으로 우뚝 서서 세계를 복음화하는 선교국가가 되게 하셔서 자랑스러운 하나님의 영광을 높여 드리는 이 민족이 되게 하옵소서.

따라서 하나님이 선교 국가에 덤으로 주시는 복을 누려 경제 부국으로 모두가 행복하고 잘사는 나라의 위상을 보여주옵소서. 한 가지 소원이 있습니다. 지금도 남북으로 갈라진 지구촌 마지막 분단국가인 이 민족이 교회가 하나이듯 이 민족의 아픔이 하나가 되어 잃어버린 실향민족의 아픔을 어루만져 주옵소서.

오늘도 생명의 말씀을 증거하시는 목사님을 성령님의 강권하심으로 붙드셔서 말씀을 사모하는 저희들에게 갈급함을 흡족하게 채워주심을 확신합니다.

새로운 한 해를 주신 하나님께 감사드리며 예수님의 이름으로 기도드립니다. 아멘.

1월 첫째 주

옛 구습을 버리고 믿음의 새 옷을 입자

• 주일오후예배 •

다사다난했던 한 해는 지나가고 어느덧 희망찬 새해를 맞이하게 해주신 하나님께 감사드립니다.

지난날에 주님의 마음을 갖지 못 하고 살았던 것 중에 육신적인 유혹과 썩어져 가는 옛 구습을 쫓아 살았던 것입니다. 이런 것들은 오히려 우리에게 행복을 약속해주는 것 같았지만 하나님께 더 가까이 나아려는 기능을 부패시켰던 못된 행실이었음을 고백하며 회개합니다.

이제는 말씀을 의지하여 "너희는 유혹의 욕심을 따라 썩어져 가는 구습을 따르는 옛 사람을 벗어 버리고 오직 너희의 심령이 새롭게 되어 하나님을 따라 의와 진리의 거룩함으로 지으심을 받은 새 사람을 입으라"(엡4:22-24)하신 말씀 따라 살아가기를 원합니다. 아울러 새해에 기도하며 약속했던 것처럼 얻는 즐거움보다 실천하며 행동에 옮기는 그리스도인이 되게 하옵소서.

능력이 많으신 하나님 아버지, 우리나라가 믿음의 새 옷을 갈아입어 대통령을 비롯하여 온 국민 한 사람에 이르기까지 예수 믿고 하늘의 소망을 갖는 복된 나라가 되게 하옵소서.

또한 우리 교회를 복되게 하시어, 날로 부흥하게 하시고 성도들 중에 상처입고 견고한 진을 가진 성도들이 주님 안에서 한가족임을 경험하고 섬김과 헌신의 사람으로 거듭나게 하옵소서. 오늘도 말씀을 들을 때 '주님, 내가 어찌하면 좋습니까?' 하며 회개하는 자들이 되게 하옵소서.

예수님의 이름으로 기도드립니다. 아멘.

1월 첫째 주

새롭게 하여 주소서

• 수요예배 •

하나님 아버지, 주의 인자를 따라 내게 은혜를 베푸시며 주의 많은 긍휼을 따라 내 죄악을 지워 주옵소서.

나의 죄악을 말갛게 씻으시며, 나의 죄를 깨끗이 제하옵소서. 내 모든 죄악을 지워주시고, 내 속에 정한 마음을 창조하시고 내 안에 정직한 영을 새롭게 하옵소서.

묵은 한 해는 지나고 새해는 밝았지만 아직도 우리의 심령은 어제나 다름없는 세속적인 사람으로 남아 있을 수 있습니다. 바라건대, 이제 우리의 심령까지도 새사람으로 변화시켜주실 분은 주님뿐이십니다. 아무리 발버둥을 치며 변화하려고 애써 봐도 언제나 제자리 걸음걸이를 좋아하는 우리의 육신을 제어하시고 새사람으로 변화시켜 주실 것을 확실히 믿습니다.

이제는 주님이 주신 마음으로 새롭게 단장하여 그리스도의 품성을 닮아 가는 깨끗한 믿음을 갖게 해 주옵소서. 우리 모두가 개인적인 욕망을 목표와 비전으로 세우고 살아가는 어리석은 사람이 되지 않게 하옵소서. 바라건대 하나님이 원하시는 목표에 도달할 때까지 우리들의 죄악과 실수를 용서하시되 변화되게 해주시고 베드로처럼 능력 있는 복음전도자로 살아가게 하옵소서.

다만, 새해의 사명자로 임명받은 청지기들이 맡겨진 직무에 충성을 다하여 교만함과 나태함으로 주님을 슬프게 해 드리지 않게 하옵소서.

예수님의 이름으로 기도드립니다. 아멘.

1월 첫째 주

직분을 감당하는 구역

• 구역예배 •

하나님 아버지, 한 해를 시작하게 하신 것만으로도 가슴 벅찬데 저희에게 주님의 일을 감당하라고 직분까지 주셔서 감사합니다. 세상에서 아무리 높은 바벨탑을 쌓아도 하나님이 인정하지 않는다면 무슨 소용이 있을까요?

주인 되신 주님을 모시고 그분의 말씀을 따라 순종하는 고상한 진리를 알게 하옵소서. 그리스도를 따르는 일로 비록 세상에서 실패자 같고, 어리석은 자 같으나, 천국에서 해같이 빛나는 상을 주심은, 예수님의 사랑으로 소자에게 보잘것없는 냉수 한 그릇을 대접한 것이 그렇게 귀한 것이었음을 깨달았습니다. 우리 구역이 사람에게 인정받기보다는 하나님을 기쁘게 해 드리는 구역이 되게 하옵소서. 예수님의 이름으로 기도드립니다. 아멘.

예수님만 바라보는 가정

• 가정예배 •

살아계신 하나님 아버지! 우리 가정에도 하나님이 주신 새날이 밝았습니다. 올 한 해에도 우리 교회의 비전을 공유하여 거룩한 비전을 이루게 하옵소서.

"믿음의 주요 또 온전하게 하시는 이인 예수를 바라보자 그는 그 앞에 있는 기쁨을 위하여 십자가를 참으사 부끄러움을 개의치 아니하시더니 하나님 보좌 우편에 앉으셨느니라"(히12:2)고 하셨습니다. 금년에도 우리 가정은 모든 것을 온전케 하시는 예수님만 바라보는 가정이 되게 하시어, 주어진 사명을 잘 감당하게 하여 주옵소서. 예수님의 이름으로 기도드립니다. 아멘.

1월 둘째 주

온전케 하시는 주님 바라보자

• 주일예배 •

길과 진리가 되시며 삶의 목표가 되시는 살아계신 하나님 아버지! 은혜와 사랑을 진심으로 감사드립니다.

"이러므로 우리에게 구름 같이 둘러싼 허다한 증인들이 있으니 모든 무거운 것과 얽매이기 쉬운 죄를 벗어 버리고 인내로써 우리 앞에 당한 경주를 하며 믿음의 주요 또 온전하게 하시는 이인 예수를 바라보자 그는 그 앞에 있는 기쁨을 위하여 십자가를 참으사 부끄러움을 개의치 아니하시더니 하나님 보좌 우편에 앉으셨느니라"(히12:1-2) 라고 하셨습니다.

이제 말씀 붙들고 새해에는 세상이나, 육신이나, 사람을 기쁘게 하지 않고, 오직 주님만을 바라보며 주님을 기쁘게 해 드리게 하시되 예배로 성공하는 삶이 되게 하옵소서.

주님, 우리의 진정한 소원이 있습니다.

이 땅에서 눈이 있어도 보지 못 하고, 귀가 있어도 듣지 못하며, 입이 있어도 말하지 못하는 어리석은 자들이 많이 있습니다. 하나님께서 우리 교회를 세우시고, 진정한 교회의 사명을 감당하기 위하여 민족을 불쌍히 여기는 영적인 갈급을 주셨습니다.

온 성도들이 눈을 들어 추수할 영혼들을 바라보게 하시고, 귀를 열어 죽어가는 사람의 신음을 듣게 하시고, 입술에는 베드로와 같은 말씀의 능력으로 복음을 증거하게 하시고, 바울과 같은 설득력을 주셔서 복음의 불타는 열정을 갖는 성도들이 되게 하옵소서.

새해를 맞아 어린 생명들에게 건강함으로 지켜주시고 이들이 자라면서 말씀을 순종하는 지혜로운 마음을 주셔서 세상에서 으뜸 되는 어린이들이 되게 하여 주옵소서.
학생들은 방학기간을 통하여 부족하고 모자란 부분을 보충하고 기독학생다운 삶을 살아가기 위하여, 세상문화를 절제할 수 있도록 하여 주옵소서.
이들이 장차 이 나라를 이끌어갈 주역들로 튼튼히 성장할 수 있도록 지혜와 명철을 주옵소서.

하나님 아버지!
이 예배를 통하여 한없는 영광을 받으시어, 우리에게는 성령충만하여 두려움이 없는 복음의 열정으로 청소년 사역에 앞장서게 하여 주옵소서.

오늘도 말씀선포 하시는 목사님에게 능력을 주시어, 성도들이 말씀으로 힘을 입어 예수님만을 온전히 바라보며 담대하게 세상에서도 주님의 향기로운 청지기로 살아가게 하옵소서.

원하옵기는 우리 공동체 안에서 질병으로 말미암아 예배에 참석하지 못하는 성도들을 위로하시고, 주님의 이름을 위하여 이름도 빛도 없이 봉사하는 손길들을 축복하시며 예배를 위해 수고하는 모든 이들을 은혜로 인도하여 주시옵소서.
거룩한 예배를 방해하는 세력을 틈 못하게 하시고 예배의 시종을 주께서 인도하여 주옵소서. 예수님의 이름으로 기도드립니다. 아멘.

1월 둘째 주

기도할 때 응답 주심

• 주일오후예배 •

우리의 예배를 받으시기를 기뻐하신 하나님!
오늘도 주님 앞에 진정과 신령으로 예배드리게 하시니 진실로 감사드립니다.

예수님께서 우리를 구원하시기 위하여 감람산에서 땀방울이 핏방울 되도록 주야로 기도하셨던 것을 우리가 잊지 않고 있습니다. 기도의 모범으로 주기도문을 주셨고, 시험이 들지 않게 깨어서 기도하라고 일러주신 주님, "기도 외에 다른 것으로는 이런 종류가 나갈 수 없느니라 하시니라"(막9:29)고 당부하셨기에 오늘도 기도로 한 주간을 열어가기를 원합니다. 우리 교회가 기도로 무장하여 주님의 능력으로 복음전하는 일에 앞장서게 하여 주옵소서. 성도들이 모이면 기도하고, 흩어지면 전도하여, 주님의 지상명령을 완수하는 건강한 교회가 되게 하옵소서.

지난 한 해에도 뜨거운 기도의 모임으로 어려움을 극복해 나가게 되었으며 쓸쓸한 빈자리를 바라보면서 전도의 열정을 갖게 해달라고 기도해 왔습니다.

그럴 때마다 주님의 임재와 능력을 경험하게 되었고 하나님이 일하심으로 보았습니다. 이제 우리 교회와 나라가 얍복강 야곱의 기도처가 되게 하시어, 성도들의 가정에 가로막힌 문제가 열리고, 나아가 교회는 초대교회와 같이 성령충만하게 하시며, 이 나라가 부국강병 하여 우상을 섬김으로 가난하고 억눌렸던 모든 자들이 주님의 이름 아래서 자유함을 얻고 구원의 확신을 갖게 하옵소서. 오늘 밤도 목사님 말씀을 통하여 큰 은혜 받게 하옵소서. 우리를 구원하신 예수님의 이름으로 기도드립니다. 아멘.

1월 둘째 주

풍랑을 잔잔케 하신 주님

• 수요예배 •

이 시대의 역사를 주관하시는 살아계신 하나님 아버지!
험악한 세상에서 저희들을 구원하사 성별된 하나님의 자녀로 불러 주심을 감사드립니다.

그러므로 주님께서 언제든 우리를 부르신다면 이사야 선지자와 같이 "내가 여기 있나이다 나를 보내소서 하였더니"(사6:8)라고 말하는 신앙의 고백자들이 되어 헌신을 다짐하며 주를 위해 일하는 자가 되게 하여 주시옵소서.

원하옵기는 이 나라 정치, 경제, 문화, 사회가 바람 앞에 등불처럼 흔들리고, 경제적 어려움 속에서 믿음마저 바닥을 들어내고 있는 이때입니다. 이런 때에 주님이 제자들에게 말씀하셨던 것을 기억합니다.
"예수께서 이르시되 어찌하여 무서워하느냐 믿음이 작은 자들아 하시고 곧 일어나사 바람과 바다를 꾸짖으시니 아주 잔잔하게 되거늘"(마8:26)이라고 하셨습니다. 새해에는 우리의 가정의 풍랑, 나라의 폭풍우를 갈릴리 바다를 잠잠케 하셨듯이 잔잔케 하시어 위기가 오히려 믿음으로 굳게 서는 기회를 가져오도록 더 큰 은혜를 베풀어 주심으로 기쁨과 소망이 넘치는 한 해가 되게 하여 주옵소서.

오늘도 말씀을 증거 하시는 목사님을 성령의 도구로 사용하시어, 우리 안에 문제들을 열어놓고 가슴을 치며 회개하여 거듭나는 믿음을 갖게 하여 주옵소서. 우리를 죄악에서 구원하신 예수님의 이름으로 기도드립니다. 아멘.

1월 둘째 주

하나님이 기뻐하시는 예배

• 구역예배 •

때를 따라 은혜의 단비를 부어주셔서 구역을 축복해 주신 하나님 아버지! 감사와 찬송으로 높여드립니다.

"그러므로 형제들아 내가 하나님의 모든 자비하심으로 너희를 권하노니 너희 몸을 하나님이 기뻐하시는 거룩한 산 제물로 드리라 이는 너희가 드릴 영적 예배니라"(롬12:1)고 말씀하신 주님! 우리가 드리는 이 예배가 형식과 의식에 치중됨이 아니라 하나님이 기뻐 받으시는 거룩한 예배를 드림이 되게 하옵소서.

새해는 우리 구역이 헌신하여 향기로운 예배로 성공하게 하시고, 구역이 서로 화목하여 부흥되게 하셔서 주님의 몸된 교회를 세우는 노력으로 하나님을 기쁘시게 해 드리는 구역이 되게 하옵소서. 예수님의 이름으로 기도드립니다. 아멘.

응답받은 고넬료의 가정

• 가정예배 •

거룩하시고 사랑이신 하나님 아버지!

에덴동산에 아담의 가정을 만드시고 처음으로 가정 교회와 가정 제도를 만드셔서 우리 가정을 구원하시고 복된 가정으로 세워주심을 감사드립니다. 우리 가정이 거룩한 하나님 나라의 사명을 잘 감당해 나가게 하시고, 매일 가정예배 드림과 성경읽기와 꼭 한 명씩 전도하는 것과 예배 때마다 드려진 헌금으로 선교 후원하는 가정이 되게 하옵소서. 예수님의 이름으로 기도드립니다. 아멘.

1월 셋째 주

신령과 진정으로 드리는 예배

• 주일예배 •

신령과 진정으로 드리는 예배를 받으시는 하나님 아버지!

그 은혜와 사랑을 진심으로 감사드립니다.

먼저 예배드리기 전, 한 주간을 돌이켜 볼 때 하나님의 뜻대로 산다고 하였지만 내가 주인 되어 내 뜻대로 살아가는 때가 더 많았고, 주님을 섬긴다고 하였지만 내가 더 섬김 받기를 원했고, 주님을 위해 헌신하다고 하였지만 주님을 십자가에 못 박을 때가 더 많았음을 고백합니다.

하나님 아버지! 우리의 무지함과 악함의 죄를 고백하오니 흰 눈보다, 양털보다 더 깨끗하게 씻겨주옵소서.

여기 모인 백성들이 주님 보혈의 피로 씻김 받아 거룩하다 여김을 받았으니 신령과 진정으로 예배드림을 받으시옵소서.

우리나라는 한 민족으로서 남북으로 갈라진지 50년이 넘었지만, 지금도 고향에 갈 수 없는 비극적인 나라입니다. 뿐만 아니라 북한은 호시탐탐 남침야욕을 버리지 못 하고 핵으로 중무장하여 동족 가슴에 총부리를 겨냥하고 있는 민족입니다. 저들의 무지함을 용서하여 주옵소서. 불쌍한 저들의 가슴에 성령의 새 바람이 불어 한 형제자매임을 깨달아 평화적 남북통일이 이뤄지게 하옵소서. 우리 교회도 주님의 뜨거운 마음으로 북방선교를 꿈꾸며 기도하는 교회가 되게 하여 주옵소서.

또한 나라 안팎에는 정치적, 경제적으로 안정되지 못한 목소리는 높아가고, 목적을 잃은 나그네와 같이 나아갈 바를 모르고 흔들리고 있을 때에도 주님의 능력의 손으로 붙들어 주시고 의와 진리의 길로 걸어갈 수 있도록 인도하여 주옵소서.

특별히 이 나라를 이끌어 가시는 대통령을 붙잡아 주셔서 나라와 민족을 바로 영도할 수 있는 모세의 지팡이를 들려주옵소서.

아울러 국민의 작은 소리에도 귀 기울이고 심오한 관심으로 고민하는 대통령이 되게 하시되 서민들까지도 행복하게 살아가는 민족이 되게 하여 주옵소서. 정치인들이 자기의 목소리를 높이기보다, 국민의 목소리에 귀 기울이게 하옵시고, 하나님을 두려워하는 지도자로서 온 백성에게 존경받는 대통령이 되게 하옵소서.

세워주신 목사님에게 능력을 부어 주셔서 복음을 증거 하실 때 우리의 가슴이 뜨거워지고 복음의 담대함을 받아 이웃에게 이 복음을 전하는 초대교회 같은 우리 교회가 되게 하옵소서. 이 지역사회가 우리 교회를 통하여 행복해져 가는 좋은 마을이 되게 하옵소서. 예수님의 이름으로 기도드립니다. 아멘.

1월 셋째 주

예배를 생활화 하자

• 주일오후예배 •

　찬송과 영광과 존귀를 홀로 받으시기에 합당하신 살아계신 하나님! 저희가 드려지는 예배로 인하여 영광을 받으시옵소서.
　"그러므로 형제들아 내가 하나님의 모든 자비하심으로 너희를 권하노니 너희 몸을 하나님이 기뻐하시는 거룩한 산 제물로 드리라 이는 너희가 드릴 영적 예배니라"(롬12:1)라고 하신 주님의 말씀을 의지하여 우리의 삶 속에서 예배를 생활화하기를 원합니다.
　하나님께서는 죄인 된 저희들을 구원하시려고 독생하신 예수 그리스도를 낮고 천한 이 땅에 보내시어 십자가를 지고 물과 피를 다 흘리시고 목숨을 희생하셨습니다. 그 일로 우리는 구원받아 감격된 예배를 드리게 되었습니다.

　새해에는 구원받은 감격만으로 만족하지 않고 그 큰 사랑을 보답하기 위해 우리의 생활을 예배하게 하시어 하나님을 기쁘시게 해 드리는 삶이 되게 하옵소서.
　이 감격된 예배 속에 기쁨이 있게 하시고, 전도의 사명을 재 확인하여 영혼 살리는 열정을 갖게 하시고, 생활 속에서 예배의 삶을 살아감으로 날마다 교회가 더해 가며 복음이 널리 전파되어가는 초대교회의 모습처럼 열매 맺는 교회가 되게 해주시옵소서.
　우리는 목사님의 목회적 방침에 따라 순종하며 사랑으로 섬기고 화합하여 썩어지고 부패되어진 곳에 빛과 소금이 되어 민족복음화의 초석이 되게 하옵소서.
　예수님의 이름으로 기도드립니다. 아멘.

1월 셋째 주

기도로 문제를 해결하자

• 수요예배 •

살아계셔서 우리의 예배를 받으시는 하나님!
주님의 은혜를 진심으로 감사드립니다.
"너는 내게 부르짖으라 내가 네게 응답하겠고 네가 알지 못하는 크고 은밀한 일을 네게 보이리라"(렘33:3)고 하셨습니다. 하나님께 예배드리는 이 시간을 통하여 굳게 닫힌 우리의 마음의 문을 열어주시고, 하늘의 신령한 것으로 충만하게 하여 주옵소서.

주님을 우리의 삶의 주인으로 모시고 살아가려는 데도 우리 앞에 다가온 문제로 인하여 감당하기 어려운 일을 만날 때마다 우리의 힘으로는 해결할 방법을 찾을 수가 없습니다.
말씀을 사모하며 간절히 의지하고 기도드리오니 저희들이 부르짖는 기도가 하나님 앞에 상달되어 모든 문제가 해결되어 가도록 인도해 주시옵소서.
성도의 가정마다 질병과 물질, 자녀, 사업, 취업 등 여러 가지 문제가 있습니다. 이 모든 힘든 어려움이 있어도 얍복강에서 야곱과 같이, 민족을 구원하시기를 원하신 예수님과 같이 기도로 승리해 나갈 수 있도록 하여 주시옵소서.
새해에는 기도를 쉬는 죄를 범하지 않게 하시고 영의 호흡이 끊어지지 않게 하여 주시옵소서. 오늘도 말씀과 기도로 은혜충만케 하시고 하늘의 신령한 것으로 충만하게 하옵소서.
기도는 모든 것을 능하게 하실 것을 믿사오며 예수님의 이름으로 기도드립니다. 아멘.

1월 셋째 주

믿음으로 하나 되는 구역

• 구역예배 •

구역 모임을 기뻐하시는 하나님 아버지!
"믿음은 바라는 것들의 실상이요 보이지 않는 것들의 증거니 선진들이 이로써 증거를 얻었느니라"(히11:1-2)고 하셨습니다. 새해에는 우리 구역이 날마다 부흥되어 하나님 나라가 더욱 확장될 것을 믿습니다. 우리 구역이 부흥되기 위해서는 저희가 해야 할 일이 있습니다. 첫째는 우선순위를 분명히 하여 모이기를 힘쓰게 하옵소서. 둘째는 전도를 위해서 이웃을 섬기는 일에 게으르지 않게 하옵소서. 셋째는 서로 사랑하고 섬기는 일을 다하게 하옵소서. 교회 안에 속한 모든 구역이 교회비전에 최선을 다하여 목회의 큰 힘이 될 수 있게 하옵소서. 예수님의 이름으로 기도드립니다. 아멘.

주님만 바라보는 가정

• 가정예배 •

우리의 가정 예배를 받으시기에 기뻐하신 하나님!
좋으신 하나님! 저희에게 가정을 주시고 축복해 주셔서 온 가족이 둘러앉아 예배드리게 하시고 주님만 바라보며 살아가게 하여주심을 감사드립니다. 이제 말씀을 붙들고 건강한 가정으로 살아가기 위해 주님의 말씀을 마음에 새기기를 원합니다. "하나님을 가까이하라 그리하면 너희를 가까이하시리라 죄인들아 손을 깨끗이 하라 두 마음을 품은 자들아 마음을 성결하게 하라"(약4:8)고 하신 말씀처럼 주님만을 섬기는 가정, 주님만을 바라보는 가정, 주님께 가까이하는 가정이 되게 하옵소서. 예수님의 이름으로 기도드립니다. 아멘.

1월 넷째 주

창조주 하나님께 감사하자

• 주일예배 •

영광과 찬송을 받으시기에 합당하신 살아계신 하나님 아버지! 은혜와 사랑을 감사드립니다.

"대저 여호와께서 이같이 말씀하시되 하늘을 창조하신 이 그는 하나님이시니 그가 땅을 지으시고 그것을 만드셨으며 그것을 견고하게 하시되 혼돈하게 창조하지 아니하시고 사람이 거주하게 그것을 지으셨으니 나는 여호와라 나 외에 다른 이가 없느니라"(사45:18)라고 하셨습니다.

하나님께서 창조하신 지구가 멈추어 설 때 지구상의 모든 생명체가 파괴되는 것처럼, 우리의 기도와 감사가 흘러넘치지 않는다면 모든 신앙생활은 병이 들고 세상 속에서 영혼이 죽어간다는 것을 알면서도, 어리석은 생활을 했던 것을 용서하여 주옵시고, 우리를 축복하시어 모든 것을 안겨주신 하나님께 감사하며 그분만을 위한 삶이 되게 하옵소서.

아울러 우리 민족이 세계 속에 위대한 백성임을 자랑스럽게 여겨주심을 감사드립니다. 이런 감사를 깨달아 만물의 근본이신 하나님을 바로 아는 나라가 되도록 깨닫게 하여 주옵소서.

나라의 국정을 담당하는 대통령이 하나님을 두려워하고 경외의 마음을 주셔서 이 민족이 세계 속에 으뜸가는 나라로 이끌어 갈 수 있는 지혜로운 지도자가 되게 하셔서 시온의 대로가 열리는 나라가 되게 하옵소서.

우리 교회가 세계선교의 열정을 가지고 목회의 비전을 세워 가시는 목사님의 뜻에 마음을 같이하여, 선교지에 나가 있는 선교사님들을 위해 기도하게 하시고, 선교후원에 앞장서서 복음을 수출하는 교회가 되게 하여 주옵소서.

내적으로는 복음의 열정을 가지고, 잃어버린 영혼을 구원하는데 초점을 두고 전도하는 교회, 사랑을 실천하는 교회가 되게 하여주소서.

거룩한 주님의 날, 주의 이름으로 모이는 곳마다 하나님께서 함께하시고, 하늘의 신령한 것으로 충만하게 하옵소서.
하나님의 섭리 속에서 세워주신 이 교회가 초대교회와 같이 날이 갈수록 부흥하여 갈 길 모르고 방황하는 영혼들에게 참된 복음의 등불역할을 할 수 있는 교회가 되기를 소원합니다.

말씀을 선포하시는 목사님께 성령의 기름 부으심이 임하시어, 말씀을 선포할 때 그 말씀이 옥토에 떨어진 씨앗이 되어 열매 맺게 하시고, 모든 성도들의 가정이 말씀에 든든히 서서 세상의 유혹을 이겨가는 능력 있는 가정이 되게 하옵소서.
오늘 예배를 위해 보이지 않게 수고한 모든 사역자들에게 그들의 수고가 헛되지 않도록 손들어 복 주시옵소서. 우리 예배를 받으시는 하나님께 감사드리오며 우리를 구원하신 예수님의 이름으로 기도드립니다. 아멘.

1월 넷째 주

봉사하며 전도하는 교회

• 주일오후예배 •

내 힘과 방법을 내려놓고 주님만 의지하기를 기뻐하시는 하나님 아버지! 은혜와 그 크신 사랑을 감사드립니다.

제자들의 발을 씻기며 남 섬기는 법을 먼저 가르쳐 본을 보이신 주님의 사랑을 본받기 원합니다.
"인자가 온 것은 섬김을 받으려 함이 아니라 도리어 섬기려 하고 자기 목숨을 많은 사람의 대속물로 주려 함이니라"(마20:28) 고 말씀하셨습니다.
저희들에게 건강 주시고, 많은 시간을 주신 목적을 깨달아, 죽어가는 불쌍한 영혼을 위하여, 주님의 사랑이 필요한 모든 사람들에게 헌신적인 사랑과 자비로 그들의 필요가 되어줄 수 있는 일에 봉사하게 하옵소서.

모든 것을 드린 어느 가난한 과부와 같이 가장 소중한 것을 드릴 수 있는 저희들이 되게 하시고, 시간도 몸도 물질도 인색함 없이 주님의 영광을 위해 드려지는 저희들이 되어 주님께 칭찬받고, 희생을 감내하면서도 주님의 복음을 전했던 사도들처럼, 생명 걸고 영혼 사랑하는 일에 더욱 힘쓰는 교회가 되기를 소원합니다.
지금도 우리 주변에는 주님을 알지 못하는 영혼들이 많이 있습니다. 이 사람들을 구원하는 사명이 우리들에게 있음을 깨달아 지체하지 않고 깨어서 복음을 전하는 그리스도인들이 되게 하여 주시기 간절히 원합니다.
말씀 전하시는 목사님께 성령님의 지혜로움을 주셔서 우리의 갈급한 영혼에게 풍성한 말씀으로 충만케 하옵소서.
우리를 구원하신 예수님의 이름으로 기도드립니다. 아멘.

1월 넷째 주

믿음을 단정하게 하자

• 수요예배 •

상한 갈대를 꺾지 아니하시고, 꺼져가는 등불도 꺼트리지 아니하시는 주님! 은혜와 사랑을 감사드립니다.

매일매일 말씀을 묵상하며, 예배드림의 생활이 되게 하시므로 능력 있는 그리스도인으로 살아가도록 도우심을 진심으로 감사드립니다. 사소한 물질적인 유익으로 인하여 세상과 타협하지 않게 하셨으며, 온전히 주님만을 의지하게 하여주심에 감사드립니다.

주님!
하지만 내 자신을 굳게 지키려다 혹 이기적인 그리스도인이 아닌지 염려되오니, 사람을 기쁘게 하지 않고 하나님을 기쁘게 해 드리는 저희들의 삶 속에 주님의 위로와 은혜를 베풀 수 있는 지혜를 주옵시고, 잘못된 것은 깨달음으로 회개하게는 겸손한 믿음을 주옵소서.

"이와 같이 집사들도 정중하고 일구이언을 하지 아니하고 술에 인박히지 아니하고 더러운 이를 탐하지 아니하고 깨끗한 양심에 믿음의 비밀을 가진 자라야 할지"(딤전3:8-9)라고 하셨으니 믿음으로 몸을 단정히 하고 날마다 기도와 찬송과 말씀을 사모하는 자세를 잃지 않게 하옵소서.
오늘도 말씀으로 무장하여 새 생명이 솟아나게 하시고 말씀을 증거하시는 목사님을 통하여 더 굳센 믿음의 사람으로 세상에서 본이 되는 그리스도인으로 살아가게 하옵소서.
예수님의 이름으로 기도드립니다. 아멘.

1월 넷째 주

꿈꾸는 요셉처럼

• 구역예배 •

　우리에게 꿈을 주시고 성공의 길로 인도하시는 주님!
　올해에도 거룩한 꿈으로 큰 소망 주심을 진심으로 감사를 드립니다. 우리 구역에 요셉과 같은 지혜와 꿈을 주시어 부흥케 하옵소서.
　이런 꿈이 성취될 때까지 그 수고를 아끼지 않는 구역장님에게 그 열정이 식지 않도록 최선을 다할 수 있는 힘과 능력을 주시어, 저희들이 연약할 때 믿음의 꿈을 일깨워주는 지도자가 될 수 있도록 힘주시옵소서. 무거운 것과 얽매이기 쉬운 것을 벗어버리고 인내로서 우리 앞에 당한 경주를 경주하며 믿음의 주요 온전하게 하시는 예수만 바라보는 구역이 되게 하옵소서. 예수님의 이름으로 기도드립니다. 아멘.

노아의 가정처럼

• 가정예배 •

　많은 가정 가운데 우리 가정을 구원하사 하나님을 주인으로 모시며 주님께 집중하는 가정이 되었으니 참으로 감사를 드립니다. 혹시 우리 가정이 사람을 기쁘게 한 것으로 하나님을 기쁘게 해 드리지 못한 것이 있어 분노가 일삼은 것이 있다면 회개하오니 용서하시고, 노아의 가정이 하나님께 순종하여 많은 사람 중에서 복 받은 것처럼 우리 가정도 노아의 가정처럼 순종이 첫째가는 가정이 되어 "순종이 제사보다 낫고 듣는 것이 숫양의 기름보다 나으니"(삼상15:22)라고 하신 말씀까지도 우리 가정의 것이 되게 하옵소서. 예수님의 이름으로 기도드립니다. 아멘.

2월의 대표기도

2월 첫째 주

부흥되는 교회가 되게 하옵소서

• 주일예배 •

    우리를 죄악 가운데서 구원하여 주시고 예수 그리스도를 나의 구주로 믿게 하여 주신 하나님 아버지! 감사드립니다.
    "우리가 아직 죄인 되었을 때에 그리스도께서 우리를 위하여 죽으심으로 하나님께서 우리에 대한 자기의 사랑을 확증하셨느니라"(롬5:8)고 말씀하셨습니다. 우리가 의인으로 살았기 때문이 아니라, 남보다 뛰어났기 때문도 아니라, 죄인으로 있을 때 우리를 불러 택하시고 구원을 선포하시어 하나님의 자녀가 되는 권세를 주셨습니다.
    그 은혜로 머리 숙여 겸손히 하나님을 경배하고 입을 열어 찬송하며 말씀에 굳게 서서, 세상에 그 무엇과도 비교할 수 없는 큰 은혜를 입게 하심을 진심으로 감사드립니다.
    하지만 말과 생각과 행실로 지은 죄를 생각하면 감히 고개를 들 수 없는 죄인입니다. 이제라도 회개하오니 주님의 보혈로 깨끗이 씻어 주시옵소서.
    예배를 통하여 우리의 영이 살게 하시고 말씀을 통하여 새 힘을 얻게 하시며 성령충만하여 죄악 된 세상을 이기게 하여 주옵소서.

    살아계신 하나님 아버지 금년에 우리 교회가 배가 부흥되기를 원합니다.
    "여호와여 내가 주께 대한 소문을 듣고 놀랐나이다 여호와여 주는 주의 일을 이 수년 내에 부흥하게 하옵소서 이 수년 내에 나타내시옵소서 진노 중에라도 긍휼을 잊지 마옵소서"(합3:2)라고 말씀하셨습니다. 우리가 이제라도 다른 영혼을 사랑하는 마음을 주셔서 전도하는 열정을 갖게 하시어, 복음 증거 하는 담력과 용기를 가지고 세상으로 나아가 생명을 구원하게 하옵소서.
    복음을 받아들이는 자들마다 가슴이 뜨거워지게 하시고, 그들을 한가족으로 섬기는 일에 성령의 감동이 있게 하시어, 교회 안에서 성도들이 한 몸됨을 경험하는 새 가족들이 매주 마다 늘어나게 하옵소서.

모든 기관들이 서로 사랑하는 일에 힘쓰게 하시고 연약한 자들을 돌보고, 섬기는 일에 즐거움을 갖게 하옵소서.
어린 자녀들을 양육하고 교육하시는 목사님들에게 능력을 주셔서, 어린이들이 세상 문화에 빠져서 주님을 떠나는 일이 없도록 말씀으로 무장하는 기관이 되게 하여 주옵소서.

무지한 저희들을 사랑하시어, 늘 눈물로 기도하시는 목사님을 사랑합니다. 저희들이 목회에 큰 힘이 될 수 있는 일이 무엇인가 깨달아서 마음과 뜻 모아 헌신하게 하옵소서. 말씀을 증거하실 때 모든 성도들에게 주님의 임재를 경험하는 시간이 되어 '내가 어찌할꼬' 하며 회개의 눈물이 있게 하시고 초대 교회의 부흥의 운동이 임하는 시간이 되게 하옵소서. 목사님께서 열정적으로 복음 전파하는 일에 피곤치 않게 하시고, 연약한 우리에게 참된 소망을 갖고 복음 안에서 하루하루를 기쁘고 즐겁게 살아가는 행복한 교회가 되게 하옵소서.
예수님의 이름으로 기도드립니다. 아멘.

2월 첫째 주

세상의 유혹을 이기자

• 주일오후예배 •

하늘 높은 보좌에 계시며 지금도 살아계시고 영원토록 계시는 아버지 하나님 은혜와 사랑을 참으로 감사드립니다.

"너희 모든 목마른 자들아 물로 나아오라 돈 없는 자도 오라 너희는 와서 사 먹되 돈 없이, 값 없이 와서 포도주와 젖을 사라"(사55:1) 말씀하시고 자비와 사랑을 풍족하게 베풀어 주신 은혜를 진심으로 감사드립니다.

세속에 빠져 주님과 멀리했던 저희들을 보혈의 피로 용서하옵소서. 이스라엘 백성들을 광야 40년 동안 낮에는 구름 기둥으로, 밤에는 불기둥으로 인도하신 것처럼, 우리들의 언행과 일거일동을 지키시어 세상 죄악에서 늘 이기게 하여 주옵소서.

교회가 세속에 물들지 않게 하시고, 불법의 이념과 타협하지 않게 하시고, 진리의 빛을 바로 빛낼 수 있도록 도와주옵소서. 세상 사람들이 그리스도인을 멸시하며, 주님의 몸된 교회를 비난하며, 하나님을 욕되게 하는 일이 있습니다. 이것은 교회가 저들에게 소망을 주지 못하였기 때문입니다. 지금부터라도 잘못된 구습을 벗어버리고, 그리스도인들의 부덕스러운 허물을 벗어버리고, 주님의 빛을 발하며 소금의 사명을 다하는 교회가 되게 하여 주시기 원합니다. 좌절과 낙심에 빠져 있는 심령들이 새로운 희망을 얻으며 고통 중에 있는 사람들이 쉼과 위로를 얻는 교회가 되게 하여 주옵소서.

오늘도 말씀 전하시는 목사님을 통하여 은혜 베푸시어, 저희 영혼의 빈 잔을 채우는 말씀으로 충만하게 하여 주옵소서. 거룩하신 예수님의 이름으로 기도드립니다. 아멘.

2월 첫째 주

변하지 않는 믿음으로 충성하자

• 수요예배 •

거룩하신 하나님 아버지!

저희들의 연약함을 도우셔서 세상에서 그리스도인으로 승리하게 하여 주심을 감사드립니다.

"너희는 여호와를 만날 만한 때에 찾으라 가까이 계실 때에 그를 부르라"(사 55:6) 말씀하셨습니다.

하나님은 보는 것이 사람과 같지 아니하니 사람은 외모를 보거니와 하나님은 중심을 보시는 줄 믿습니다. 이곳에 주님의 몸된 교회를 세웠습니다. 복음으로 지역을 새롭게 하는 일에 마음을 두고, 기도에 힘쓰며 전심전력하는 목사님을 협력하여 충성된 증인으로 힘을 다하는 성도들이 되게 하옵소서.

원망과 불평보다는 믿음과 신뢰로 순종하고, 부정적인 언어로 비협조적이기보다는, 그리 아니하실지라도, 그럼에도 불구하고, 주님을 위해 충성을 생활화하게 하시어 믿음의 본보기가 될 수 있는 성도들이 되게 하옵소서.

사람을 바라보며 사람의 생각을 하면 절망적이지만, 무슨 일이든 주님을 바라보며 주님이 주신 생각으로 행하면 못할 일이 없을 줄로 믿습니다.

새로운 한 해를 맞아 하나님께 서약한 것이 변치 않고 열매가 결실되게 하옵소서. 베드로는 예수님의 사랑을 가장 많이 받았던 수제자였지만 예수님을 부인하였으며, 저주까지 하였습니다. 도마는 주님의 부활을 의심하기도 하였습니다. 그러나 주님을 만난 뒤, 자기의 생명을 아끼지 않고 드리는 헌신과 희생적인 열정을 갖게 되었습니다.

저희들도 이렇게 살기를 원하신 예수님의 이름으로 기도드립니다. 아멘.

2월 첫째 주

기도로 문제해결

• 구역예배 •

　말씀으로 세상을 창조하시고, 한 줌의 흙으로 주님의 형상을 만드시고, 성령으로 든든한 인생을 만드신 하나님 아버지께 경배와 찬송을 드립니다.
　"내가 고통 중에 여호와께 부르짖었더니 여호와께서 응답하시고 나를 넓은 곳에 세우셨도다"(시118:5)라고 말씀하셨습니다. 지쳐버린 어깨에 새 힘을 주시고, 절망적인 입술에는 능력의 검으로 새로운 삶을 결단하게 하옵소서. 그러기 위해서는 얼마나 주님 앞에서 무릎을 꿇어야 하는지 내게 어떤 해답도 없지만, 그 문제를 해결 받기 위해서 무슨 일을 해야 하기보다, 주님께 붙들리기 원합니다. 우리 구역원들에게 참된 소망의 주님을 발견하게 하옵소서. 예수님의 이름으로 기도드립니다. 아멘.

나 때문에

• 가정예배 •

　말없이 헌신하는 일을 하라고 겸손함을 주셨습니다. 영혼을 사랑하여 복음을 증거 하라고 섬김을 주셨습니다. 어려운 자를 돌보라고 오른손이 하는 것을 왼손이 모르게 하라 하셨습니다. 주님의 사랑받은 그리스도인들이 되돌아보면 해야 할 일이 많지만 무관심과 바쁜 삶에 빠져서 외면하기 쉽습니다. 그러나 하나님은 우리 가정에 남이 없는 것을 주셨습니다. 그것은 참된 헌신입니다. 이 참된 헌신을 갖기 위해서 먼저 나 자신을 발견하게 하옵소서. '누가 더', '누가 많이', '누가 최상'이라고 하는 우월감에 빠지지 않게 하시고 나 자신이 죄인인 것을 회개하게 하옵소서. 하루를 겸손하게 살아가라고 예배의 삶을 주심을 감사드립니다. 예수님의 이름으로 기도드립니다. 아멘.

2월 둘째 주

죄에서 자유를 얻으려면

• 주일예배 •

어제나 오늘이나 영원토록 살아 계셔서 인류의 생사화복을 주관하시며, 이 땅의 모든 것을 친히 돌보시는 전지전능하신 여호와 하나님 아버지! 그 크신 사랑과 은혜에 감사와 찬양과 경배를 드립니다.

"죄의 삯은 사망이요 하나님의 은사는 그리스도 예수 우리 주 안에 있는 영생이니라"(롬6:23)고 하신 하나님 아버지의 그 크신 사랑과 은혜로, 오늘 거룩한 날 저희들을 이처럼 사랑하시어 복된 자리로 인도하심을 진실로 감사와 찬양을 드립니다. 오늘 드려지는 예배가 신령과 진정으로 하나님께 드리오니 흠향하시고 거룩한 산제사가 되게 하여 주시옵소서.

모든 사람들이 행복한 삶을 추구하면서도, 하나님이 가장 싫어하는 죄의 굴레에서 벗어나지 못 하고 외형적으로만 그럴듯한 믿음의 노래를 부르고 있습니다. 우리는 어찌할 수 없는 죄인이기에 이런 죄를 깨닫지도 못 하고 있습니다. 우리를 다스리시는 성령님 지금 우리를 도우셔서, 우리의 죄 된 마음에 성령의 새 바람을 불어 회개의 영을 주시어, 의와 진리로 새롭게 하여 주옵소서.

오늘 예배를 통하여 히스기야처럼 우리 마음에 성결운동을 일으키시어 심령이 거듭나 하늘의 신령한 복을 내려 주옵소서. 이제 다시 죄에서 멀리하여 세상이 유혹하는 죄악을 이기고, 신령한 은혜의 말씀으로 무장하여 주님의 선한 일할 수 있는 능력을 주옵소서.

현대 문명은 날이 갈수록 발달하여, 우리의 삶은 날로 윤택한 생활을 원하고 있습니다. 그러나 연약한 육신은 하나님의 의와 진리와 거룩함을 상실한 육신의 정욕, 안목의 정욕, 이생의 자랑에서 헤어나지 못 하고 있는 바벨탑은 무서움과 두려운 대상이 아니라 예수님의 이름으로 무너지게 하셔서 주님의 선한 일에 적극적인 능력을 갖게 하옵소서.

거듭나고 성숙한 저희들은 목사님의 비전을 공유하여 강하고 담대하게 맡은 직분을 잘 감당하여 주님의 몸된 교회를 잘 받들어 하나님의 뜻을 이루게 하여 주시기를 원합니다.

오늘도 예배를 돕는 예배위원과 봉사하는 손길 위에도 함께 하시오며 우리를 죄악에서 구원하신 예수님의 이름으로 기도드립니다. 아멘.

2월 둘째 주

하나님 나라 확장을 위하여

• 주일오후예배 •

영광과 찬양을 받으시는 하나님 아버지! 은혜와 사랑을 진심으로 감사를 드립니다. 주님은 우리의 화평이신지라 둘로 하나를 만드사 중간에 가로 막힌 담을 허시고 화평을 이루신 주님의 은혜를 무한 감사를 드립니다.

땅을 밟고 사는 우리들은 마치 소돔과 고모라와 같이 먹고 마시고 시집가고 장가가며, 죄악이 극도로 관영하여 하나님께서 만물을 창조하신 것을 한탄하셨습니다. 그럼에도 불구하고 이런 죄악에서 우리를 성별하시어 구원하시고 복을 주셨습니다. 이 큰 은혜를 입은 우리는, 어떤 어려움의 십자가라도 달게 지고 골고다 언덕까지 오르는 충성스러운 직분자들이 되게 하옵소서.

이 큰 은혜를 우리가 어찌 다 갚을 수 있을까요. 하지만 예수님을 믿음으로 보답하는 길이오니, 우리의 믿음이 절대로 변하지 아니하고 주님 앞에 가는 날까지 하나님을 섬기도록 인도하여 주시기 원합니다.

"너희는 이 세대를 본받지 말고 오직 마음을 새롭게 함으로 변화를 받아 하나님의 선하시고 기뻐하시고 온전하신 뜻이 무엇인지 분별하도록 하라"(롬12:2)며 당부하신 말씀을 의지하여 주님을 기쁘시게 해 드리는 자들이 되게 하옵소서. 우리 교회가 거룩한 비전을 선포하시는 목사님과 마음을 같이하여, 뜻을 모아 사랑으로 뭉쳐서 그리스도의 뜨거운 사랑을 널리 전하는 교회가 되게 하시어, 초대교회와 같이 날마다 떡을 떼며 교제하며 성전에 모이기를 힘쓰고, 기쁨과 순전한 마음으로 하나님을 찬미하며, 전도하는 교회로 성장해 가도록 인도해 주옵소서.

우리를 구원하신 예수님의 이름으로 기도드립니다. 아멘.

2월 둘째 주

사랑으로 변화를

• 수요예배 •

우리 교회의 주인이 되시는 하나님 아버지! 주님이 피로 값 주고 사신 이 교회 위에 주님의 이름이 빛나는 교회가 되게 하여 주옵소서. 우리 교회를 통하여 저희들 삶과 신앙생활의 중심이 되게 하시어, 믿음과 소망과 사랑을 실천하게 하옵소서. 또 세상의 쓰라린 상처를 안고 하나님의 전에 나올 때마다 평강을 주시옵고, 죄짐에 눌려 고통하며 괴로워서 하나님의 전에 나아올 때, 마음과 육신에 자유함을 주시고 강건하게 하여 주시옵소서.

우리 교회 성도들이 예수 그리스도의 훌륭한 군사가 되어 믿음의 선한 싸움을 싸워 이겨 하나님이 주시는 면류관을 받아 쓰는 자들이 다 되게 하옵소서.

경제적 어려움에 시달려 지쳐버린 수많은 백성들 사이에 사랑이라는 단어는 무색하게도 사라져 가고, 교회 안에서도 사랑이라는 단어만 뒹굴 뿐, 정작 사랑을 갈구하는 성도들에게 필요한 사랑을 찾을 수 없을 때 주님 말씀을 경청하여 그 말씀을 따르기 원합니다.

"사랑하는 자들아 우리가 서로 사랑하자 사랑은 하나님께 속한 것이니 사랑하는 자마다 하나님으로부터 나서 하나님을 알고 사랑하지 아니하는 자는 하나님을 알지 못하나니 이는 하나님은 사랑이심이라"(요일4:7-8) 라고 하셨습니다.

우리 교회가 세상을 향하여 주님의 뜨거운 사랑이 누룩처럼 번져갈 수 있는 교회가 되게 하여 주옵소서. 우리 교회 성도들이 어린이들로부터 어른들에게까지 사랑의 큰 사명을 가지고, 사랑이 식어버린 어두운 세상을 사랑으로 실천하는 교회가 되게 하옵소서. 예수님의 이름으로 기도드립니다. 아멘.

2월 둘째 주

하나님의 약속

• 구역예배 •

하나님 아버지! 지금은 사랑이 식어지고 이단 사설이 우후죽순처럼 나타나서 믿는 자라도 미혹하기 쉬운 말세가 되었습니다. 사악하고 음란한 소돔과 고모라와 같은 세상에서 저희들을 한 주간 지켜 주심을 감사하고 오늘 구역원 들이 한자리에 모여 예배드리게 하심을 감사합니다.

"내가 내 무지개를 구름 속에 두었나니 이것이 나와 세상 사이의 언약의 증거니라"(창9:13)고 말씀하신 하나님!

하나님께서 노아 때에 세상을 물로 심판하셨으나 새로운 신천지를 주셨으며 다시는 물로 심판하지 아니하겠다고 무지개로 약속하셨습니다. 이것은 하나님의 한없으신 사랑과 자비와 인내를 보여 주신 증거입니다. 예수님의 이름으로 기도드립니다. 아멘.

회개하는 가정을 기뻐하심

• 가정예배 •

사랑이 많으신 하나님!

"예수께서 이르시되 네게 이르노니 일곱 번뿐 아니라 일곱 번을 일흔 번까지라도 할지니라"(마18:22)고 말씀하셨습니다. 회개하며 용서를 비는 자들에게 일흔 번의 일곱 번까지라도 용서하라고 하셨으며, "동이 서에서 먼 것 같이 우리의 죄과를 우리에게서 멀리 옮기셨으며"(시103:12) 회개하는 자의 죄를 희게 사해주시는 하나님 아버지의 말씀을 의지하여 순종하기를 원합니다.

죄값으로 마땅히 지옥 가야 할 우리들을 용서하시고 의롭게 인도하시어 하나님의 자녀로 살아가게 하옵소서. 예수님의 이름으로 기도드립니다. 아멘.

2월 셋째 주

너희도 서로 사랑하라

• 주일예배 •

거룩하시고, 은혜로우신 하나님 아버지!

오늘도 거룩하고 복된 성일을 주시어 흩어져 살던 우리들이 하나님의 성전에 모여 예배드리게 인도하여 주신 은혜에 감사드립니다. 이 시간 신령과 진정으로 경배드리게 해 주시며, 몸과 마음과 뜻을 다 바치는 거룩한 예배가 되도록 인도하쏨 주시옵소서. 주님을 사모하는 마음으로 열려진 마음에 풍성한 소낙비처럼 주시는 말씀을 통하여 우리들의 가슴이 뜨거워지고 우리의 영이 밝아져서 더러웠던 육신들이 회개하고 거듭나서 새로워진 삶으로 진리를 볼 수 있는 눈과 주님의 세밀한 음성을 들을 수 있는 귀와 오묘하신 비밀을 깨닫는 신령한 은사가 임하는 시간이 되도록 인도하여 주시옵소서.

"새 계명을 너희에게 주노니 서로 사랑하라 내가 너희를 사랑한 것 같이 너희도 서로 사랑하라"(요13:34)고 말씀하심을 경청하고 순종하기를 원합니다.

아직도 추위가 물러가지 못 하고 온몸을 움츠리는 계절입니다.

따라서 우리들이 사랑의 관계까지 움츠리고 있을까 염려되오니 주님의 깊은 사랑을 본받아 이웃을 내 몸같이 사랑하는 문화가 작은 불꽃처럼 점점 타오르게 하옵소서. 우리가 주님을 사랑한 것이 아니고 주님이 우리를 먼저 사랑하여 자신의 몸을 주시고 우리를 구원하시며 사랑하셨습니다. 우리가 한 주간을 돌이켜 볼 때에 주님을 얼마나 사랑하였으며, 형제를 얼마나 사랑하였는지 깊이 반성하고 회개하여 상처입고 상한 심령을 따스한 손길로, 따뜻한 축복의 언어로 어루만짐이 있게 하옵소서.

저희들은 언제나 입으로는 사랑을 외치고 있습니다. 그러나 누구를 사랑해야 하는 사랑의 대상조차 알지 못 하고 있습니다.

  하나님이 먼저 우리를 사랑하시어 독생자를 보내시고 생명까지 희생하며 우리를 구원하여주시고 영생과 소망을 주셨음을 감사드립니다. 이제 저희들은 마음을 다하고 목숨을 다하고 뜻을 다하여 주 너의 하나님을 사랑하는 것이 첫째 되는 계명이요 그리고 이웃 형제를 사랑하는 계명으로 살게 하시옵소서.

  특별히 우리 교회를 반석 위에 세워주시고 어떠한 환난 속에서도 흔들리지 않는 사랑의 등대가 되어 온 세상을 비추는 주님의 빛 된 교회가 되도록 간절히 원하고 기도드립니다. 말씀을 선포하시는 목사님에게는 능력을 더하시고, 보이지 않는 곳에서 헌신하는 분들에게는 감사가 불평을 이기게 하옵소서.

  사랑이 풍성하시고, 죄악에서 구원하신 예수님의 이름으로 기도드립니다.

  아멘.

2월 셋째 주

주님 바라보며 세상을 이기자

• 주일오후예배 •

    축복의 하나님 아버지! 우리 교회를 축복하여 주시옵소서. 이 지역에 주님의 뜻과 경륜이 있으셔서 이 교회를 세워주신 줄 민사오니, 항상 깨어 기도하며 열심히 전도하는 저희들이 되어 인근에 아직도 주를 모르는 불쌍한 영혼을 구원하는 구원의 방주가 되게 하시고, 사랑으로 아름다운 교제를 나누며 기쁨이 넘치는 교회가 되게 하시어, 말씀에 순종하는 교회가 되어 늘 신령한 하나님의 은혜가 충만하여 세상에 빛과 소금의 역할을 잘 감당하는 교회가 되게 하시옵소서.

    은혜를 나누고 거룩한 사명을 감당하기를 원하는 사람에게는 세상이 한없이 아름답지만, 죄악을 품고 사는 사람들에게는 너무나도 완악하고 음란하고 부패함으로 우리들의 힘으로서는 도저히 이겨나갈 수 없기에 성령님의 도우심을 구합니다. 이런 세상을 복음으로 거룩한 능력으로 물들어가도록 힘을 주시어, 시대를 분별하여 세상을 좇지 않고 주님을 바라볼 수 있는 믿음을 충만하게 하옵소서.

    이제는 세상의 어두운 곳에 눈을 뜨지 않고 거룩하신 주님만을 바라보기를 원합니다. 주님만을 기대하는 곳에 풍성한 은혜가 임하게 하옵소서. 주님을 바라볼 때 주님의 마음이 우리에게 흘러가게 하옵소서.

    저희는 거룩하게 지음 받아 새사람이 되기를 사모하고 있사오니 오늘 말씀을 통하여 우리의 삶에 능력이 되게 하시고, 말씀을 전하실 목사님을 붙들어 주시고 강건함을 주시오며 우리 교회가 날로 부흥하여 반석 위에 세운 교회가 되게 하여 주옵소서. 예수님의 이름으로 기도드립니다. 아멘.

2월 셋째 주

하나님의 뜻을 깨닫자

• 수요예배 •

하나님 아버지! 오늘도 저희들이 주님의 온유하고 겸손한 마음을 배우게 하시고 나 자신만을 들여다보던 눈을 들어 세상의 여러 구석진 곳을 볼 수 있게 하옵소서. 가난과 고생이 믿음을 어둡게 만든다 하여도, 믿음으로 잘 극복하는 우리에게는 하늘의 상급처럼 주시는 축복인 줄 알게 하옵소서. 부한 것만이 축복이 아니라 고난 속에서도 하나님의 뜻을 발견해가는 것이 더 큰 축복인 줄 알아가게 하옵소서. 어두운 곳에서 주님의 뜻을 발견하고, 하나님의 경륜 안에서 세상을 바라볼 줄 알게 하옵소서.

우리 앞에는 넘어야 할 산과 건너야 할 강이 많이 있습니다. 우리나라의 경제를 튼튼히 세워주셔서 산업이 발달하고 많은 일자리가 창출되어, 젊은 사람들이 다 직장에 나가 일할 수 있도록 인도하여 주시며, 노사분규가 없게 하시고, 억울하게 퇴직당하는 일들이 없게 하여 주시옵소서. 나와 내 가족만 잘 살면 된다는 이기주의가 사라지게 하시며 함께 잘 사는 나라를 이루도록 인도하여 주시옵소서. 또 이 나라 이 민족이 우상을 물리치고 다 하나님 앞에 나아와 주를 찬양하며 주의 뜻대로 살아가는 축복받는 나라가 되도록 인도하여 주시옵소서.

남북이 평화 통일로 하나가 되어 서로 손잡고, 세계의 대열에 앞장서는 나라가 되게 하옵소서. 지금은 서로를 견지하는 아픔이 있지만 그곳에서 하나님의 깊은 뜻을 알아가게 하옵소서. 오늘도 가슴 속에서 끓어오르는 세속의 욕망들을 배설물로 여기고 주님 앞에 나온 저희들에게, 말씀을 통하여 세상을 이기게 하옵소서. 예수님의 이름으로 기도드립니다. 아멘.

2월 셋째 주

헌신하는 구역

• 구역예배 •

　마르다와 마리아의 가정처럼 헌신의 즐거움으로 가득 찬 은혜로 구역예배를 드리게 됨을 감사드리오며, 주를 영접하는 자에게 구원을 허락하시고, 믿는 자에게는 하나님의 자녀로 삼아 주시는 사랑이 많으신 여호와 하나님 아버지!
　오늘도 거룩하고 복된 날, 구역으로 모여 우리의 삶을 나누며 주님을 경배하게 하셨사오니, 이 시간 영원하신 말씀으로 우리의 모든 것을 새롭게 변화시켜 주셔서 전심을 다하여 아버지만 섬기며 찬양하는 온전한 시간 되도록 인도하여 주시옵소서. 성령님께서 역사하셔서 우리의 몸과 마음이 죄악에서 떠나게 하시며 주님의 전능하신 사랑으로 병든 우리들의 영혼이 치유되어 언제나 하나님만 사모하고 하나님만 바라보며 기쁜 소망 속에 사는 심령들이 되게 역사하여 주시옵소서. 예수님의 이름으로 기도드립니다. 아멘.

하나님의 일꾼이 되는 가정

• 가정예배 •

　이제 북풍한설이 휘몰아치는 추운 겨울철도 강한 추위에 몰려 굴러다니던 종이 한 장도 잠잠히 따스한 봄을 기다리고 있습니다. 추위에도 춥다 말하지 못 하고 나라와 국토를 지키는 국군 장병과 우리 자녀들을 지켜 주옵소서. 오늘도 전선에서 부모형제를 위해 단잠을 이루지 못하며 불철주야 국토를 지키고 있는 육, 해, 공군 젊은이들을 사랑하시어 주의 힘 있는 팔로 품어 주시고 돌보아 주옵소서. 후방에 있는 우리 가족들은 하나님 말씀을 주야로 묵상하여 날마다 사람을 감동시킬 수 있는 능력 있는 자들이 되게 하옵소서. 예수님의 이름으로 기도드립니다. 아멘.

2월 넷째 주

모세와 같은 일꾼으로

· 주일예배 ·

광야에서 세례 요한은 "회개하라 천국이 가까이 왔느니라 하였으니"(마3:2) 하며 말씀하여 주신 은혜 감사드립니다.

오늘도 각처에서 흩어져 생활하던 저희들이 주의 전에 모여 신령과 진정으로 하나님 앞에 산제사로 영광돌려 드림을 또한 감사드립니다.

지난 주간도 주님의 뜻대로 살지 못한 저희들의 잘못된 죄악을 용서하여 주시어서 정결한 마음으로 예배를 드리게 하여 주옵소서. 오늘도 주님의 말씀을 따라 순종하며 살게 하시고 날마다 말씀을 묵상하고 기도함으로 주님의 섭리를 깨닫게 하옵소서. 우리의 모습과 삶이 주님의 형상과 주님의 삶을 본받아 온유하고 겸손하기를 원합니다.

교만하거나 오만하여서 주님의 영광을 가리는 삶이 아니라 낮아지고 겸손하여서 주님의 자녀답게 살기를 원합니다. 우리를 변화시키시는 하나님 아버지! 오늘 이곳에 오셔서 저희들의 약한 것을 강하게 하시고 죄악으로 무너진 심령을 새롭게 하옵소서. 우리의 삶이 말씀에 입각하여 순종하는 생활이 되게 하시어 항상 주님의 마음에 합당한 자들이 되게 하옵소서.

모든 인류의 역사를 주관하시는 전능하신 하나님! 우리나라를 기억하고 돌보아 주시옵소서. 나라를 위해 염려하는 대통령과 위정자들에게 지혜와 명철을 주셔서 전 세계적으로 어려운 경제여건 속에서도 한국경제가 활성화되어 경제가 부흥되고 산업이 발달되어 일자리가 많이 창출될 수 있게 하여 주시고, 지역간, 계층간 분열된 국론이 하나로 통합되게 하시고, 남북이 평화적으로 통일되는 것을 보기 원합니다. 정치, 경제, 문화, 사회, 종교의 지도자들이 모세처럼 훌륭한 하나님의 도구로서 주어진 사명을 잘 감당하게 하옵소서.

오늘도 하나님께 신령과 진정으로 드려지는 예배가 되기 위하여 저희의 온몸과 마음을 드립니다. 심령을 감찰하시는 성령님! 오늘 말씀을 통하여 우리를 새롭게 변화시키시어 거듭난 삶을 사는 그리스도인들이 되게 하옵소서. 강단에서 말씀을 선포하시는 목사님에게 성령의 두루마기를 입히시어, 세계를 품으시고 선교국가로, 선교 교회로 거듭나는 아름다운 모습이 교회 안에 자리 잡게 하옵시며, 따라서 모든 성도들이 그 열정을 본받아 영혼 살리는 마음으로 불붙게 하옵소서.

저희들 말씀이 갈급하여 비워진 마음으로 왔습니다. 성령의 단비로 우리의 마음을 채우시고, 심령 골수를 쪼개는 말씀충만함을 주시옵소서. 예배 시종을 주님께 의탁하오며 우리를 죄 가운데서 구원하시고 복 주시기를 기뻐하시는 예수님의 이름으로 기도드립니다. 아멘.

2월 넷째 주

내 주를 가까이

• 주일오후예배 •

사랑이 많으신 하나님 아버지!

오늘도 주의 성전에서 찬양과 기도로 예배드리는 성도들을 사랑하여 주옵소서. 특히 가족들에게 건강과 지혜로 복 주시며, 자녀들이 세상적인 학문에만 몰두할 것이 아니라, 하나님 말씀의 깊이를 알아 어려운 일을 만날 때마다 늘 승리하도록 돌보아 주시옵소서. 또 몸이 연약하여 어려움을 겪는 성도들도 있습니다. 질병에서 쾌유케 되어 자유하게 하옵소서.

어려운 중에도 세계선교의 열정을 가지고 선교사를 파송하고 후원하는 목사님의 거룩한 뜻을 헤아려 주셔서 선교지역에 커다란 성령의 새 바람이 불게 하시고, 우리 교회에도 선교의 열정으로 세계를 복음으로 품는 교회가 되게 하옵소서.

"하나님을 가까이하라 그리하면 너희를 가까이하시리라 죄인들아 손을 깨끗이 하라 두 마음을 품은 자들아 마음을 성결하게 하라"(약4:8)고 하신 말씀을 기억합니다.

성도들이 창조주 하나님께 더 가까이 가는 것이 복된 것으로 여겨, 내 생각과 내 뜻을 버리고 주님과 가까이 교제하기를 원합니다. 이스라엘 백성들이 광야생활 중에서도 성막을 가까이할 때 주님께서 은혜를 베풀어주시어 낮에는 구름 기둥으로 밤에는 불기둥으로 인도하셨습니다.

우리를 위하여 불철주야 기도하시는 목사님을 기억하시어 말씀을 전하실 때 능력이 있게 하옵소서. 예수님의 이름으로 기도드립니다. 아멘.

2월 넷째 주

소외된 자를 위하여

• 수요예배 •

찬송 받으시기에 합당하신 살아계신 하나님 아버지!

큰 집에는 금그릇과 은그릇, 나무그릇과 질그릇 같은 여러 그릇이 있습니다. 어떤 그릇이든지 자기를 깨끗케 하면 귀히 쓰는 그릇이 되어 거룩하게 쓰임 받을 것을 믿습니다.

더 이상 세상에 벗 되어 주님과 멀어지는 육신의 소욕과 헛된 욕망에 사로잡혀 방황하는 자들이 되지 않게 하여 주옵소서. 그리하여 메말라 있는 저희들의 심령에 주의 선하심과 의로움으로 가득하게 하여 주신 사명 잘 감당하게 하여주시기 원합니다.

우리 교회가 거룩한 열정을 가지고 금년에도 큰 꿈을 이루고자 분투노력하는 가운데 있습니다. 우리의 의지와 방법이 되지 않게 하시어 주님의 뜻을 이루어 드리는 뵈뢰아 같은 성도들이 되게 하옵소서.

교만하여 높은 곳에만 뜻을 두어 사소하고 약한 것을 소홀히 여김이 아니라, 약하고 소외된 자들과 어둠 속에서 외로워하는 불쌍한 자들에게 주님의 참사랑을 나누는 선한 사마리아인들이 되게 하여 주시옵소서.

경제가 어려워질수록 잘못된 문화, 잘못된 가치관들이 기승을 부리고 있습니다. 이 나라의 청소년들이 바른 가치관을 가지고 건전한 사회 풍토 속에서 살아갈 수 있도록 하나님의 말씀이 살아 있는 사회가 되게 하여 주옵소서.

소망 없는 이 시대에 광야에서 외치던 세례 요한처럼 선지자의 소명을 가지고 말씀을 외치는 목사님을 강하게 붙들어 주옵소서. 예수님의 이름으로 기도드립니다. 아멘.

2월 넷째 주

초대교회를 본받자

• 구역예배 •

"날마다 마음을 같이하여 성전에 모이기를 힘쓰고 집에서 떡을 떼며 기쁨과 순전한 마음으로 음식을 먹고"(행2:46) 찬미하였더니 기사와 표적이 많이 일어나 하나님의 능력이 나타나게 하신 하나님 감사드립니다.

하나님께서 우리 구역을 사랑하사 은혜롭게 믿음으로 인도하시어, 초대교회 구역과 같이 하나님의 임재와 능력이 나타나게 하심을 감사드립니다. 이런 일로 우리 구역은 소문 나는 구역이 되게 하옵소서. 루디아처럼 조그마한 구역이 유럽파를 구원시키는 복음의 초석을 만들었던 것처럼 우리 지역이 복음화되는 원동력이 되게 하옵소서. 예수님의 이름으로 기도드립니다. 아멘.

반석 위에 세운 가정

• 가정예배 •

우리를 죄 가운데서 구원하사 천국의 소망을 주신 하나님 아버지! 우리 가정을 구원하사 반석 위에 세워주셔서 흔들리지 않고 든든하게 세워주심을 진실로 감사드리며 어떠한 폭풍우가 몰아친다 해도 무너지지 않아, 음부의 권세가 이기지 못하여 주님의 영광을 높이는 가정이 되게 하여 주시옵소서.

우리 가정은 목사님의 목회를 도와 교회에 헌신하며 말씀에 순종하여 충성하는 가정이 되게 하옵소서.

예수님의 이름으로 기도드립니다. 아멘.

3월의 대표기도

3월 첫째 주

3·1운동과 기도의 응답

• 주일예배(3·1절) •

역사의 주인이시며 역사의 주관하시는 하나님!

이스라엘 백성이 나라를 잃어버리고 바벨론의 포로가 되어 70년 동안 고국을 향하여 강변 버드나무에 수금을 걸어놓고 울면서 나라를 찾기 위하여 간절히 기도할 때 그 기도를 들으시어 70년 만에 고국을 찾아 돌아오게 하셨습니다.(시137:2) 우리나라를 빼앗긴 36년의 압박과 설움 속에서도 소망을 잃지 않고, 주님 주신 말씀만을 붙들고 믿음을 지켜왔던 순교자들의 피를 기억하시어 이 나라에 자주독립의 바탕으로 교회를 다시 세우도록 지켜 주심을 감사드립니다.

악한 마귀들은 때와 시를 가리지 않고 기회만 있으면 우는 사자같이 두루 다니며 삼킬 자를 찾고 있습니다.

무엇보다도 선한 싸움은 반드시 승리하는 확신을 갖게 하시고, 하나님은 불의와 죄악 된 전쟁을 원치 않으시는 것임을 알게 하옵소서.

"여호와께서 집을 세우지 아니하시면 세우는 자의 수고가 헛되며 여호와께서 성을 지키지 아니하시면 파수꾼의 깨어 있음이 헛되도다"(시127:1)라고 하셨습니다.

하나님께서 이 민족의 역사를 주관하셨던 바처럼 남북으로 갈라진 이민족의 아픔을 통찰하시어 호시탐탐 남침야욕을 버리지 못하는 북한의 핵을 포기하고 평화적 통일의 길에 서는 민족이 되게 하옵소서.

특별히 바라옵기는 이 나라가 하나님을 섬기는 기독교 국가가 되게 하시어 진정한 자유와 평화를 안겨주옵소서.

사자 굴속에서 다니엘을 지켜주시던 하나님. 칠 배나 뜨거운 불 속에서도 머리카락 하나 상하지 않게 보호하신 것은 그 믿음으로 하나님을 바라보았기 때문이었습니다.

　우리도 기독교적 3·1운동의 정신을 본받아 죽으면 죽으리라는 에스더 같은 믿음으로 하나님의 임재를 경험하는 담대한 민족이 자존심과 자부심이 있게 하옵소서.

　3·1절을 맞이하여 나라의 소중함을 다시 한 번 깨닫고 나라와 민족을 위해 기도하는 성도들이 되게 하여 주시기를 간절히 기도합니다.

　이런 절기를 맞이하여 말씀을 전하시는 목사님에게 성령의 능력 주시어 "가난한 자에게 아름다운 소식을 전하게 하려 하심이라 나를 보내사 마음이 상한 자를 고치며 포로된 자에게 자유를, 갇힌 자에게 놓임을 선포하며"(사61:1)라고 하신 하나님의 말씀을 붙들고 괴로운 마음들이 말씀으로 위로받게 하시어 참된 소망을 가지고 살아가게 하옵소서.

　우리를 죄악에서 구원하신 예수님의 이름으로 기도드립니다. 아멘.

3월 첫째 주

성령의 불로 소멸

• 주일오후예배 •

어제나 오늘이나 영원토록 동일하시고 변치 않는 사랑으로 저희들을 지키시는 살아계신 하나님 아버지!

오늘도 만세 전 하나님의 계획하심에 따라 계획하시어 거룩하고 복된 주의 날을 허락하여 주시고 원근 각처에서 흩어져 생활하던 저희들이 주님의 전에 모여 예배드릴 수 있도록 인도하여 주심을 감사드립니다.

주님이 내 안에, 내가 주님 안에서 한 몸 되기를 원하여 주님의 임재속에 살아가면서도 본질적인 죄인의 근성을 버릴 수 없어 죄악의 자리에 있었던 저희들을 용서하여 주옵시고 악하고 더러운 죄악의 삶을 말씀에 의지하여 새롭게 되기를 원하옵니다.

"또 십자가로 이 둘을 한 몸으로 하나님과 화목하게 하려 하심이라 원수 된 것을 십자가로 소멸하시고"(엡2:16)

교회에 속한 각 기관과 예배를 돕는 봉사위원, 무명으로 이름 없이 섬기는 성도들에게 거룩한 손들어 복 주시오며, 병든 가정과 어려움에서 방황하는 가정에도 주님의 피묻은 손으로 어루만져 강건함을 주시고 새롭게 하옵소서. 말씀을 전하시는 목사님을 통하여 답답하고 갈급한 심령에 은혜의 단비를 내리시어 새 힘을 얻게 하옵소서. 우리의 모든 죄에서 구원하신 예수님의 이름으로 기도드립니다. 아멘.

3월 첫째 주

기도는 문제를 푸는 열쇠

• 수요예배 •

교회 머리가 되시고 오른손에는 일곱별을 붙잡고 일곱 금 촛대 사이를 다니시는 살아계신 하나님 아버지!

그 사랑을 진심으로 감사와 영광을 돌립니다. 하루 동안에도 무슨 일이 일어날는지 알 수 없는 세상에서 지난 사흘 동안에도 저희들을 주님의 오른팔로 붙들어 주시고 오늘도 이처럼 사랑하시어 예배드리게 됨을 감사드립니다.

야곱은 얍복강 나루에서 인간의 힘으로 해결할 수 없는 문제를 기도로 해결 받았으며, 한나도 자녀를 위해서 기도로 해결 받게 하셨습니다. 이제 저희들의 믿음 없는 것을 용서하시고 오늘 밤 기도의 새 힘을 주시어 능력있는 삶을 경험하게 하옵소서.

"우리가 살아도 주를 위하여 살고 죽어도 주를 위하여 죽나니 그러므로 사나 죽으나 우리가 주의 것이로다"(롬14:8)라고 말씀하셨으니 주님을 위한 삶의 고백 가지고 문제를 해결해 나아가게 하옵소서.

나라가 정치적으로 경제적으로 어려움을 겪고 있을 이때, 행여 누구를 원망하지 않게 하시고 기도로 나라의 문제까지도 해결할 수 있는 기도꾼들이 되게 하옵소서.

위기 속에서도 언제나 우리에게 소망의 말씀으로 강건하게 하시는 목사님에게 건강하게 하옵시고, 오늘도 주신 말씀을 순종하여 주님의 뜻을 이루어 드리는 성도들이 되게 하여 주옵소서. 예배를 통하여 영광 받으시오며, 살아계신 예수님의 이름으로 기도드립니다. 아멘.

3월 첫째 주

주님의 십자가를 붙들자

• 구역예배 •

우리를 위해 독생하신 예수님을 십자가에 죽으시기까지 내놓으신 하나님의 큰 사랑을 진심으로 감사드립니다.

"누가 우리를 그리스도의 사랑에서 끊으리요 환난이나 곤고나 박해나 기근이나 적신이나 위험이나 칼이랴"(롬8:35)고 말씀하셨습니다. 우리 앞에 어떠한 시련과 환란의 바람이 분다 하여도 큰 은혜를 입은 우리는 주님만을 바라보며 인내와 믿음으로 굳게 서서 구역을 부흥하게 하옵소서. 이 시간 말씀을 통하여 은혜를 주시며 우리를 강건하게 하옵소서. 우리를 구원하신 예수님의 이름으로 기도드립니다. 아멘.

기도 쉬지 않는 가정

• 가정예배 •

"구하라 그리하면 너희에게 주실 것이요 찾으라 그리하면 찾아낼 것이요 문을 두드리라 그리하면 너희에게 열릴 것이니"(마7:7) 라고 말씀하신 살아계신 하나님 아버지!

무엇이든지 원하는 대로 구하면 주시겠다고 말씀하시어 응답받기 위해 힘쓰도록 도우심을 감사드립니다.

오늘도 기도로 승리하여 기쁨이 넘치는 가정이 되게 하옵소서. 부모님의 아름다운 기도 모습을 본받아 기도하며 살아가는 가정이 되게 하옵소서. 살아계신 예수님의 이름으로 기도드립니다. 아멘.

3월 둘째 주

너희는 복음을 전파하라

• 주일예배 •

하나님은 졸지도 아니하시고 주무시지도 아니하시며 파수꾼이 되시어 날마다 지키시는 하나님 아버지!

우리는 하루아침에 무너지는 명예와 권력을 차지하기 위하여 피, 땀 흘려 수고하고 있습니다. 이것이 바람을 잡으려는 헛된 일인 줄 모르고 살아온 것을 용서하여 주옵소서.

해 아래서 수고하는 만사는 헛된 것이라고 하였으니 다시는 헛된 세상을 바라보지 않고, 때를 따라 아름다움을 선물하시는 하나님만 바라보며 소망을 가지는 믿음으로 살아가게 하여 주시기를 원합니다.

우리 교회를 오늘까지 인도하시고 지켜 주심을 감사합니다. 그러나 저희가 부족하고 어리석어서 열심히 전도하지 못하여 주님의 몸을 세우는데 게을리 한 점을 용서하여 주시고, 주님의 자녀들이 이 교회에 가득 차도록 이끌어 주시어 은혜가 많고 복 받는 교회가 되도록 인도하여 주시옵소서.

예배를 드릴 때 신령한 눈이 열려 주님을 바라보게 하시고 귀가 열려 하나님의 음성을 듣게 하시며 입을 열어 생명의 복음을 전하게 하시고 발걸음을 돌이켜 죄악 된 곳에서 가나안 거룩한 곳으로 인도하여 주시기를 간절히 기도합니다.

비옵기는 이 땅에는 애굽과, 니느웨 성과 같이, 좌우를 분별 못하는 사람들이 너무 많이 있으며 어디로 가야 좋을지 방향을 찾지 못하는 사람들이 너무 많습니다. 저들에게 교회를 통하여 민족 복음화로 우리 민족을 구원하여 주시고, 주님 명령대로 너희는 복음을 전파하라는 말씀에 순종할 수 있도록 저희들에게 강하고 담대한 믿음을 주시기 원합니다.

우리를 구원하신 목적을 바로 알아, 우리 교회를 세워주신 목적이 하나님 나라의 유업을 이루며 하늘나라의 건설을 하기 위하여 불러주심을 믿습니다.

오늘 복된 주님의 날, 마음은 간절하오나 나오지 못한 형제, 자매도 있습니다. 형편과 처지는 주님이 잘 아시오매 주일을 잘 성수하여 하나님께 영광과 복을 받는 성도들의 가정이 되게 하여 주옵소서.

오늘도 말씀을 대언하실 목사님을 붙들어 주시고 세례 요한이 광야에서 외치신 말씀의 능력을 주시고 베드로가 말씀을 전할 때 3,000명이 회개하고 돌아온 것처럼 능력을 부어주셔서 어린 양들을 잔잔한 시냇가로 인도하시기에 부족함이 없도록 인도하여 주옵소서.
살아계셔서서 우리를 죄 가운데 구원하신 예수님의 이름으로 기도드립니다.
아멘.

3월 둘째 주

심는대로 거두는 생활

• 주일오후예배 •

복 주시기를 원하시는 아버지 하나님! 오늘도 메마른 심령 위에 성령의 단비를 부어주시사 믿음으로 세상을 이기며 하나님이 원하시는 뜻대로 승리하며 살아가게 하여 주시옵소서.

"스스로 속이지 말라 하나님은 업신여김을 받지 아니하시나니 사람이 무엇으로 심든지 그대로 거두리라"(갈6:7)고 말씀하신 주님의 사랑과 은총을 감사합니다.

세상을 바라보며 하나님의 예언의 말씀을 볼 때 지금은 심을 때가 아니며 열매를 거두어 드리는 추수기입니다.

"눈을 들어 밭을 보라 희어져 추수하게 되었도다"(요4:35) 말씀하셨으며 추수할 것은 많되 일꾼은 적으니 그러므로 추수하는 주인에게 청하여 추수할 일꾼을 보내어 주소서 하라고 말씀하신 것을 볼 때 곡식을 거두는 추수 때가 왔습니다.

우리는 심었으나 자라게 하시는 분은 하나님이시오니 좋은 열매를 맺어 언제나 주님이 원하실 때 담대하게 드릴 수 있는 좋은 열매 맺는 저희들이 되게 하여 주옵소서.

교회를 이곳에 세워주시고, 목사님을 통하여 성령의 씨앗, 말씀의 씨앗을 잘 뿌려 좋은 열매 결실할 수 있도록 인도하여 주옵소서.

예수님의 이름으로 기도드립니다. 아멘.

3월 둘째 주

그리스도의 분량에 이르기까지

• 수요예배 •

나의 생명 되신 주님 앞에 담대히 나아가기 원합니다. 주의 흘린 보혈로 정결하게 하여 예배자로 받아주시는 살아계신 하나님 아버지!

우리가 다 하나님의 아들을 믿는 것과 아는 일에 하나가 되어 온전한 사랑을 이루어 그리스도의 장성한 분량이 충만한 데까지 이르기 원하시는 주님! 사도 바울과 같이 죽는 순간까지 믿음으로 성장을 위하여 날마다 기도한 것처럼, 우리도 주님만 위하여 살아가게 하여 주시기 원합니다.

하나님의 뜻이 있어 황무지와 같은 이곳에 교회를 세워 주시고 오늘날까지 주님께서 지키시고 인도하심을 감사합니다.

우리 교회가 베들레헴, 떡집이 되어 영의 양식을 공급하며 말씀이 충만한 교회가 되게 하시어 굶주린 영혼이 안식하는 구원선이 되게 하여 주옵소서.

우리 교회가 복음의 구심점이 되어 38선을 넘어 북녘 땅에 있는 동포들에게까지 복음이 들어가 굶주린 자들에게 생명의 양식을 먹이게 하옵소서.

오늘도 우리들을 잔잔한 시냇가와 푸른 초장으로 인도하시는 목사님 말씀에 능력을 주셔서 저희들에게 거룩한 꿈과 비전을 이루어 갈 수 있는 열정을 부어주옵소서.

우리를 그리스도의 장성한 분량에 자라도록 지도하심을 감사하오며 예수님의 이름으로 기도드립니다. 아멘.

3월 둘째 주

여호와를 경외하는 복

• 구역예배 •

"여호와를 경외하여 그의 모든 도를 행하고 그를 사랑하며 마음을 다하고 뜻을 다하여 네 하나님 여호와를 섬기고"(신10:12)라는 말씀 주셔서 우리에게 하늘과 땅과 모든 만물들로 축복해 주시는 하나님! 감사드립니다.

세상에 속한 죄악에서 떠나 주님과 가까워지기를 원합니다. 여호와를 진심으로 경외하는 믿음을 주옵소서.
우리 구역이 주님을 영접하여 그 뜻대로 살아가는 이들이 모여 구역이 늘 풍성해지기를 원합니다. 우리 구역이 주님과 한 몸됨을 고백하며 부흥하게 하옵소서. 예수님의 이름으로 기도드립니다. 아멘.

영혼이 잘 되는 자녀

• 가정예배 •

주님! 주님을 우리 가정에 모시어 들여, 우리의 불신앙, 헛된 교만, 욕심, 증오하는 마음을 용서하시고 성결한 마음을 우리 가정에 부어 주옵소서.
"사랑하는 자여 네 영혼이 잘됨 같이 네가 범사에 잘되고 강건하기를 내가 간구하노라"(요삼1:2)하셨으니 하나님의 은혜가 우리 가정 위에 항상 충만하게 하여 주옵소서. 원하옵기는 선물로 주신 자녀들이 하나님을 잘 섬기는 믿음의 복으로 가득차게 하옵소서. 예수님의 이름으로 기도드립니다. 아멘.

3월 셋째 주

빛과 되신 예수님

• 주일예배 •

어둡고 답답하고 암담한 사망의 그늘에서 영광의 빛 가운데로 인도하시고 구원의 은혜를 베풀어 주신 하나님 아버지! 그 크신 사랑과 은혜에 감사와 찬양과 영광을 돌려드립니다.

오늘도 거룩하고 복된 주일을 주시어 여기저기에 흩어져 살던 우리들이 하나님의 성전에 모여 예배드리게 인도하여 주신 은혜에 감사드립니다. 이 시간 신령과 진정으로 경배드리며, 몸과 마음과 뜻을 다 바치는 거룩한 예배가 되도록 인도하여 주시옵소서. 오늘 말씀을 통하여 더러웠던 육신의 생각들을 회개하고 거듭나서 진리를 볼 수 있는 눈과, 주님의 세밀한 음성을 들을 수 있는 귀와, 오묘하신 비밀을 깨닫는 신령한 은사를 부어 주옵소서.

하나님 아버지! 우리나라가 정치, 경제, 군사적으로 강력한 나라가 되도록 눈동자처럼 살펴보시고 지켜 주시옵소서. 우리나라가 국·내외적으로, 아버지의 은혜와 사랑을 받는 강건하고 깨끗한 나라가 되어 주님께 쓰임 받는 나라와 백성들이 되게 주시옵소서.

특별히 선교지역에 파송된 선교사님들에게도 복음의 열정이 식어지지 않게 하시고, 많은 영혼을 구원하는 능력이 나타나게 하옵소서. 혹 물질적인 후원에 두려움이 없게 하시고 그 나라와 그 의를 구하는 일에 최선을 다하게 하옵소서. 그 사역을 감당하는 우리 교회에도 필요한 물질로 채워주셔서 복음을 전하는 곳에 브리스길라와 아굴라 같은 성도들이 참된 헌신을 다짐하게 하옵소서.

하나님 아버지! "일어나라 빛을 발하라 이는 네 빛이 이르렀고 여호와의 영광이 네 위에 임하였음이니라"(사60:1)라 하셨사오니 세속적인 어둠을 물리치고 저희들 한 사람 한 사람의 마음을 정결하게 하여 주시고, 아버지의 말씀을 잘 배우고 따르며, 아버지의 나라와 의의를 구하며, 이웃을 내 몸과 같이 사랑하는 저희들이 되게 하여 주시옵소서.

만세 반석 위에 세우신 우리 교회를 통하여 예배를 받으시고, 목사님께서 선포하시는 능력의 말씀으로 악하고 음란한 세상이 밝은 빛 앞에 고개 들지 못하게 하옵소서.
예배 시종을 주관하시는 예수님의 이름으로 기도드립니다. 아멘.

3월 셋째 주

믿음의 눈이 열리게 하옵소서

• 주일오후예배 •

　허무한 인생길 소망 없음을 알면서도 힘겹게 살아가는 저희들의 심령을 외면하지 않으시고 살펴주시며 은혜의 바다로 나아오게 인도하여 주신 하나님께 찬양과 영광과 감사를 드립니다.

　오늘도 주님의 그 엄위하신 보좌 앞에 한 알의 밀알 되어 썩어질 것을 다짐합니다. 오늘 예배를 통하여 이 세상이 말씀으로 새로워지기를 소망하는 믿음이 우리 안에 가득차게 하옵소서. 세상은 넓고 할 일은 많아도, 믿음의 눈을 열지 못 하고 지엽적인 세속에만 마음에 두고, 하나님 나라의 가치에는 어둠운 우매함을 용서하여 주옵소서.

　믿음 없는 눈으로 세상 것을 바라보고 염려하다가 환난이 휘몰아친다 하여도 온전케 하시는 예수님만을 바라보아 말씀에 의지하여 "천 명이 네 왼쪽에서, 만 명이 네 오른쪽에서 엎드러지나 이 재앙이 네게 가까이 하지 못하리로다"(시91:7)하신 말씀을 확신합니다.

　말씀을 전하시는 목사님을 붙들어 주시고 어리석은 우리의 눈 열어 하늘의 소망을 바라보는 거룩한 믿음이 가득차게 하옵소서. 예배를 마치고 교회를 나설 때 설레이는 마음으로 큰 소원을 이루는 기대의 벅찬 가슴이 내내 사라지지 않게 하옵소서.
　예수님의 이름으로 기도드립니다. 아멘.

3월 셋째 주

협력하는 믿음

• 수요예배 •

은혜가 풍성하신 하나님 아버지! 오늘도 주의 성전을 찾아와 기도하는 우리 성도들에게 주님의 임재를 경험하게 하시니 감사를 드립니다.
"슬픔이 웃음보다 나음은 얼굴에 근심하는 것이 마음에 유익하기 때문이니라"(전7:3) 말씀하신 주님!
오늘 밤도 분주하고 할 일 많아도 우리의 발걸음을 인도하시어 예배드리게 됨을 감사드립니다.

사흘 동안을 돌이켜 볼 때 하루 동안에도 무슨 일이 일어날는지 모르는, 험악하고 음란한 세상에서 거룩한 마음으로 세상을 이기는 능력 주심을 감사드립니다.

"한 사람이면 패하겠거니와 두 사람이면 맞설 수 있나니 세 겹 줄은 쉽게 끊어지지 아니하느니라"(전4:12) 말씀하셨으니 우리 교회가 비전을 향해 항해하기 위해서는 어떠한 환난 속에서도 주님 말씀과 십자가 굳게 붙들고 나아갈 때 세상과 죄악을 이겨 승리할 것을 확신합니다.

이런 건강한 교회가 되기 위해서는 먼저 성도들의 가정이 건강하게 하옵소서.
시험이 찾아오는 통로나, 질병의 원인이 되는 삶을 청산하고 믿음으로 굳게 서서 기도의 불을 붙이는 성도들이 되게 하옵소서. 예수님의 이름으로 기도드립니다. 아멘.

3월 셋째 주

내 마음에 합한 사람

• 구역예배 •

    살아계셔서 역사의 주인 되신 하나님 은혜 감사드립니다. "다윗을 만나니 내 마음에 맞는 사람이라 내 뜻을 다 이루리라 하시더니"(행13:22)고 말씀하신 하나님 아버지! 모든 사람의 외모를 보지 않으시고 무한한 가능성을 기대하시며 하나님의 뜻을 이루어 드리는 저희들 되도록 사랑해 주심을 감사드립니다. 비록 우리 구역은 약하여 보여도 어떤 것에 비교할 수 없는 강함의 특징은 주님의 능력입니다. 기도로, 봉사와 충성으로, 전도와 선교로 순종하는 구역이 되어 우리 교회에서 가장 겸손이 으뜸 되는 구역되기를 소망합니다. 예수님의 이름으로 기도드립니다. 아멘.

소원을 이루소서

• 가정예배 •

    "너희 안에서 행하시는 이는 하나님이시니 자기의 기쁘신 뜻을 위하여 너희에게 소원을 두고 행하게 하시나니"(빌2:13) 이 말씀을 우리 가정에 주심을 감사드립니다. 먼저 우리 가정이 예수님 닮기 원합니다. 세상 염려에 심취되어 있는 이웃의 어려움을 쓸어 앉게 하시고, 물질의 위기에 두려워 소외된 이웃을 품을 수 있는 능력이 우리 가정에 있게 하옵소서.

    예수님처럼 풍랑 앞에서도 두려워하지 않으시고 담대히 기적을 나타내는 능력을 주옵소서. 예수님의 이름으로 기도드립니다. 아멘.

3월 넷째 주

내 짐을 여호와께 맡기자

• 주일예배 •

자비로우시고, 사랑이 무한하신 우리 주 하나님!
예수 그리스도를 이 땅에 보내셔서 우리를 구원하시고 하늘의 영광을 보여주신 일을 감사드립니다.

"너희 염려를 다 주께 맡기라 이는 그가 너희를 돌보심이라"(벧전5:7) 말씀하셨습니다. 우리가 이 땅에 태어날 때부터 근심 걱정 죄의 무거운 짐을 가졌습니다. 따라서 우리는 어쩔 수 없는 죄인임을 고백하지 않을 수 없습니다. 주님께서 우리의 허물을 용서하시고 이 시간 우리의 무거운 짐을 주께 맡기고 성결한 마음으로 예배드리기 원합니다.

세상을 바라볼 때 말세의 증조가 우리의 눈에 보이며 주님 오실 날이 임박함을 나타내고 있는 것을 볼 수 있습니다. 소돔과 고모라성이 멸망 직전에 왔습니다만 사람들은 먹고 마시고, 시집가고 장가가고, 세상 부귀영화만 즐기고 살다가 멸망의 심판을 받았습니다.

자비하시고 사랑의 심판주가 되신 하나님 아버지!
저희들에게 영적인 눈을 열어 주님의 뜻을 바라보는 믿음의 눈을 가져 지혜로운 다섯 처녀와 같이, 우리 신랑인 예수님 오실 때 천국 혼인 잔치에 들어갈 수 있도록 인도하여 주시기를 간절히 기도합니다.

황무지 같은 이 땅 위에 우리 교회를 세워주시고 귀한 사명 감당하도록 능력을 주셨습니다. 이스라엘 백성들이 도피성에 들어가는 자마다 어떠한 죄를 범해도 구원을 받듯이 우리 교회가 시대적인 도피성이 되게 하여 주옵소서.
 또한, 우리 성도들은 모이기를 힘써 죄악과 환난을 피하는 소망을 주시기를 간절히 기도합니다.

 오늘도 저희들이 마음과 정성을 모아 내 짐을 여호와께 맡기고 예배드리며 하늘의 신령한 것으로 충만하게 하며 말씀을 선포하시는 목사님을 붙들어 주시어 광야에 외치는 세례요한처럼, 모든 사람들이 회개하고 돌아와 성령충만, 은혜충만하여 세상을 변화시키는 능력의 말씀을 선포하게 하시고, 좋은 교회가 좋은 이웃을 만들어가도록 사랑의 손길을 주옵소서.

 오늘도 주님의 이름으로 모이는 곳곳마다 하나님이 함께하사 민족 복음화의 초석이 되게 하시고 복 된 나라가 되게 하옵소서.

 예배 시종을 주님께서 주관하시며 영광을 받으시오며 죄 가운데서 구원하신 예수님의 이름으로 기도드립니다. 아멘.

3월 넷째 주

선교하는 교회가 되자

• 주일오후예배 •

　자비하시고 은혜로우신 살아계신 하나님 아버지 감사하며 찬송을 드립니다.
　지난 한 주간 동안에도 이 세상에는 많은 사건 사고가 있었습니다. 그러나 저희들을 머리털 하나 상하지 않도록 지켜주시고 오늘도 주일을 지키게 하시오니 주님의 은혜가 감사를 드립니다.

　지난 한 주간에도 하나님의 말씀을 의지하여, 세상의 온갖 죄악을 이겨 주님을 바라보는 승리의 기쁨을 누리고 예배에 참석하도록 인도해 주신 하나님께 감사드립니다. 금년에 우리 교회의 복음 사역과 목사님의 목회 방침과 여러 가지 선교사역에 한량없는 은혜를 내려 주시고 우리 교회 장로님들, 권사님들, 집사님들, 온 성도님들이 한마음, 한뜻으로 목사님을 받들며 주님을 섬기게 하시어 어려움 없이 복음으로 부흥하는 교회가 되게 하옵소서.

　우리 교회가 하나님이 가장 기뻐하시는 은혜로운 교회가 되기 위해서는 모든 성도들이 전도의 목표를 달성할 수 있도록 열정을 주옵시고, 금년에 목표를 세워 기도하는 것에 응답하여 주옵소서.

　이 시간에도 목사님의 은혜로운 말씀이 메마른 우리의 가슴에 성령의 충만함으로 채워주시어 참된 소망의 기쁨을 누리고 돌아가게 하옵소서. 예수님의 이름으로 기도드립니다. 아멘.

3월 넷째 주

주님의 사랑으로 하나되자

• 수요예배 •

저희들을 구원하시기 위해 독생자를 보내주신 하나님 아버지! 그 은혜와 사랑을 진심으로 감사드립니다.

"아버지여, 아버지께서 내 안에, 내가 아버지 안에 있는 것 같이 그들도 다 하나가 되어 우리 안에 있게 하사 세상으로 아버지께서 나를 보내신 것을 믿게 하옵소서"(요17:21)말씀하셨습니다.

그리스도 안에 있는 공동체가 하나 됨을 구하고 있지만 아직도 주님의 사랑을 미치지 못하여 갈등을 가지고 있는 부분이 많음을 회개합니다. 세상에서 상처받은 사람들이 위로받고 싶어서 교회를 찾아왔지만 오히려 교회는 그들을 품어주지 못하고 차갑고 싸늘한 모습 때문에 되돌아서는 사람이 있다는 이야기는 어제오늘 이야기가 아닙니다. 교회가 그 사명을 잃어버릴 때 주님은 슬퍼하십니다.

우리 교회는 이런 자들의 포근한 안식처가 되게 하시고 예수님의 사랑이 우리의 삶으로 나타내는 섬김의 교회가 되게 하여 주옵소서. 새로운 성도들이 또 와보고 싶은 교회, 그런 교회를 꿈꾸게 하여 주옵소서.

소외된 우리 이웃들에게 그리스도의 사랑이 무엇인가를 보여줄 수 있는 교회 성도로 하나가 되게 하시고 말씀과 진리로 성장하게 하셔서 주님이 분부하신 전도의 사명을 감당하는 교회가 되게 하여 주옵소서.

말씀을 전하시는 목사님께 다니엘 같은 능력을 주셔서 신령한 하나님의 나라의 복 받는 성도들이 되기를 원합니다. 예수님의 이름으로 기도드립니다. 아멘.

3월 넷째 주

소금의 사명을 다하자

• 구역예배 •

우리 구역을 축복하시어 전도하라고 사명주신 일에 게을리하지 않고 열정을 가지고 헌신할 수 있도록 도우시는 하나님께 감사를 드립니다.

간절히 원하옵기는 우리 구역은 모두가 소금이 되어 내 직분을 잘 활용하여 세상이 부패하여 소금 맛을 요구하는 곳에 들어가 구원의 화목을 이루는 소금이 되게 하여 주옵소서.

"너희는 세상의 소금이니 소금이 만일 그 맛을 잃으면 무엇으로 짜게 하리요 후에는 아무 쓸 데 없어 다만 밖에 버려져 사람에게 밟힐 뿐이니라"(마5:13)고 말씀하셨습니다. 지역을 거룩한 도시로 만들어 가게 하옵소서. 예수님의 이름으로 기도드립니다. 아멘.

위태할 때 주님의 도우심

• 가정예배 •

어려운 일 만날 때마다 우리 생각이 앞장서 더 낙심될 때 성경의 약속의 말씀을 펴봅니다. "그가 그의 말씀을 보내어 그들을 고치시고 위험한 지경에서 건지시는도다"(시107:20)

주님! 예측할 수 없는 어려움일수록 더욱 무릎 꿇어 주님의 뜻을 이루게 하옵시고, 성령께서 가정에 임하시어 생명 있는 능력으로 평안함을 주옵소서. 가정을 나서며 하루를 시작하는 모든 가족들에게 눈동자 같이 지키시고 주님의 사랑이 넘쳐지게 하옵소서. 예수님의 이름으로 기도드립니다. 아멘.

4월의 대표기도

4월 첫째 주

주님의 수난과 함께

· 주일예배(종려주일) ·

갈보리 십자가 위에서 우리를 구원하기 위하여 말없이 죽으시기로 작정하신 예수 그리스도를 이 땅에 보내주신 하나님의 크신 은혜를 진심으로 감사드립니다.

주님께서 십자가를 지심으로 우리들이 사면에 은총 받아 참 생명을 얻었으며, 하늘나라 백성으로 인침을 받아 자손만대 영광을 누리게 되는 은혜를 입었습니다.
그러나 우리는 주님 뜻대로 살지 못 하고 작은 고통에서도, 작은 어려움에도 하나님 나라 자녀 됨을 포기하며 세상에 쉽게 동화된 저희들이었습니다.

십자가에 직분도 세상에 욕망과 헛된 목적을 위해서는 언제나 차선에 일로 여겨 왔습니다. 사랑의 주님! 대속에 사랑을 모르는 저들을 불쌍히 보시고 용서하여 주옵시며 이 예배를 통하여 십자가에 거룩한 사랑을 깨닫는 백성들이 되게 하여 주시옵소서.

"그가 찔림은 우리의 허물 때문이요 그가 상함은 우리의 죄악 때문이라 그가 징계를 받으므로 우리는 평화를 누리고 그가 채찍에 맞으므로 우리는 나음을 받았도다"(사53:5)라고 말씀하셨습니다.

예수님의 수난으로 우리들이 새 생명을 얻었으며, 영원한 소망을 갖게 되었으니, 십자가를 지신 주님을 기억하고 하늘보다 높고 바다보다 깊은 주님의 사랑 앞에 날마다 감사하며 주님을 사모하는 믿음의 성도가 되게 하여 주옵소서.
살아계신 주님!
저희들의 심령 속에 잠재하고 있는 죄악의 쓴 뿌리를 주님의 보혈로 씻어주시고 주님을 위해 아낌없이 향유를 부은 마리아처럼 진실로 주님을 사랑하는 믿음으로 찬양하는 성도들이 되게 하여 주옵소서.

주님의 피로 값 주고 사신 교회가 종교적인 의식에만 치우치지 아니하며 가시관 쓰시고 피 흘리신 주님의 얼굴을 바라보는 교회로서, 신령과 진정한 예배가 드려지는 교회가 되게 하시어, 대 제사장과 바리새인처럼 말씀은 많이 알지만 믿지 않는 미련한 자들이 되지 않게 하시고, 벳가게의 나귀 주인처럼 주님 말씀이라면 어떤 일에 순종하는 성도들이 되게 하여 주옵소서.

오늘도 종려주일을 맞이하여 호산나 다윗의 자손이여! 하며 소리 높여 찬양하던 백성들의 함성소리가 귀가에 아직 맴돌지만, 배신하는 사람들 틈에 예수님을 십자가에 못 박으라는 소리까지 함께 들려오듯 합니다.

우리 모두 주님의 그 크신 사랑과 은혜를 힘입은 무리들이 되어 평생을 주님 몸 된 교회를 헌신하되 변질되지 않게 하옵소서. 말씀을 전하시는 목사님에게 십자가 위에서 말씀하시는 주님의 음성을 선포하게 하옵소서. 우리를 죄악에서 구원하신 예수님의 이름으로 기도드립니다. 아멘.

4월 첫째 주

겸손하신 평화의 주님

• 주일오후예배 •

　죄 많은 우리를 구원하기 위하여 십자가의 아픔을 아시면서도 겸손히 예루살렘 성을 입성하신 평화의 주님!
　그 크신 은혜를 깊이 생각하며 찬송과 경배로 예배드리오니 받으시옵소서.

　주님께서 이 땅에 오실 때에도 죄 많은 인류를 위하여 말구유에 낳으셨고, 이 땅을 떠나실 때도 나귀 타고 겸손하게 입성하셨습니다. 많은 것을 본보이시되 특별히 겸손의 왕이 되심을 본보이시어, 죽어가는 영혼을 구원하는 교회가 되도록 가르치시오니 그 사명을 뜨겁게 감당할 수 있는 저희들이 되게 하여 주옵소서.

　우리 주변에는 예수님을 알지 못하는 수많은 백성들이 거리를 누비고 다니는 것을 알면서도 나와 상관없는 사람처럼 여기는 우리들을 용서하시어 겸손히 저희들을 구원하는 일에 최선을 다하는 성도들이 되게 하옵소서.

　"아무 일에든지 다툼이나 허영으로 하지 말고 오직 겸손한 마음으로 각각 자기보다 남을 낫게 여기고"(빌2:3)라고 말씀하신 그 겸손을 본받아 남을 섬기는 거룩한 미덕이 우리 교회 안에 자리 잡게 하여 주옵소서.
　종려주일을 맞이하여 우리 교회 안에 입성하신 주님을 영접하며 평화의 말씀이 넘쳐나는 시간이 되게 하심을 감사드리며 예수님의 이름으로 기도드립니다. 아멘.

4월 첫째 주

우리 죄를 지신 십자가

• 수요예배(고난주간) •

겟세마네 동산에서, 흐르는 땀이 땅에 떨어지는 핏방울이 되기까지 기도하시던 주님!

그 큰 은혜를 잊어버리고 또다시 세상은 너무 사악하여 죄악이 극도로 관영함으로 포화상태가 되었습니다.
이런 세상 속에서 그리스도인으로 살아가도록 보호하시고 지켜주시고 인도하여 주심을 감사하오며 오늘도 주님의 이름으로 예배드리오니 받아 주시옵소서.

우리를 사랑하시는 그 크신 은혜를 베푸시기 위하여 독생하신 예수 그리스도를 이 땅에 내어놓으시고 원수들의 손으로 십자가에 못 박아 우리를 구원하기 위하여 눈을 감으시고 인내하신 하나님 아버지를 생각할 때 무한 감사를 드립니다.

금주간은 주님이 고통당하신 고난주간입니다.
예수님께서 나를 위해 고난 당하신 한 주간을 맞이하여, 세상 즐거움을 절제하는 법을 배우게 하시고, 기도하며, 근신하는 생활이 되어, 주님의 자녀다운 삶을 본보이게 하여 주옵소서.
말씀을 통하여 주님의 십자가와 나의 모습을 발견하여 남은 여생 주님을 위하여 살아가는 믿음을 부어 주옵소서. 우리를 죄악에서 구원하신 예수님의 이름으로 기도드립니다. 아멘.

4월 첫째 주

나귀타고 입성하신 주님

• 구역예배 •

고난의 길을 바라보시면서도 당당하게 예루살렘 성을 입성하시는 주님! 우리 구역에도 고난주간을 맞이하여 주님의 고난에 동참하는 거룩한 마음을 주셔서 감사드립니다. 주님께서는 우리를 구원하기 위하여 하늘 보좌를 버리시고 겸손하게 이 땅에 오셔서 주님 사역을 감당하셨습니다. 우리들도 주님의 겸손을 본받아 사악하고 패역한 세상에서 주님의 빛을 발하며 겸손하게 살아 이웃을 전도하여 주님의 뜻을 이루어 드리기 원합니다.

아리마대 요셉처럼 주님이 필요한 모든 것을 믿음으로 드릴 수 헌신이 있기를 원합니다. 예수님의 이름으로 기도드립니다. 아멘.

무거운 짐을 주님께

• 가정예배 •

영광과 찬송을 받으시기에 합당하신 하나님 아버지!
주님의 사랑을 참으로 감사드립니다.

우리 가족이 세상에 치우쳐 하나님과 멀어짐이 없게 하옵시고 하나님 앞에서 말씀의 우선순위를 정하여 정도를 걷게 하소서. 사람 앞에서는 정직히 행하게 하시고, 세상에서는 하나님이 기뻐하시는 자로 살게 하소서. 날마다 주님의 임재속에 주님을 만나며 주님이 거하시는 성전을 사모하는 자로 살게 하소서. 목사님의 말씀을 따라 주님의 법도를 배우게 하시어 말씀 앞에 순종하는 가정으로 거듭나게 하옵소서. 예수님의 이름으로 기도드립니다. 아멘.

4월 둘째 주

부활의 소망

• 주일예배(부활주일) •

"나는 부활이요 생명이니 나를 믿는 자는 죽어도 살겠고"(요11:25) 하며 말씀하신 주님! 지금도 살아계셔서 우리와 함께 하심으로 은혜와 평강이 넘치게 하심을 진심으로 감사를 드립니다.

지난 주간도 주님의 뜻대로 살지 못한 저희들의 잘못된 모든 죄를 용서하여 주시어, 이 시간 정결한 마음으로 예배를 드리게 하여 주옵소서. 주님의 말씀은 진리이오니 주님의 말씀에 순종하며 살게 하시고 날마다 말씀을 묵상하고 기도함으로 주님의 섭리를 깨닫게 하옵소서. 비록 어려운 일이 우리 앞길을 가릴지라도 부활하신 주님의 삶을 본받아 온유하고 겸손하며, 영원한 소망을 기대하며 살기를 원합니다. 혹시, 교만하거나 오만하여서 주님의 영광을 가리는 삶이 아니라 낮아지고 겸손하여서 주님의 자녀답게 살기를 원합니다.

무덤 가운데서 머물러 계시지 않으시고 승리의 부활로 우리에게 참된 빛과 소망을 안겨 주신 주님께 감사와 찬송을 드립니다. 이 땅에는 종교가 많이 있으나 죽은 자 가운데 살아나신 예수 그리스도를 흉내 낼 수 있는 종교가 없으며, 영원한 생명을 안겨줄 종교도 없음을 감사드립니다. 오직 예수 그리스도만이 우리를 위하여 영원한 처소를 예비하기 위하여 죽음에서 부활하시어 영생의 기쁨을 갖게 하여주셨사오니, 그 벅찬 감사와 긍휼을 진심으로 감사와 찬송을 드립니다.

살아계신 하나님 아버지!
간절히 기도드리오니 저희들에게 강하고 담대한 믿음을 주시어 고난을 두려워하지 않으며, 비겁하게도 죽음을 두려워하지 않게 하여 주옵소서. 주님께서 나 위하여 십자가 지셨으니, 나도 주님을 따라가기 위하여 십자가지고 따라가는 저희들이 되게 하여 주옵소서.

막달라 마리아는 자기 죽음의 위협 속에서도 생명을 두려워하지 아니하고 주님의 무덤에 찾아가 죽은 예수를 보지 아니하고 부활하신 예수님을 만났습니다.

저희들에게도 막달라 마리아와 같이 주님을 사모하며, 주님을 끝까지 따라갈 수 있는 부활의 확실한 믿음을 주옵소서.

저희들이 부활주일을 맞이하여 잠자고 있던 우리의 모습을 과감하게 벗어버리고, 부활의 참 소망의 주님을 바라보아 하늘의 신령한 은혜로, 무디고 어두운 영혼을 새롭게 하여 주님의 몸된 교회에 더욱 충성하는 성도들이 되게 하여 주옵소서.

사망 권세를 이기시고, 뜨겁지도 않고 차갑지도 않던 라오디게아교회를 책망하시던 주님! 어둠에 침울한 곳에서 열정이 식어버린 우리를 책망하시어, 주님 나라를 위해 힘 있는 추진력을 가지고, 주님을 알지 못하는 이웃에게 복음 전하는 나팔수가 되게 하옵소서.

황무지와 같은 이 땅 위에 우리 교회를 세워주신 것은 죽어가는 생명을 구원하기 위하여 세워주신 것을 확신합니다.

비겁하게도 주저 앉아서 안일한 마음으로 교회 건물만 바라보는 자가 되지 않게 하시고, 교회가 날로 부흥 성장하여 담대히 부활하신 주님을 선포하며 죽은 자를 살리는 부활의 교회가 되게 하옵소서. 오늘도 말씀 속에 더 큰 은혜로 소망을 갖게 하옵시고, 예수님의 이름으로 기도드립니다. 아멘.

4월 둘째 주

날마다 나와 함께 하시는 주님

• 주일오후예배 •

부활의 영광과 영원한 소망을 주시는 전능하신 하나님 아버지! 그 크신 은혜와 사랑을 진심으로 감사를 드립니다.

부활의 기쁨을 감사하며 주님께 영광을 돌려야 할 저희들이지만, 세상의 벗 됨을 벗어버리지 못 하고 죄악의 길로 나섰던 저희들을 용서하여 주옵소서. 이제 새 생명을 얻은 기쁨으로 세상의 죄악을 이길 수 있는 담대함을 주옵소서.

이 시간 마음에 새겨진 말씀이 기억납니다.

"너희는 너희가 하나님의 성전인 것과 하나님의 성령이 너희 안에 계시는 것을 알지 못하느냐"(고전3:16) 하며 말씀하신 주님! 우리가 능력 있는 삶을 살기 위해서는 먼저 거룩한 삶을 살게 하옵소서. 세상에 더러운 욕심과 자신 있게 자랑하는 세속적인 것이 얼마나 부끄러운 것인가를 알게 하여 주옵소서. 이제 저희에게 주님의 능력 있는 팔로 붙들어 주시어 은혜충만, 말씀충만, 성령충만함으로 채워주옵소서. 그러므로 다시는 죄악에 물들지 아니하고 세상에 휩쓸려 나가지 아니하며 날마다 주님과 동행하는 담대한 믿음을 주시기를 간절히 기도합니다.

"나를 믿는 자는 성경에 이름과 같이 그 배에서 생수의 강이 흘러나오리라 하시니"(요7:38)고 말씀하셨습니다. 오늘도 말씀을 전하시는 목사님에게 능력과 권능을 주시어 주님의 말씀을 전하실 때 저희들에게는 사모하는 마음으로 '아멘' 하게 하옵소서. 우리를 죄악에서 구원하신 예수님의 이름으로 기도드립니다. 아멘.

4월 둘째 주

죄악을 치료하시는 주님

• 수요예배 •

　우리를 죄와 사망의 그늘에서 건져 주시고, 광명한 천국을 소망하며 살아가게 하신 하나님의 은혜와 사랑을 감사드립니다.
　이사야 선지자는 "상한 갈대를 꺾지 아니하며 꺼져가는 등불을 끄지 아니하고 진실로 정의를 시행할 것이며"(사42:3)라 하시며 위로의 은혜를 베풀어주시는 하나님의 은혜를 감사드리오며, 사흘 동안 하나님의 품 안에 보호하셨다가 오늘도 저희들을 사랑하시어 신령과 진정한 마음으로 예배드리게 하심을 감사드립니다.

　우리는 무지함으로 인생의 유한함과 세상 영광의 헛됨을 깨닫게 못 하고 있사오니, 세상을 바라보는 잘못된 안목에서 풀과 같이 시드는 것들을 위해 살지 않게 하시고, 영원히 변하지 않는 하나님의 말씀을 붙들고 살게 하소서.

　살아계셔서 모든 질병을 고치시는 주님!
　저희들의 상한 심령을 고쳐주시고 다시는 죄악의 질병으로 고생하지 않도록 강건함을 허락하여 주시옵소서.
　나는 너희를 치료하는 여호와라고 하셨으며, 믿음의 기도는 병든 자를 구원하신다고 하셨으며, 내 이름을 경외하는 자는 치료하는 광선을 발하사 외양간에서 뛰어나온 송아지같이 뛴다고 말씀하셨습니다.
　말씀을 듣는 이 시간에 말씀으로 치료하여 주셔서, 하나님께 올려 드리는 찬양이 넘쳐나게 하옵소서. 우리 교회가 초대교회와 같이 복음의 능력이 나타나는 교회가 되게 하옵소서. 예수님의 이름으로 기도드립니다. 아멘.

4월 둘째 주

소문 나는 구역

• 구역예배 •

하나님 아버지! 우리 구역을 부흥시켜주심을 감사드립니다. 구역장님과 회원 모두가 연약한 자들을 잘 섬겨주는 아름다움을 본보여 주어, 믿음의 역사로 소문 나는 구역이 되게 하여 주심을 감사드립니다.

올 한 해에 더욱 힘써 데살로니가 교회와 같이 소문 나는 구역이 되게 하여 주옵소서. 각 개인마다 믿음으로 하나님을 기쁘시게 하여 믿음의 역사와 사랑의 수고와 소망의 인내를 쉬지 않게 하여, 예수님께서 이 땅에 오셔서 섬김의 본을 보여주신 것처럼 사랑을 베푸는 수고가 있게 하여 주옵소서. 주님의 뜻을 이루어 드리는 구역으로 하나님께 큰 영광 돌리는 소문 나는 구역이 되게 하여 주옵소서. 예수님의 이름으로 기도드립니다. 아멘.

좋은 열매를 맺자

• 가정예배 •

내가 참 포도나무요. 내 아버지는 농부라고 말씀하신 살아계신 하나님 아버지! 우리 가정에 좋은 열매를 맺는 가정이 되게 하옵소서. 포도나무의 비유를 통하여 "저가 내 안에, 내가 저 안에 있으면 이 사람은 과실을 많이 맺나니"라고 하셨습니다. 내 고집과 생각을 버리고 주님만을 의지하여 순종하는 가정이 되게 하시어, 부모는 신앙과 생활의 본보기로, 자녀들은 하나님만을 기쁘시게 해 드리는 자녀가 되게 하여 주옵소서. 금보다 더 귀한 믿음의 물결이 우리 가정을 통하여 잔잔하게 흘러가게 하옵소서. 예수님의 이름으로 기도드립니다. 아멘.

4월 셋째 주

마음 문을 두드리는 주님

• 주일예배 •

말씀으로 우주와 만물을 창조하시고, 모든 것을 아낌없이 우리에게 주시어 복된 삶을 살아가게 허락하신 하나님 아버지! 그 크신 사랑과 은혜에 감사와 찬양과 경배를 드립니다.

지난 한 주간도 저희들을 눈동자처럼 보호하여 주셨다가, 거룩하고 복된 성일을 주시어, 하나님 앞에 나와 예배와 찬송으로 경배할 수 있도록 인도해 주시니 감사합니다.

아무리 생각을 해보아도 세상에 머물러 있는 우리를 그대로 보고만 계시지 않으시고, 주님께 돌아오기를 고대하시는 사랑의 주님을 기억합니다.

"볼지어다 내가 문 밖에 서서 두드리노니 누구든지 내 음성을 듣고 문을 열면 내가 그에게로 들어가 그와 더불어 먹고 그는 나와 더불어 먹으리라"(계3:20)고 하신 주님!
강퍅하여 마음의 문을 열지 못 하고 머뭇거리고 있는 우리를 보셨습니다. 죄악으로 가득 차 마음의 눈을 뜨지 못 하고 마귀에게 조정받고 있는 어리석음을 보셨습니다. 세상의 탐욕으로 인색해진 저희의 손을 보셨습니다. 그것들을 병들게 하는 우리의 마음을 성령께서 강권하시어 열어 주옵소서.

병든 세상을 고치시기 위해 열려진 저희의 마음을 마음껏 사용하시어, 세계선교의 주역이 되는 사람들이 되게 하옵소서. 주님의 일하라고 복 주셨으니 무엇을 주저하며 두려워하겠습니까?

우리 교회 성도님들이 하나님의 말씀을 붙들고 근신하여 깨여, 하나님의 전신갑주를 입고 나를 이기고, 세상을 이기고, 붉은 악마와 싸워 이겨 다시 오시는 주님을 영접하여 영생복락을 누리는 성도가 되시기를 간절히 기도합니다.
　나라 살림살이에 전념하는 위정자들의 마음속에 부정, 부패, 뇌물, 거짓, 시기로 가득 찬 마음을 버리게 하옵소서. 이제라도 우리나라를 어지럽게 하는 마음을 버리고 바른 양심과 권위로 나라 사랑하는 간절한 마음을 주옵소서.
　길이요 진리요 생명 되신 주님! 저희들의 교만이 길을 잃어버렸습니다. 저희들의 오만이 비전을 잃어버렸습니다. 주님께서 나라와 민족의 길이 되어 주셔서 어두운 눈 열어 밝은 길을 보게 하여 주옵소서.

　특별히 나라를 영도하시는 대통령에게 아브라함과 같은 믿음과 솔로몬의 지혜를 주시어서 나라를 바로 다스려 부강하며 국민들의 생활이 안정되도록 인도하여 주옵소서.
　이스라엘 민족을 구원시킨 모세와 같이, 나라를 의롭게 인도한 다윗 왕과 같이 기도하는 대통령, 기도하는 국회, 기도하는 위정자들이 되게 하여 주시기 원합니다.

　예수님이 오실 날이 가까운 이때 저희들의 살 길은 주님을 의지하는 기도뿐입니다. 오늘 거룩한 주님의 날 저희들이 마음을 모아 기도하는 이 기도가 하나님께 상달되어 하나님께는 영광이요 저희들에게는 축복과 은혜가 되게 하옵소서. 오늘도 말씀을 통하여 큰 은혜 받고, 하늘의 신령한 것으로 충만하게 하시옵소서. 우리를 사랑하시고 구원하신 예수님의 이름으로 기도드립니다. 아멘.

4월 셋째 주

말씀을 실천하는 믿음

• 주일오후예배 •

  지난 한 주일 동안 저희들을 주님의 품 안에서 지켜주시고 새 힘과 희망을 가지고 한 주간을 맞이하게 하여 주셨사오니 감사드리옵니다.

  거룩하신 하나님! 그러나 저희들은 아직도 죄에 끌리어 주님께 복종하지 못 하고 있습니다. 세상의 쾌락을 위해서는 한없는 애착을 가지고 있사오나 영적인 일과 영혼을 위해서는 너무나도 나태합니다.
  세상의 안일만을 추구하며 주님께 엎드려 기도하는 데는 게으르며, 자기를 섬기는 데는 매우 활발하나 남을 섬기는 데는 태만하였사오니 저희들을 불쌍히 여기셔서 용서해 주옵시고 주님의 보혈의 피로 정결케 하여 주옵소서.

  "끝으로 형제들아 무엇에든지 참되며 무엇에든지 경건하며 무엇에든지 옳으며 무엇에든지 정결하며 무엇에든지 사랑 받을 만하며 무엇에든지 칭찬받을 만하며 무슨 덕이 있든지 무슨 기림이 있든지 이것들을 생각하라"(빌4:8)고 말씀하셨습니다.
  어떤 어려움의 시련이 닥쳐와도 베드로처럼 풍랑 이는 바다를 바라보고 무서워하지 않게 하시고 주님의 말씀 붙들고 예수를 부인하지 않는 믿음으로 우리의 신앙을 반석 위에 세워 주시옵소서.
  말씀을 선포하시는 목사님을 강건하게 붙들어 주시고 성령의 능력으로 우리의 어두운 영혼을 말씀으로 새롭게 하여 주옵소서. 예수님의 이름으로 기도드립니다. 아멘.

4월 셋째 주

선교하는 교회

• 수요예배 •

우리의 목자가 되시며 의에 길로 인도하시는 살아계신 하나님 아버지. 은혜와 사랑을 진심으로 감사를 드립니다.

저희들은 약하나 하나님께서 강하게 하여 주셨고, 저희들은 미련하되 성령님이 지혜롭게 해 주셨으며, 저희들은 길 잃은 양 같았으나 길 되신 주님이 저희들을 이 시간, 이 자리까지 인도하여 주셨음을 감사드립니다.

이 시간 물질 산업 문화 속에서 보이는 것과 물질적인 것에만 신경을 쏟고 살아온 저희들에게 영혼을 보는 눈과 세계 선교의 꿈을 바라보며 복음으로 세계를 품을 수 있는 영적인 눈을 주옵소서.

복음의 열정으로 선교하는 교회가 되라고 복 주시어 방황하는 자들에게 참된 소망을, 목마른 자들에게 오아시스같이 시원한 교회로, 예수님의 말씀이 없는 곳에 선교하는 교회로 인도하셔서 성장하게 하여 주심을 감사드립니다.

빌립보 교회는 유럽 복음화에 초석이 된 것처럼 우리 교회를 통하여 많은 영혼들이 구원받는 안식처가 되며, 주님의 칭찬받는 교회가 되어 말씀의 푸른 초장 잔잔한 시냇가가 되어 사시사철 잎사귀가 마르지 아니하며 모든 행사가 형통하여 마지막 때 칭찬받는 교회가 되도록 인도하여 주옵소서.

목사님 말씀을 통하여 큰 은혜가 넘쳐나게 하옵시고, 예수님의 이름으로 기도드립니다. 아멘.

4월 셋째 주

복음으로 사는 구역

• 구역예배 •

지난 한 주간 구역 성도들이 동서사방으로 흩어져 있다가 오늘도 한자리에 모여 주님을 찬양하며 예배드리게 하심을 감사드립니다.

주님께서는 사람을 외모로 보시지 아니하시고 중심을 보신다고 말씀하셨습니다. 우리 구역이 화려한 모습보다는 영혼 사랑하는 뜨거운 열정으로 한마음을 가지고 있음을 보시고 지역을 복음화하는 일에 필요한 모든 능력을 더하여 주옵소서.

"내게 줄로 재어 준 구역은 아름다운 곳에 있음이여 나의 기업이 실로 아름답도다"(시16:6)하시며 말씀하셨습니다. 구역 회원 모든 가정을 먼저 복음화되어 이웃으로 누룩처럼 번져가게 하옵소서. 예수님의 이름으로 기도드립니다. 아멘.

예배를 주관하시는 하나님

• 가정예배 •

예배의 중심이 되시는 하나님을 찬양합니다. 우리 가정의 최우선 순위가 예배가 되게 하시고, 예배가 삶으로 풍성한 열매가 맺는 그리스도인의 삶을 살아가게 하옵소서.

"하나님은 영이시니 예배하는 자가 신령과 진정으로 예배할지니라."(요4:24)고 하셨습니다. 성령님의 임재와 능력이 나타나는 예배가 되도록, 우리의 마음과 정성을 모아 산제사로 예배드리기를 원합니다. 모리아 산에 이삭과 같은 가정이 되게 하옵소서. 아벨의 제사가 되게 하옵소서. 예수님의 기쁨이 되는 가족이 되게 하옵소서. 예수님의 이름으로 기도드립니다. 아멘.

4월 넷째 주

주님의 뜻을 이루는 교회

• 주일예배 •

　죄악 중에 있는 우리를 구원하시기 위해 예수 그리스도를 이 땅에 보내주신 하나님 아버지! 두려운 마음으로 주님 전에 찾아온 저희들을 주님의 보혈로 정결케 하시어 용서를 선포하시는 우리 주 하나님 은혜 감사를 드립니다.

　살아도 주를 위하여 살며, 죽어도 주를 위하여 죽는 일사 각오의 정신을 가지고 오늘도 예배를 드리기 위해 왔습니다. 하나님을 경배하며 예배드리기 위하여 준비된 심령으로 주일을 맞는 우리 온 성도들에게 하늘 문을 여시고 큰 은혜의 단비를 내려 주시옵소서.

　오늘도 말씀을 기억하여 우리 마음에 새겨봅니다.
　"너희 믿음의 확실함은 불로 연단하여도 없어질 금보다 더 귀하여 예수 그리스도께서 나타나실 때에 칭찬과 영광과 존귀를 얻게 할 것이니라"(벧전1:7) 말씀하셨습니다. 우리 교회가 이 지역을 복음화하라고 세우셨으니 그 일을 감당하기 위해 해야 할 일이 있습니다.

　사명을 잃어버리고 세상에 허덕이며 끌려다니는 모습이 아니라 내게 주어진 어려움이 있다 하더라도 그것을 이끌어가는 모습이 되게 하여 주시옵소서.
　시련의 밤이 깊고 환난의 모진 바람이 멈추지 않는 때일수록 악한 마귀는 때를 만난 듯 저희들을 넘어뜨리려고 온갖 수단과 방법을 동원할 것입니다.
　사단 마귀의 궤계에 넘어가지 않도록 주님의 능력의 오른팔로 붙들어 주시고 주님의 언약의 말씀을 굳게 붙들고 믿음의 길에서 승리하는 성도들이 되게 하여 주옵소서.

이 시간 목사님 말씀 속에서 하나님의 음성을 듣게 하여 주옵소서. 온 성도들이 아름다운 섬김의 마음과 봉사의 정신을 주셔서 매사에 솔선수범하게 하시고 작은 목자의 위치에서 이탈하지 않게 하여 주옵소서.

　상처받았다는 사람들의 부정적인 모임에도, 상처를 준줄 알면서도 자신을 돌아보지 못하는 사람들에게도, 말씀을 통하여 역사 하시는 성령의 능력이 나타나서 한마음, 한뜻 되어 화합의 기쁨이 넘쳐나는 교회가 되게 하여 주옵소서.
　주님이 세우신 교회를 무너뜨리는 마귀의 도구로 쓰이지 않게 하시고 주님의 뜻을 이루어 드리기 위해 쓰임 받는 도구가 되게 하여 주옵소서.

　주님!
　이 시간 우리 모두는 말씀에 큰 은혜를 받고 그 말씀에 절대 순종하는 자들이 되게 하여 주옵소서. 우리에게 생명의 말씀을 전해주시는 목사님에게 능력을 주셔서 온 성도들이 자신의 잘못을 회개하고 새로운 결단을 가지게 하옵소서. 예수님의 이름으로 기도드립니다. 아멘

4월 넷째 주

축복을 약속하신 하나님

• 주일오후예배 •

만세 전에 우리를 예정하시고 하나님의 자녀 삼아 주셔서 예배드리게 됨을 진실로 감사하며 찬송을 드립니다.

아브라함은 하나님의 말씀을 순종하므로 성경의 약속대로 복을 받았습니다. "내가 네게 큰 복을 주고 네 씨가 크게 번성하여 하늘의 별과 같고 바닷가의 모래와 같게 하리니 네 씨가 그 대적의 성문을 차지하리라"(창22:17) 하셨습니다.
우리의 기도를 들으시고 복을 주시기를 기뻐하시는 주님.
야곱은 얍복강 나루에서 밤을 새우며 천사와 씨름하여 이기므로 '이스라엘'이란 이름을 주셨습니다.
하늘의 신령한 복을 받은 우리에게 부활하신 예수 그리스도의 반석 위에 굳게 세워주셔서 세상의 온갖 환란과 시험의 바람 앞에서 무너지지 않는 굳건한 믿음을 주옵소서.

사랑하는 하나님 아버지!
믿음의 선조들을 본받아 사소한 것에 민감하지 않게 하시고, 하늘의 거룩한 뜻 앞에 신실한 고민이 기도가 되게 하여 주옵소서. 하나님께서 쓰임 받기를 원하고 있지만 시대를 분별하지 못하여 그릇 행하는 일이 없도록 늘 성령충만 함으로 깨어 있어 변치 않는 믿음을 주옵소서.

말씀을 굳게 지키시어 우리의 참된 본이 되시기 위해 늘 기도하시는 목사님께 강건함을 주셔서. 세상을 이기고 복된 삶을 살아가는 능력의 길잡이가 되게 하여 주옵소서. 살아계신 예수님의 이름으로 기도드립니다. 아멘.

4월 넷째 주

말로 형용할 수 없는 사랑

• 수요예배 •

하나님의 사랑을 온 땅 위에 나타내기를 원하시는 하나님께 예배와 찬송과 영광을 돌려 드립니다.

주님께서 우리에게 부탁하시기를, '서로 사랑하라' 말씀하셨는데 내 형제뿐 아니라 가까운 이웃까지도 사랑하지 못한 저희들을 용서하여 주옵소서.
모든 사람들이 사랑을 외치고 있지만 진정한 사랑이 없어 갈급한 이때에 우리 교회 모든 성도들이 사랑의 사도가 되어 그리스도의 사랑을 다시 한 번 만나는 기회가 되어 주옵소서.
그러므로 교회를 통하여 이웃이 변화되고 소문 나는 교회가 되어, 원리와 원칙보다 더 사랑이 앞서는 교회로서 본이 되게 하여 주옵소서.

나만이 옳다는 순수 정의주의, 너는 잘못되었다는 순수 부정주의가 서로 마찰되어, 찢어지고 터진 마음뿐인 이 사회에 사랑의 정의가 무엇인지를 느끼게 할 수 있는 삶이 퍼져 나갈 수 있는 그리스도인들이 되게 하여 주옵소서.

"오직 너 하나님의 사람아 이것들을 피하고 의와 경건과 믿음과 사랑과 인내와 온유를 따르며"(딤전6:11)라고 하신 주님!
세상에 사랑이 없어 탄식하는 이 사회에 말씀으로 굳게 서서 병든 세상을 변화시킬 능력을 주옵소서. 오늘도 말씀을 주시는 목사님께 우리의 갈급한 심령 위에 은혜의 단비를 내려 주옵시고, 늘 강건하게 하옵소서.
예수님의 이름으로 기도드립니다. 아멘.

4월 넷째 주

주님이 인도하십니다

· 구역예배 ·

저희를 광야 같은 세상에서 날마다 지키시고 보호해 주시고 인도하여주신 하나님의 그 큰 사랑을 감사드립니다.

세상의 힘과 소유에 눈이 어두워 신령한 복을 보지 못했던 우리가 주님의 마음을 헤아려 하나님만을 의지하게 하여 주옵소서. 분주했던 하루를 정리하고 구역모임 중에 임하시는 주님을 만나기를 원합니다.

곤고하고 고달픈 저희들의 삶 속에 하나님의 구름 기둥과 불기둥이 떠나지 않게 항상 돌보아 주시기를 원합니다. 우리의 삶 속에 즐겁고 슬플 날에도 사랑하신 주늘 계시옵소서. 말씀을 통하여 은혜충만하게 하옵소서. 예수님의 이름으로 기도드립니다. 아멘.

하나님의 뜻대로 사는 가정

· 가정예배 ·

그리스도인들의 삶에 궁극적인 목표는 하나님의 뜻대로 살아가기를 원하시는 하나님! 우리 가정이 내 뜻대로 사는 훈련에서, 하나님께 가장 소중한 사람으로 사는 훈련이 앞서게 하옵소서. 주님의 성전인 저의 삶이 주님의 말씀에 순종하는 삶이 되게 하시고, 매일 예배하는 삶이 습관 되게 하여 주옵소서. 솔로몬이 예루살렘에서 성전을 건축하기 시작할 즘에 하나님께서 그에게 나타나 약속하여 주셨습니다. 성전중심으로 성실하기 예배드릴 때 다윗에게 약속하신 축복을 그대로이루시겠다고 말씀하셨습니다. 우리 가정에도 그 약속을 성취하는 한 해가 되게 하옵소서. 예수님의 이름으로 기도드립니다. 아멘.

5월의 대표기도

5월 첫째 주

어린이는 하나님의 선물

• 주일예배(어린이 주일) •

　어린이를 주님의 품으로 안아주시고 사랑하시며 어린이를 축복하여 주신 하나님 아버지! 우리에게 행복한 가정을 주시고 어린이를 선물로 주셔서 그들이 건강하게 자랄 수 있도록 인도하여 주시니 감사드립니다.
　오늘은 어린아이들을 지극히 사랑하신 주님을 본받아, 티 없이 맑고 깨끗한 어린 생명들을 생각하며 어린이 주일예배를 드리게 하여 주시니 참으로 고맙습니다. 이 시간 어린아이 같은 깨끗한 마음을 가지고 예배드리기를 원하는 저희들 가운데 임재 하셔서 찬양과 경배를 받으시옵소서. 온맘과 뜻과 정성을 모두 드리는 예배가 되어 주님의 귀한 음성을 듣는 은혜로운 예배가 되도록 인도하여 주시옵소서.

　"보라 자식들은 여호와의 기업이요 태의 열매는 그의 상급이로다"(시127:3) 말씀하셨습니다. 먼저 자녀를 주신 하나님께 감사하며 어린이를 소중히 여기는 것은 주님을 소중히 여기는 것임을 깨닫게 하여 주옵소서.
　한나는 어린 사무엘을 선물로 받아 하나님께 감사하였습니다. 한나는 잉태한 후부터 내가 여호와께 그를 구하므로 선물로 주심을 감사하였습니다. 그는 태중에서부터 하나님의 말씀으로 교육하였으며 사무엘을 낳아 젖을 떼기까지는 어머니는 신앙교육, 정신교육을 하였습니다. 어린 사무엘이 젖을 뗀 후에는 성전에 데리고 올라가 여호와께 드려 신앙적 임상교육을 하므로 하나님의 귀한 일꾼이 된 것을 믿습니다.
　어린이를 품에 안으시고 축복하여 주신 주님!
　우리에게 선물로 맡겨주신 자녀들을 품에 안아 주시고 축복하여 주시옵소서. 마땅히 성경의 선진들처럼 잘 가르치고 지도할 수 있는 부모가 되게 하여 주옵소서. 이 땅에 처해 있는 어린이들의 환경과 상황들을 바라보면 참으로 두렵고 어둡기만

합니다. 어린이를 대상으로 하는 각종 범죄들로 인해 많은 부모들이 가슴을 치며 슬픔 속에 빠져 있고 마음 놓고 학교에 보내기 어려운 상황에 놓여 있습니다. 또 어린이들이 하나님이 없는 사탄의 문화에 무방비 상태로 노출된 채 하나님을 배우기보다는 세상에 빠져 타락되고, 악한 것들을 먼저 배우고 있습니다. 주님께서 그들을 눈동자같이 보호하여 주시옵소서. 악에 빠지지 않도록 늘 동행하여 주시옵소서. 우리의 자녀들이 하나님의 말씀과 성령님의 지혜로 총명하게 자라서 하나님의 귀한 일꾼으로 일할 수 있도록 인도하여 주시옵소서.

하나님 아버지!
교회가 이 땅에 그리스도의 문화를 세우지 못한 것을 회개합니다. 용서하여 주시고 이제라도 교회가 세상의 빛과 소금 되어 이 땅의 썩어짐을 막을 수 있도록 능력을 부어 주시오며, 자라나는 아이들에게 복을 내려 주셔서 이들이 그리스도 안에서 이 땅의 희망이 되게 하여 주옵소서.
특별히 부모가 없어 사랑을 받지 못하고 있는 어린아이들을 위로하여 주시고, 열악한 환경에서 질병을 앓고 있는 어린이들에게도 치유와 용기의 은총을 주시옵소서.

목사님의 말씀을 통하여 능력을 선포하게 하여 주옵소서. 세상을 슬기롭게 살아가는 지혜보다 하나님을 경외하는 지혜로 살아가는 어린이들이 되도록, 선포하실 때 그 말씀대로 이루어 주옵소서. 하나님이 주신 가정에 행복이 넘치시길 원하며, 예수님의 이름으로 기도드립니다. 아멘.

5월 첫째 주

어린이와 같이 되라

• 주일오후예배 •

어린이를 사랑하시고 천국의 비밀을 가르쳐주신 우리 하나님의 은혜를 진심으로 감사드립니다.

어린이들이 다가오는 것을 귀찮아 하는 제자들을 향하여 주님께서 말씀하셨습니다. "내가 진실로 너희에게 이르노니 누구든지 하나님의 나라를 어린아이와 같이 받들지 않는 자는 결단코 그 곳에 들어가지 못하리라"(막10:15)

저희들의 가정이 하나님 앞에 말씀으로 올바르게 서게 하시고 말씀 안에 거룩하게 되어 모든 사람들에게 본이 되는 가정이 되기를 원합니다. 겸손한 마음으로 자신들을 낮추게 하시고 주님만을 필요로 하는 어린이와 같은 믿음을 주옵소서.

가정의 달과 어린이 주일을 맞아 위로는 하나님만을 섬기는 가정이 되게 하시고, 아래로는 부모님을 공경하며 좌우로는 이웃을 내 몸과 같이 사랑하는 가정의 모델이 되게 하여 주옵소서. 가정의 달을 맞이하여 형제나 자매간에 서로 우애가 있게 하시고, 자기 자신만을 위하는 고집스러운 자가 아니라 남을 헤아릴 줄 아는 깊은 사랑의 마음을 가진 가족이 되게 하여 주옵소서.

특별히 어린이들을 양육하고 말씀으로 가르치는 목사님과 교사들의 수고가 하늘의 큰 상급이 되게 하시어 아름다운 열매로 결실하게 하옵소서. 목사님의 말씀을 통하여 이곳에서도, 가정에서도 주님을 만날 수 있는 기회가 되기를 원하며, 예수님의 이름으로 기도드립니다. 아멘.

5월 첫째 주

주님의 음성을 듣자

• 수요예배 •

우리들의 가정을 사랑하시고 축복하시기를 기뻐하시는 하나님 감사와 영광을 돌려드립니다.

주님 앞에서 회개하는 자에게 자비를 베푸시고, 간구하는 죄인의 기도를 거절치 않으시는 주님 가정의 달을 맞이하여 건강한 가정, 건강한 교회가 될 수 있도록 은혜의 말씀으로 채워주심을 감사드립니다.

주님의 자녀가 되는 권세를 받아 언제나 하나님의 은혜 아래 살면서도, 복음의 능력을 상실한 채 경건의 모양만을 나타내는 저희들을 용서하여 주옵소서.

5월은 하나님께서 저희에게 천국의 모형으로 주신 가정을 생각하는 달입니다. 사단의 세력으로 인하여 가정이 점점 무너져가고 있습니다. 저희들 가운데 가정문제, 자녀문제로 인한 어려움과 경제적 염려 그리고 병마와 싸우며 힘겹게 살아가는 이들에게 위로와 능력을 베풀어 주옵소서.

주님의 보혈의 피로 세우신 교회 위에 진리의 말씀이 선포되어 교회의 위상이 바로 세워지는 교회가 되게 하여 주옵소서. 주님께서 본보여 주신 교회를 사랑하여 영혼구원의 열정이 식어지지 않는 뜨거운 교회가 되어 가정이 행복해지는 교회가 되기를 소망합니다.

오늘도 세우신 목사님을 붙들어 주시어 주님의 말씀을 전하실 때 주님의 음성을 들을 수 있는 저희들 되게 하옵소서. 예수님의 이름으로 기도드립니다. 아멘.

5월 첫째 주

주님의 십자가 붙들자

• 구역예배 •

해와 달과 지구를 만드시고 그곳에 거룩한 가정을 만드셔서 예수님만 섬기는 가정을 주신 하나님께 감사와 찬양을 드립니다.

하나님은 "피곤한 자에게는 능력을 주시며 무능한 자에게는 힘을 더하시나니"(사40:29)라고 하셨습니다. 우리 구역이 십자가를 붙들고 굳게 서서 어려움을 이겨나가는 독수리처럼 새 힘을 주옵소서. 그리하여 주님 오시는 날 면류관을 얻도록 달려갈 수 있는 구역이 되게 하여 주옵소서. 예수님의 이름으로 기도드립니다. 아멘.

기도가 능력이 되는 가정

• 가정예배 •

평안과 기쁨과 지혜의 원천이신 하나님!
천사를 보내어 우리 가정을 보호해 주셔서 예수만을 섬기는 행복한 가정 되도록 인도하여 주심을 감사드립니다. 저의 자녀들에게 지혜와 믿음과 순종하는 자들이 되어 세계적인 인물이 되어 주님의 영광을 위해 살도록 인도해 주옵소서. 사무엘처럼 기도 쉬는 죄를 범하지 않도록 무릎으로 사는 가정이 되게 하여 주옵소서. 무슨 일을 하던지 하나님을 높여 드리는 예배의 삶이 최우선 순위가 되게 하시고 예배가 우리의 삶으로 무르익어가게 하옵소서. 예수님의 이름으로 기도드립니다. 아멘.

5월 둘째 주

부모를 공경하라

• 주일예배(어버이 주일) •

 푸르른 5월의 하늘이 맑고 높은 것처럼, 우리 가정에 어버이를 주셔서 거룩한 믿음의 유산을 그대로 이어가도록 은혜 베풀어 주신 하나님께 감사와 찬송과 예배를 드립니다.

 지난 한 주간도 저희들을 변함없이 사랑하셔서 날마다 베풀어주신 은혜에 감사합니다. 독생자 예수님을 이 땅에 보내시고 십자가의 고난을 받으시므로 죄로 말미암아 죽을 수밖에 없었던 저희들을 구원하여 주신 그 크신 사랑을 감사합니다. 이 시간 우리 아버지 하나님께 감사함으로 나아가오니 온 성도들이 한가지로 마음과 뜻과 정성을 다하여 '산제사' 드릴 수 있도록 인도하여 주시옵소서. 이 예배를 통하여 은혜를 충만하게 받는 복된 시간 되게 하옵소서.

 하나님 아버지 오늘은 어버이날입니다. 하나님께서 말씀하시기를 "자녀들아 주 안에서 너희 부모에게 순종하라 이것이 옳으니라"(엡6:1) 하셨습니다. 우리에게 어버이 주일은 특별한 날이지만 어버이를 섬기는 일이 특별한 날이 아니라, 늘 어버이를 섬기고 주님 안에서 순종하는 날이 되게 하여 주옵소서. 어버이 같이 숭고한 자식이 어디 있으며 어버이 같이 희생하는 자녀 어디 있겠습니까? 효도를 앞세워 놓고 늘 말 없는 한숨으로 걱정을 끼쳐 드렸던 불효한 이 자식을 용서하여 주옵소서. 믿음을 가진 그리스도인이라 자랑을 일삼는 부모님에 비한다면, 저희들은 부모님께 아무것도 해드린 것이 없으며, 그리스도인이라고 자랑할 수도 없는 부끄러움이 앞서 고개를 들 수 없습니다.

 자녀 없는 부모는 있어도, 부모 없는 자식은 없습니다. 자녀가 어려서는 부모가 그늘이지만, 부모가 늙어서는 자식이 그늘일 터인데 아직도 그늘아래 편히 쉬게 해 드리지 못하는 저희들 엎드리어 회개하오니 용서하여 주옵시고, 효도에 앞장서는 저희들 되게 하여 주옵소서.

　효도를 실천하시며 교훈해 주셨던 주님!
"너는 센 머리 앞에서 일어서고 노인의 얼굴을 공경하며 네 하나님을 경외하라 나는 여호와이니라"(레19:32) 말씀하셨습니다.
　가정의 달과 어버이 주일을 통하여 먼저 우주 만물을 창조하시고 사람을 만드신 하나님 아버지를 먼저 잘 경외하는 자녀들이 되게 하여 주옵시며, 저희들에게 육신의 살과 피로 **뼈대**를 세워주시고 학문으로 지식을 깨우쳐 주신 육신의 부모를 공경하여야 하며, 믿음으로 양육하여 주시는 믿음의 아버지이신 목사님을 잘 섬기게 하여 주옵소서.

　부모님과 목사님의 마음을 아프게 할 때마다 '열심히 사역하다 보니 실수했다'는 말로 위로받으려는 점을 용서하여 주옵소서. 믿음으로 부유한 자가 되도록 훈련하시고 격려해 주시고 눈물로 기도해 주신 목사님의 은혜에 보답하는 저희들 되게 하여 주옵소서.

　효도는 하나님의 명령임을 믿습니다. 아브라함의 가정이 복을 받은 것은 이삭의 순종으로 하나님의 명령을 실천하였던 것처럼 저희들도 이제부터 신앙인의 산 모델이 되게 하여 주옵소서.
　예수님의 이름으로 기도드립니다. 아멘.

5월 둘째 주

예수님을 모시는 가정

• 주일오후예배(가정의 달) •

수많은 사람들 중에서 우리를 구원하시어 복된 가정을 세우시고 축복해 주시는 하나님 아버지, 그 사랑을 진심으로 감사를 드립니다.

진정한 행복은 보이는 세상적 조건에 있지 않고 오직 보이지 않는 영적 조건에서 찾을 수 있듯이, 좋은 환경과 조건이 행복을 가져다주는 것이 아니라 예수님을 제일주로 섬기는 가정인 것을 믿습니다.

노아의 가정은 하나님의 말씀을 순종하므로 온 가정이 구원받아 환난 중에서도 참된 소망을 가졌으며, 고넬료의 가정은 이방신을 섬겼으나 온 가정이 예수님을 영접하여 구원을 받았던 것처럼 우리 가정도 예수님만 섬기는 것이 가장 행복의 조건이 되게 하여 주옵소서.

이 지역을 위하여 거룩한 비전을 세우고 불철주야 기도하시는 목사님과 당회원들의 기도를 응답하시어, 전 성도들이 복음의 담력을 가지고 이웃에게 예수님을 자랑하는 교회가 되게 하여 주옵소서. 어린이를 담당하는 목사님과 교사들에게 예수님과 같은 따뜻한 마음으로 어린이를 사랑하게 하옵시고, 청소년들이 잘못된 탈선의 길에 서지 않고 예수님만을 바라보는 교육기관이 되게 하셔서, 청소년들을 위한 선교전략의 초석이 되게 하여 주옵소서.
오늘도 목사님의 말씀을 통하여 예수만을 섬기는 가정에 하늘의 신령한 복을 내려주시옵소서.
예수님의 이름으로 기도드립니다. 아멘.

5월 둘째 주

착하고 선하게 살아가자

• 수요예배 •

　죄악 된 세상에서 불꽃 같은 눈으로 저희들을 살피시어 은혜의 보좌 앞에 나와 예배드릴 수 있도록 인도하여 주신 하나님께 감사와 찬양과 경배를 드립니다.

　지난날을 돌이켜 볼 때 부지런하고 근실하며 선하게 말씀 따라 살아야 할 저희들이 하나님의 뜻보다도 내 뜻과 내 마음대로 세상과 더불어 살았습니다.
　주님께서 우리의 약함을 돌보시고 용서하시어 주님을 위해 최선을 다하여 살아갈 수 있는 믿음을 주옵소서.

　세상은 험악하고 마귀들은 우는 사자같이 삼킬 자를 찾고 있을 때 주님의 말씀을 붙들고 살아가기 원합니다.
　"근신하라 깨어라 너희 대적 마귀가 우는 사자 같이 두루 다니며 삼킬 자를 찾나니"(벧전5:8)고 하셨습니다. 그러므로 부지런하여 게으르지 말고 열심을 품고 주를 섬기며, 항상 기도로 깨어 있는 저희들 되게 하여 주옵소서.

　살아계신 하나님 아버지!
　"누구든지 자기 친족 특히 자기 가족을 돌보지 아니하면 믿음을 배반한 자요 불신자보다 더 악한 자니라"(딤전5:8)라고 하셨습니다. 목사님의 말씀을 따라 순종하여 믿음을 배반하는 자 되지 않게 하옵시고, 친족들의 영혼구원을 위하여 분투, 노력하는 자들이 되게 하옵소서. 가정의 달을 맞이하여 가정을 소중히 여기는 성도들이 되기를 소망하며, 말씀으로 인도하시는 예수님의 이름으로 기도드립니다. 아멘.

5월 둘째 주

십자가 군병

• 구역예배 •

죽도록 충성하라 그리하면 내가 생명의 면류관을 주리라고 말씀하신 하나님 아버지!

오늘도 주님 말씀을 의지하여 '십자가 군병'과 같이 대장 되신 예수님의 명령을 따라 살아가기를 원합니다. 어떠한 시련이 다가와도 흔들리지 않는 그런 십자가, 시험의 물결이 물밀듯 밀려와도 요동치 않는 그런 십자가, 질병과 고통으로 살아갈 소망이 없는 그런 어려움 속에서 예수님과 함께 하는 십자가 군병 되어 승리의 노래를 부를 수 있는 그런 여유로움을 주옵소서.

끝까지 나에게 주어진 십자가를 포기하지 않으셨던 예수님처럼, 나에게 주어진 사명을 다하기까지 잘 감당하게 하옵소서. 예수님의 이름으로 기도드립니다. 아멘.

개미에게 배우라

• 가정예배 •

"게으른 자여 개미에게 가서 그가 하는 것을 보고 지혜를 얻으라"(잠6:6)하시며, 근면을 가르쳐 주신 하나님의 은혜와 사랑을 감사드립니다. 온 가정이 말씀을 통하여 주님의 임재를 경험함으로 열심히 주님을 섬기며 살아가는 가족이 되게 하옵소서. 아침에 모여 주님을 예배하여 하루를 시작하게 하옵시고, 흩어져 살아가는 가족들에게 은혜와 사랑으로 지켜주셨다가, 다시 만날 때에는 거룩한 사명 잘 감당한 기쁨으로 모이게 하옵소서. 주님이 쓰임 받는 제자의 삶을 살아가는 열정이 있게 하옵소서. 예수님의 이름으로 기도드립니다. 아멘.

5월 셋째 주

성장하는 교회가 되자

• 주일예배 •

만왕의 왕이시며, 만유의 주제가 되시는 하나님 아버지.
찬양과 영광과 경배를 높여 드립니다.

어느덧 산천초목은 푸르른 옷을 갈아입은 신록의 계절이 되었습니다. 어디를 둘러봐도 푸르른 하늘과 나뭇잎과 풀들이 모두 힘차고 아름답게 내일을 향해 성장하고 있습니다. 그러나 저희들은 온전한 믿음으로 살지 못 하고 죄악에 익숙한 삶을 살아왔음을 고백합니다. 사랑이 부족하여 이웃을 시기 질투하여 전도하지 못 하고 살아서 교회를 부흥시키지 못하였음을 고백하오니 용서하여 주시옵소서. 저희들의 신앙이 저 푸른 초목들이 하늘을 향해 자라듯 항상 주님을 향해 날로 성장 발전할 수 있도록 역사하여 주시옵소서.

우리들의 좋은 친구가 되어 주시고 보호자가 되어 주시는 주님! 저희를 통하여 이 지역을 전도할 수 있는 능력을 주시어 온 성도들이 전도의 열정을 일으키는 일에 동참하게 하여 주옵소서.

갈수록 어린이들은 교회에서 멀어지고, 세속적인 문화에 익숙한 그들에게 죄악의 손은 가장 가까운 곳에서 유혹하고 있습니다. 우리 교회가 그 책임감과 사명을 가지고 어린이를 위한 전도와 기독교 교육에 특별한 전략을 세울 수 있게 하여 주옵소서.
나아가서는 이웃들에게 영향력이 있는 교회가 될 수 있도록 성도들의 생활이 질적으로 향상되어 그리스도의 복음을 증거 하는 매개체가 되게 하여 주옵소서.

하박국 선지자의 말씀을 기억하여 봅니다. "여호와여 내가 주께 대한 소문을 듣고 놀랐나이다 여호와여 주는 주의 일을 이 수년 내에 부흥하게 하옵소서 이 수년 내에 나타내시옵소서 진노 중에라도 긍휼을 잊지 마옵소서"(합3:2) 하며 기도했던 것처럼 우리 교회가 잠자고 있는 영혼을 깨우는 새벽 같은 교회가 되어 부흥의 물결이 넘실거리는 교회가 되게 하여 주옵소서.

이 시간 예배를 통하여 죽은 영혼이 다시 살아나 십자가 군병처럼 흔들리지 않고 주님 명령과 뜻대로 살아가게 하시고, 주어진 자기 직업과 업무에도 충실하고 모범적인 성도들이 되게 하여 주시기 원합니다.

특별히 이 시간 우리는 말씀에 은혜 받기를 원합니다.

목사님께서 어떤 말씀을 전하시든 주님의 마음을 전달하시는 곳에서 사모하는 영을 주시어 말씀에 굴복하고 오직 주님 뜻대로만 살아가는 저희들이 되게 하여 주옵소서. 목사님 건강도 지켜주시고 교회를 위하여 불철주야 기도하시는 것을 우리 주님께서 다 아실 줄로 믿습니다. 교회가 늘 평안하게 하시고 온 성도들은 말씀 사역에 역동적인 힘이 되도록 목사님과 사모님을 위하여 기도하는 온 성도들이 되게 하여 주시옵고, 자녀들까지 복음을 위해 힘쓸 수 있는 자녀들이 되게 하여 주옵소서.

이 시간 성가대의 찬송이 우리의 찬송이 되게 하여 주시오며, 나의 심령이 우리 주님을 뜨겁게 찬송하게 하옵소서. 성령께서 예배를 주관하시며 영광 받으시오며 예수님의 이름으로 기도드립니다. 아멘.

5월 셋째 주

시냇가에 심은 나무

• 주일오후예배 •

하나님의 측량할 수 없는 사랑을 진심으로 감사드리며, 찬양과 영광을 돌리옵니다.

주님이 창조하신 자연의 세계는 온 천지가 푸르며 녹음이 우거져 하나님의 솜씨를 자랑하듯 무성하며 아름답게 자라고 있는데, 저희들의 심령을 볼 때 믿음의 푸름은 찾아볼 수가 없고 엉겅퀴와 같은 가시와 잡초만 우거진 심령을 용서하여 주옵소서.

이와 같이 추하고 상한 심령을 어루만져 주시어 거룩하고 성결한 심령으로 하나님께 예배할 수 있도록 인도하여 주심을 감사합니다. 저희들이 어린아이와 같지 않고 이제부터 진정한 예배자로 새롭게 거듭나서 주님의 말씀을 주야로 묵상하여 말씀에 실력자가 되기를 원합니다.

시편기자와 같이 "그는 시냇가에 심은 나무가 철을 따라 열매를 맺으며 그 잎사귀가 마르지 아니함 같으니 그가 하는 모든 일이 다 형통하리로다"(시1:3)하셨으니 저희들도 말씀에 뿌리를 내리고 흔들리지 않는 열정을 품어 교회의 유익이 될 수 있는 성도들이 되게 하여 주옵소서.

저희 교회가 마치 초대교회를 방불한 것처럼 성령이 충만하여 사랑이 넘치며 기도의 불이 꺼지지 않는 그런 교회가 되게 하여 주옵소서. 오늘도 목사님께서 세례 요한과 같이, 베드로와 같이 말씀을 선포하실 때 하나님의 기적적인 역사가 나타나게 하옵소서.

예수님의 이름으로 기도드립니다. 아멘.

5월 셋째 주

등불 들고 신랑 맞이하자

• 수요예배 •

"내 아들아 나의 법을 잊어버리지 말고 네 마음으로 나의 명령을 지키라 그리하면 그것이 네가 장수하여 많은 해를 누리게 하며 평강을 더하게 하리라"(잠3:1-2)고 말씀하신 살아계신 하나님 아버지!

이와 같이 원대한 축복과 은총을 약속하셨건만 저희들이 불신하고 육체의 소욕을 따라 살아왔습니다. 이 시간 신앙을 고백하며 하나님의 뜻대로 살지 못함을 회개하오니 용서하여 주시옵고, 예배를 받아 주시기를 원합니다.

세상이 악하여서 진리를 분별하지 못하는 세대들 틈에서 믿음을 굳게 지키며 살아가려는 자들은 고통을 받고 있습니다. 혹시라도 믿음을 지켜나가다가 실의에 빠지지 않도록 용기와 새 힘을 주옵소서. 믿음으로 승리하는 자들을 통하여 아름다운 신앙의 간증들이 나타나게 하옵소서.

밤이 깊고 어둠은 눈앞을 가려도, 새벽을 기다리는 자들에게는 샛별처럼 빛나는 눈을 가집니다. 신랑을 맞기 위해 기름을 준비한 일곱 처녀들에게 "밤중에 소리가 나되 보라 신랑이로다 맞으러 나오라 하매"(마25:6)는 소리를 들은 것처럼, 저희들도 어리석은 처녀가 아니라 슬기로운 처녀와 같이 깨어 기름을 준비한 자들이 되게 하여 주옵소서.

오늘도 말씀을 통하여 등불에 기름 준비하는 성도들이 되어 어두운 세상을 밝히는 사명감이 불타오르게 하옵소서. 우리를 죄악에서 구원해주신 예수님의 이름으로 기도드립니다. 아멘.

5월 셋째 주

예수님의 향기를 나타내자

• 구역예배 •

죄인을 구원하시려고 이 땅 위에 오셔서, 사랑의 향기를 온 세계에 전하시고 너희들도 이렇게 하라 말씀하신 주님의 말씀을 순종하기 원합니다.

"우리는 구원 받는 자들에게나 망하는 자들에게나 하나님 앞에서 그리스도의 향기니"(고후2:15)라고 하셨으니 우리의 입으로, 행실로 복음의 향기를 이웃에게 나타내는 자들이 되게 하시어 구역의 아름다움을 정착할 수 있게 하옵소서. 주님! 세상이 악하여서 악취로 가득함이 아니라, 먼저 믿음을 가진 저희들이 그리스도의 향기를 나타내지 못하여 악함을 회개하오니 용서하시고, 아름다운 향기를 다시 나타내게 하옵소서. 예수님의 이름으로 기도드립니다. 아멘.

찬양으로 주님을 기쁘게

• 가정예배 •

"너희 만민들아 손바닥을 치고 즐거운 소리로 하나님께 외칠지어다"(시47:1)라고 하셨습니다. 다윗처럼 날마다 찬양하며 나팔 소리로 찬양하며 비파와 수금과 소고치며 춤추며 큰 소리로 찬양하여 하나님께 영광 돌리게 하여 주옵소서.

죄악 된 세상을 그리스도의 향기로 나타내기 위해 품어가지만 세상의 가치관에 물들어 믿음이 흐리지 않게 하시고, 세상 사람들과 함께 관계를 맺고 살아가지만 세상도 주님 못지않게 좋다는 것에 유혹받지 않게 하옵소서. 우리 가정에 오직 예수님만을 필요로 하고 자랑삼게 하옵소서. 예수님의 이름으로 기도드립니다. 아멘.

5월 넷째 주

주님의 마음을 품자

• 주일예배 •

성부와 성자와 성령의 삼위일체 되시는 하나님 아버지!
은혜와 사랑을 진심으로 감사 찬송을 드립니다.
거룩하고 복된 주님의 날, 저희들을 이처럼 사랑하시어 하나님 아버지 앞에 거룩한 예배를 드리게 인도하심을 감사드립니다.

"너희 안에 이 마음을 품으라 곧 그리스도 예수의 마음이니"(빌2:5)라고 말씀하시면서 겸손히 남을 섬기는 삶을 살기를 원하셨습니다. 그러나 부끄럽게도 말씀과는 멀리하여 주님 마음보다 분노와 시기, 불평과 원망에 사로잡혀 미움이 앞섰던 저희들을 용서하여 주옵소서.

많은 사람들은 주님의 사랑을 전하고 나타내되 내일 하고, 주님의 향기를 나타내되 내일 하리라는 막연한 헌신을 다짐하고 있습니다. 그러나 성경은 우리의 우둔한 마음을 깨우쳐 주셨습니다. "우리의 연수가 칠십이요 강건하면 팔십이라도 그 연수의 자랑은 수고와 슬픔뿐이요 신속히 가니 우리가 날아가나이다"(시90:10)라고 말씀하셨습니다.
우리에게 주어진 시간은 결코 길지만 않습니다. 이제는 살든지 죽든지 주님을 위해 아름다운 향기를 나타내며 주님의 영광을 위하여 살아갈 수 있는 믿음을 주옵소서.

지금은 계절적으로 볼 때 실록이 우거져 아름다움을 한층 자랑하는 5월입니다. 저희들에게도 이런 신록의 계절처럼, 어려움을 겪고 있는 수많은 사람을 사랑으로 품고 그들을 위하여 기도하며 푸르른 소망을 줄 수 있는 좋은 사람, 좋은 성도들이 되게 하여 주옵소서.

  우리나라의 정치, 경제, 문화, 사회의 지도자들에게도 나라와 국민을 사랑하여, 주어진 소임을 잘 감당하게 하여 주옵소서. 자신들이 위대하여 그 자리에 있음이 아니라, 그 일을 하라고 국민들이 세워준 자리임을 알게 하여서 국민을 위한 국민의 의한 국민의 정치를 할 수 있는 위대한 사람의 본보기기 되게 하여 주옵소서.
  그러므로 국민은 위정자들을 신뢰하여 공법을 따르고, 예레미야 선지자처럼 눈물로 나라를 위해 기도하는 이 백성이 되게 하여 주옵소서.

  나라가 건강하여야 교회도, 가정도 건강합니다.
  이 나라가 예수님을 섬기는 신앙적 모반이 되게 하여 주시어, 주님의 이름으로 모이는 곳곳마다 그리스도의 빛을 발하며 주님 오시는 그날까지 세계 복음화가 이뤄지게 하여 주옵소서.

  우리 교회를 이곳에 세워 주신 것은 이 지역과 민족 복음화를 위하여 일하라고 세워주셨습니다.
  세례 요한이 광야에서 외치던 그 능력과 성령충만함을 주시어 주님의 말씀을 성취해 나아가는 목사님과 온 성도들이 되게 하시어, 거룩한 주님의 날 하늘의 신령한 것으로 충만케 하여 주옵소서.
  예수님의 이름으로 기도드립니다. 아멘.

5월 넷째 주

사랑으로 교제하는 교회

• 주일오후예배 •

사랑이 풍성하신 하나님 아버지!
하나님은 풍성하신 사랑으로 독생자까지 세상에 보내 주시고 생명까지 나누어 주신 은혜를 진심으로 감사를 드립니다.

예수님께서 이 땅에 오신 것은 거룩한 생명을 주시고 우리를 구원해 주셨습니다. 그러므로 우리들도 예수님의 사랑을 온 세상에 나타내어 이웃과 형제를 사랑하고 어렵고 소외된 자들에게 삶을 나누는 그리스도인들이 되게 하여 주옵소서.

세계 선교를 향하여 초대교회는 복음의 불이 붙었고, 교회부흥의 물결은 강처럼 흘렀습니다.
"믿는 사람이 다 함께 있어 모든 물건을 서로 통용하고 또 재산과 소유를 팔아 각 사람의 필요를 따라 나눠 주며 날마다 마음을 같이하여 성전에 모이기를 힘쓰고 집에서 떡을 떼며 기쁨과 순전한 마음으로 음식을 먹고 하나님을 찬미하며 또 온 백성에게 칭송을 받으니 주께서 구원 받는 사람을 날마다 더하게 하시니라"(행 2:44-47)라고 하셨습니다. 우리 교회가 초대교회를 본받아 세계복음의 초석이 되게 하여 주옵소서.
목사님의 말씀을 순종하여 봉사와 헌신, 구제와 선교를 게을리하지 않고 하나님의 뜻을 이루어 드리는 교회가 되게 하여 주옵소서. 오늘도 갈급한 심령 위에 단비를 내려주실 것을 믿고, 말씀을 사모하는 자들이 되게 하여 주옵소서. 예수님의 이름으로 기도드립니다. 아멘.

5월 넷째 주

우리를 부르시는 예수님

• 수요예배 •

살아계셔서 우리를 눈동자와 같이 돌보시고 지켜 보호해 주시는 하나님 아버지! 주일 후 사흘 동안 세상과 더불어 살다가 오늘도 주님께서 부르시어 하나님의 품으로 인도하여 주심을 감사합니다.

탕자가 아버지의 품을 떠났으나 아버지는 날마다 아들을 부르며 기다린 것과 같이 주님께로 돌아오기를 기다리시는 주님 앞에 나와서 맡겨주신 사명을 감당할 수 있는 성도들이 되게 하여 주옵소서.

세계 곳곳에서는 각가지의 재난으로 인류는 고통받고 있습니다. 그럼에도 인간은 무지하여서 하나님을 찾지 못 하고 범죄를 일삼고 있습니다.
아모스 선지자는 이것을 한탄하며 "주 여호와의 말씀이니라 보라 날이 이를지라 내가 기근을 땅에 보내리니 양식이 없어 주림이 아니며 물이 없어 갈함이 아니요 여호와의 말씀을 듣지 못한 기갈이라"(암8:11)고 하셨습니다.
세상이 죄악으로 어두워 그 정도가 깊어질수록 고난도 심하여 더욱 어려움을 겪을 때 주님 말씀 의지하여 잃어버렸던 믿음을 회복하게 하옵소서.

오늘도 말씀 전하시는 목사님에게 능력 주시어 우리의 어두운 눈 열어 주님의 뜻을 발견하여, 빌라델비아 교회와 같이 적은 능력을 가지고 말씀을 지켜 칭찬받는 교회가 되게 하여 주옵소서. 예수님의 이름으로 기도드립니다. 아멘.

5월 넷째 주

보배로운 질그릇

• 구역예배 •

하나님 아버지 참 감사드립니다.
살아계셔서 어제나 오늘이나 영원토록 존귀와 영광을 받으시는 하나님 아버지!
"우리가 이 보배를 질그릇에 가졌으니 이는 심히 큰 능력은 하나님께 있고 우리에게 있지 아니함을 알게 하려 함이라"(고후4:7)고 하셨습니다.
깨어질 수밖에 없는 우리를, 거룩하신 주님의 마음과 능력을 담아 주셨으니 그 능력으로 어두운 세상을 지배하며 주님의 복음을 증거하는 그릇들이 되게 하여 주옵소서. 세상 것에 얽매어 주님을 위한 가치가 상실되지 않게 하옵시고, 헌금을 드릴 때 마음과 정성을 다하여 드리되 우리의 삶까지도 드리는 구역이 되게 하옵소서. 예수님의 이름으로 기도드립니다. 아멘.

말씀으로 살자

• 가정예배 •

"예수께서 이르시되 손에 쟁기를 잡고 뒤를 돌아보는 자는 하나님의 나라에 합당하지 아니하니라 하시니라"(눅9:62)고 말씀하셨습니다.
우리 가정에게 사명을 주셔서 주님 나라 위하여 살아가라고 능력 주셨으니, 오직 주님만을 바라보며 선한 일에 더욱 힘쓰게 하옵소서. 사명을 감당하는 가정을 방해하는 악한 세력이 아무리 강하여도, 보는 것과 듣는 것에 주의하여 음란한 매체에 유혹되지 않게 하옵소서. 주님의 거룩하심이 세속을 분별하는 기준이 되어 그리스도의 보혈의 피로 우리 가족을 정결하게 씻겨 주옵소서. 예수님의 이름으로 기도드립니다. 아멘.

6월의 대표기도

6월 첫째 주

주님의 빛을 나타내자

• 주일예배 •

　세상의 빛이 되시며 어두운 죄악을 밝게 비추시는 살아계신 하나님! 그 사랑을 진실로 감사와 찬송을 드립니다. "밤이 깊고 낮이 가까웠으니 그러므로 우리가 어둠의 일을 벗고 빛의 갑옷을 입자 낮에와 같이 단정히 행하고 방탕하거나 술 취하지 말며 음란하거나 호색하지 말며 다투거나 시기하지 말고"(롬13:12-13) 말씀하셨습니다.
　세상은 노아의 때와 같이 죄악이 관영하여 멸망 당하기까지 죄를 깨닫지 못하였고, 마치 소돔과 고모라 성을 방불케 하는 세상이 되고 말았습니다.

　주님, 이 백성들의 거룩성을 회복하여 주옵소서. 하나님을 멸시하고 우상숭배와 음란한 행위를 일삼았던 분열왕국시대에 모든 왕들과 백성이 포로가 되어 나라 없는 서러움을 성토했던 지난날들을 추억하게 하옵소서. 회개하는 자들에게 용서를 주저하지 않으시고, 간구하는 죄인들의 기도를 거절하지 않으시는 하나님 앞에, 이제라도 회개하기를 원하오니 이 백성들과 저희들의 죄악을 용서하여 주옵소서. 그리하여 통회하며 자복하고 회개하는 눈물이 하수처럼 넘쳐흐르게 하옵소서.
　우리 교회가 이 지역을 거룩한 도시로 만들어가는 능력을 소유하게 하옵소서. "너희는 세상의 빛이라 산 위에 있는 동네가 숨겨지지 못할 것이요"(마5:14)라고 하셨습니다. 빛으로 오신 주님, 저희로 인하여 어둠의 세력이 안개처럼 사라지게 하시고, 그리스도의 성결이 넘쳐나게 하여 주옵소서.

　저희 교회를 이곳에 세워주셨사오니, 말씀이 없어 갈급한 심령들에게 메마른 땅에 단비 내리듯 흡족한 은혜를 베풀어 주옵소서. 강퍅한 심령들, 상처로 인하여 원망과 불평이 사라지지 않는 자들에게는 성령의 충만함으로 용서와 자비의 마음을 주셔서, 내 이웃을 내 몸과 같이 사랑하는 넓은 아량으로 섬김의 마음을 갖게 하옵소서.

지금도 나라의 국토를 수호하기 위하여 최전방에서 수고하는 국군 장병, 경찰, 특수부대들에게까지 그리스도의 빛을 발하게 하시어 눈동자 같이 돌보아 주옵소서.

젊음의 때에 나라를 위하여 몸바쳐 충성하는 보람이 넘쳐나게 하옵소서. 주일날은 전 군의 복음화로 예배를 드리는 젊은 군인들의 찬송의 함성이 철의 장막인 155마일 휴전선이 무너져 동족의 아픔을 치료하여 주옵소서.

아울러 고국을 떠나 수천만리 머나먼 타국에서 선교하시는 선교사님들에게까지 주님의 사랑의 빛을 비춰주시기 원합니다.

우리 교회 모든 성도들을 위하여 날마다 눈물로 기도하시는 목사님의 간절한 기도를 들어주시고, 저희 성도들은 말씀으로 무장하여 어두운 세상을 이기되, 기름 준비한 다섯 처녀처럼 언제나 신랑을 맞을 준비를 다하게 하셔서, 성령으로 충만함과 찬양의 기쁨이 넘쳐나게 하옵소서.

오늘도 목사님의 말씀을 통하여 새로운 삶에 힘찬 출발을 시작하게 하옵소서. 우리를 구원하신 예수님의 이름으로 기도드립니다. 아멘.

6월 첫째 주

섬김을 받는 진리

• 주일오후예배 •

저희들을 사랑하셔서 독생하신 예수 그리스도를 이 땅에 보내신 하나님 아버지! 주님께서는 하늘 보좌를 버리시고 육신의 몸으로 이 땅에 오셔서, 우리 인간을 구원하기 위하여 인류의 모든 죄를 다 지시고, 십자가에 죽기까지 고난을 받으신 주님의 은혜에 감사드립니다.

"인자가 온 것은 섬김을 받으려 함이 아니라 도리어 섬기려 하고 자기 목숨을 많은 사람의 대속물로 주려 함이니라"(막10:45) 말씀하셨습니다.
많은 사람들은 남을 섬기기보다는 섬김을 받으려고 합니다. 회개하는 마음으로 새로워지기 원합니다. 하나님의 측량할 수 없는 사랑을 깨달아 알게 하시고, 친밀하고도 따뜻한 주님의 사랑을 이웃에게 실천하는 성도들로 인하여 많은 사람들이 행복해지는 교회가 되기를 원합니다.

사랑이 많으신 주님!
주님은 우리의 발이 더럽다 말하지 않으시고, 우리의 옷이 남루하다고 외면하지 않으셨습니다. 이제 저희들이 주님의 마음을 본받아, 외모가 어떠한가를 보지 않게 하시고 겸손한 마음으로 남을 나보다 낫게 여기며 섬기는 마음을 주시옵소서.
영혼 사랑으로 애타는 우리 교회의 부르짖음을 들어주셔서, 모든 성도들이 영혼 사랑하는 일에 겸손한 마음과 순종하는 마음을 주옵소서. 말씀을 전하시는 목사님에게 능력을 주셔서 죄인 된 우리의 마음을 정결케 하시어, 사명을 감당하는 성도들이 되게 하옵소서. 우리를 죄에서 구원하신 예수님의 이름으로 기도드립니다. 아멘.

6월 첫째 주

믿음으로 헌신하자

· 수요예배 ·

저희들의 목자가 되시고 푸른 초장으로 인도하시며 쉴만한 물가로 인도하시는 하나님 아버지!

지난 사흘 동안 주님의 품에 보호하셨다가 오늘도 동서사방으로 흩어져 있는 저희들을 불러 모으시고 하나님께 예배드리게 됨을 감사합니다.

남을 위한 섬김과 헌신이 원칙 되어져야 하는 저희들이지만, 게으르고 나태함으로 열정이 식어버린 저희들이 변화되기를 원합니다. 성경에는 가이사랴에 고넬료라는 사람을 소개하고 있습니다. "그가 경건하여 온 집안과 더불어 하나님을 경외하며 백성을 많이 구제하고 하나님께 항상 기도하더니"(행10:2) 라고 하셨습니다.

다른 사람의 아픔이 나의 아픔이 되게 하시고, 소외당하고 외면당하는 사람들에게 진정한 친구가 되어줄 수 있는 성도들이 되게 하여 주옵소서. 나의 만족으로 과시하는 교만한 마음을 내려놓고 어려움을 당하는 이웃들을 위해 구제와 도움의 손길이 되게 하여 주옵소서.

말씀을 많이 알아 율법주의가 되기보다는, 말씀을 실천하는 선한 사마리아인 같은 믿음을 주옵소서.

목사님의 말씀을 통하여 생활 중에 잘못된 행동과 습관을 고치기 원합니다. 이로 인하여 다른 영혼이 하나님께로 돌아오는 삶의 윤택함을 맛보게 하여 주옵소서.

곳곳에서 그리스도의 사랑을 실천하여 복음의 능력이 나타나기를 원하시는 예수님의 이름으로 기도드립니다. 아멘.

6월 첫째 주

사랑의 첫 계명

· 구역예배 ·

오른손에 일곱별을 붙잡고 일곱 금 촛대 사이를 다니시며 불꽃 같은 눈으로 살피시는 살아계신 하나님 아버지!

에베소 교회가 주님의 칭찬도 받았으나 책망도 받았습니다. 그 책망은 첫 사랑을 버렸기 때문이었습니다. "새 계명을 너희에게 주노니 서로 사랑하라 내가 너희를 사랑한 것 같이 너희도 서로 사랑하라"(요13:34) 말씀하셨습니다.

우리 모두 버려진 사랑을 다시 회복하며, 남을 미워하고 나만 옳다고 하는 우월주의에서 회개하여 우리 구역을 부흥시켜 가는 저희들이 되게 하옵소서.

남을 미워하는 죄 때문에 받는 고통을 기꺼이 받게 하시고, 하나님께 그 죄를 들고 나가 회개하며 도움을 구할 수 있는 겸손한 마음을 주옵소서. 예수님의 이름으로 기도드립니다. 아멘.

말씀으로 승리

· 가정예배 ·

말씀이 육신이 되어 이 땅에 오신 예수님을 보내신 하나님 아버지!

그 사랑과 은혜를 감사드립니다. "사람이 떡으로만 살 것이 아니요 하나님의 입으로부터 나오는 모든 말씀으로 살 것이라 하였느니라 하시니"(마4:4) 하셨습니다. 육신의 썩어질 양식을 위해서는 살아가지 않게 하시고, 하늘의 신령한 음성을 듣고 영적인 어둠을 물리쳐, 주님의 말씀을 깊이 사모하며 살아가는 가정이 되게 하옵소서. 우리 가족이 말씀에 갈급하여 늘 말씀을 상고하여 그 말씀을 따라 살아가게 하옵소서. 예수님의 이름으로 기도드립니다. 아멘.

6월 둘째 주

항상 기뻐하라

• 주일예배(보훈의 달) •

　항상 우리에게 좋은 것을 주시기를 기뻐하시는 하나님 아버지! 지난 한 주간도 은혜 가운데 지켜주셨다가 거룩한 주일을 맞이하여 한자리에 앉아 하나님께 예배드리게 하심에 진심으로 감사를 드립니다.
　이름 모르는 무명의 용사들이, 이 나라를 위해 목숨을 바쳐 희생한 흔적의 터 위에 저희들은 평안의 안식을 누리며 행복하게 살아가고 있습니다.
　애국자들의 피를 흘려 물려받은 아름다운 이 나라, 이 강산을 저희들도 땀 흘려 더욱 수고하여 더 아름다운 나라로 후손들에게 물려줄 수 있도록 하여 주옵소서.

　특별히 이 나라가 복음으로 더욱 아름다운 나라가 되기를 원합니다. 하나님의 사랑과 예수님의 은혜가 넘치는 나라가 되기를 원합니다.
　그래서 이 나라 백성이 어떤 역경 속에서도 하나님만을 바라보며 살아갈 수 있도록 하여 주옵소서.
　"항상 기뻐하라 쉬지 말고 기도하라 범사에 감사하라 이것이 그리스도 예수 안에서 너희를 향하신 하나님의 뜻이니라"(살전5:16-18)하신 주님의 말씀이 이루어지는 나라가 되게 하옵소서.

　하나님 아버지! 이 나라를 지켜주시옵소서. 여러 가지로 어려운 문제를 잘 해결할 수 있는 지혜와 능력을 주셔서 나라 살림을 잘 이끌어 갈 수 있게 하여 주시옵소서. 특히 경제문제는 시대가 흘러가도 여전히 직면하고 있는 문제이며, 서민의 아픔이기도 합니다. 이럴 때일수록 온 국민이 하나님의 뜻을 찾게 하시고, 하나님의 뜻에 합당한 일에 순종할 수 있게 하여 주옵소서. 지역 간, 계층 간 분열된 국론이 하나로 통합되게 하여 주셔서 온 국민이 주님께 영광 돌려 드리는 나라를 만들어 주시옵소서.

6·25 동란으로 분단된 북한이 도탄에 빠진 인민은 아랑곳 없이 2차에 걸친 가공의 핵실험과 미사일 발사와 도발위협 등 무력통일을 꿈꾸고 있습니다.

북한 김정일 정권이 핵을 무장하여 세습 왕조로 정권을 이어가려는 꾀에서 벗어나게 하여 주옵소서. 이 땅에 평화를 갈구하는 지구상의 모든 국가와 인류가 지탄하고 있사오니, 주님 강권적으로 역사하셔서 핵무기와 미사일이 평화의 밭을 가는 농기구로 바꿔 주시고 무력남침의 야욕이 백일몽에서 깨어날 수 있도록 하여 주시옵소서.

이 시간 말씀을 전하시는 목사님에게도 능력을 칠 배나 더하셔서 말씀으로 무장한 저희들에게 도전하는 악한 무리의 유혹에서 담대히 물리치고 승리의 찬송을 부르는 성도들의 되게 하여 주옵소서.
또한 주일을 위해 수고하는 각 기관들과 우리 모든 성도들에게도 하나님의 크고 놀라우신 은혜로 덧입혀 주옵소서. 예수님의 이름으로 기도드립니다. 아멘.

6월 둘째 주

주님의 빛을 비추자

• 주일오후예배 •

빛을 창조하셔서 빛이 되신 하나님 아버지!
거룩한 주일오후예배로 인도하여주심을 진실로 감사를 드립니다.
부족한 저희들이지만 주께서 인도하심을 따라 이 시간 정성을 다하는 예배가 되게 하옵소서.
저희가 찬양할 때 흠향하여 주시고, 기도할 때 들으시옵시고, 말씀 들을 때 가슴이 뜨거워지는 성령의 역사가 있게 하옵소서. 성경에 말씀하셨습니다. "일어나라 빛을 발하라 이는 네 빛이 이르렀고 여호와의 영광이 네 위에 임하였음이니라"(사 60:1)고 말씀하신 것처럼 주님이 우리에게 주신 사명을 뜨겁게 잘 감당하는 성도들이 되게 하옵소서.

우리에게 복음의 열정으로 영혼을 사랑할 수 있는 은혜를 주신 하나님! "나라들은 네 빛으로, 왕들은 비치는 네 광명으로 나아오리라"(사60:3)는 말씀이 이루어지게 하옵소서!
무지한 저희들을 말씀으로 새롭게 살아가도록 거룩한 비전을 주시며, 늘 푸른 초장으로 인도하시는 목사님께 더 큰 사명을 감당하시도록 힘을 주시옵소서.
이 시간 말씀을 들을 때에도 열린 마음으로 사모하여 목사님을 통해 흘러나오는 말씀들이 우리 마음에 잘 흡수하여 좋은 열매 맺는 저희들이 되게 하여 주옵소서.
예배에 참석하지 못한 성도들에게도 예배로 성공할 수 있는 마음을 주시고 같은 사명을 가지고 빛을 발할 수 있도록 감동하여 주시옵소서.
우리들 죄악에서 구원하신 예수님의 이름으로 기도드립니다. 아멘.

6월 둘째 주

믿음으로 드리는 헌신

• 수요예배 •

만유의 주시요, 만왕의 왕이 되신 하나님 아버지!
찬양과 영광을 홀로 받아 주시옵소서.

"주의 권능의 날에 주의 백성이 거룩한 옷을 입고 즐거이 헌신하니 새벽 이슬 같은 주의 청년들이 주께 나오는도다"(시110:3)하셨습니다. 율법으로 얽매인 두려움 때문에 헌신을 다짐하는 것이 아니라, 주님의 크신 은혜 감사하여 참된 헌신이 우리 몸에서 흘러나오기를 원합니다.
그러나 온전한 믿음으로 주님을 위해 헌신하지 못 하고 세속에 얽매인 분주함을 용서하여 주옵소서.
때로는 외식으로, 때로는 부끄러운 모습으로, 때로는 교만한 모습으로 믿음을 드러내지 못하며 하나님의 능력보다는 나의 욕심으로 살았음을 고백합니다.
더 나아가 기뻐하시는 믿음으로 헌신의 삶을 살 수 있도록 도와주셔서 풍성한 열매가 있게 하옵소서.

욥바에 다비다의 죽음 앞에서 과부들은 다비다의 사랑과 믿음을 증거 하였고, 신앙 인격과 품위를 칭송하였습니다. 베드로는 예수 그리스도의 이름으로 다비다를 다시 살리고 회복시켜 주었습니다. 이 일로 욥바의 많은 사람들이 주님을 믿게 되었습니다. 주님! 우리 교회가 다비다의 아름다운 헌신과 예수 그리스도의 능력과 권세를 회복해나가는 교회가 되기를 원합니다.
목사님의 말씀을 듣고 저희들은 그리스도의 이름으로 성령의 능력이 나타나는 것을 경험하여 예수님을 증거하는 성도들의 되기를 원하시는 예수님의 이름으로 기도드립니다. 아멘.

6월 둘째 주

반석 위에 세운 교회

• 구역예배 •

반석처럼 우리를 든든히 돌보시는 하나님 아버지!
　주님의 변함없는 은혜와 사랑을 항상 감사를 드립니다.
　"또 내가 네게 이르노니 너는 베드로라 내가 이 반석 위에 내 교회를 세우리니 음부의 권세가 이기지 못하리라"(마16:18)하셨습니다. 저희들에게 반석 같은 믿음으로 세상을 이길 수 있는 힘을 주옵소서. 타락한 이스라엘 백성들은 바알이 풍요를 줄 것을 믿으며 그를 섬겼습니다. 저희가 건강한 믿음을 갖지 못하여 주님께 감사하지 못함을 용서하여 주옵소서. 우리의 풍요로움과 만족을 주신 것은 저희의 노력이 아니라 주님의 은혜임을 고백하고 감사할 수 있게 하옵소서. 예수님의 이름으로 기도드립니다. 아멘.

믿음으로 결단하자

• 가정예배 •

음란한 문화가 가정과 사회 곳곳에 스며들고, 이 시대가 영적으로 거룩함을 가질 수 있도록 성령의 충만함을 주옵소서.
　세상의 문화가 그리스도인들의 가정을 지배하지 못하도록 거룩한 믿음을 가진 다니엘과 세 친구와 같이 불의를 바라보지 않는 믿음의 결단을 하도록 성령님의 도우심을 원합니다.
　그래서 세상 속에서 만나는 각종 유혹과 핍박과 시험을 이겨내며 결단한 것들이 잘 실천되어질 수 있도록 우리를 도와주옵소서. 예수님의 이름으로 기도드립니다. 아멘.

6월 셋째 주

세상을 이기는 믿음을 갖자

• 주일예배 •

모든 악한 일에서 건지시고 천국에 이르기까지 늘 돌보시며 인도하시는 하나님 아버지!

이 어둠의 때에서 예수 그리스도를 믿는 마음에 평안을 찾게 하시고 거룩한 주일에 하나님 아버지 앞에 나아와 감사와 찬송을 드리게 하심에 진실로 감사를 드립니다.

우리는 이 땅에서 불편한 것이 없는, 지상 최고의 행복을 주장하며 살아가고 있습니다. 지금이 마지막 때라고 경고하신 말씀마저도 의심하며, 주님의 주신 사명을 외면하고 살아왔습니다. 우리의 죄를 용서하여 주시고 항상 "주의 약속은 어떤 이들이 더디다고 생각하는 것 같이 더딘 것이 아니라 오직 주께서는 너희를 대하여 오래 참으사 아무도 멸망하지 아니하고 다 회개하기에 이르기를 원하시느니라" (벧후3:9) 말씀하신 것을 기억하여 늘 복음의 사명을 감당하며 살아갈 수 있도록 인도하여 주옵소서.

오늘도 보여야 할 성도들이 보이지 않습니다. 이를 안타까이 여기셔서 주일을 거룩히 지키는 그리스도인이 될 수 있도록 인도하여 주옵소서.

교회에 소속된 찬양대와 각 기관을 살펴주옵시고, 모든 교회행사에서 주님의 영광이 나타나게 하옵소서. 교회 행사를 통하여 많은 새 가족 형제자매들이 주님을 만나 영접하는 기쁨이 있게 하옵소서.

말씀을 전하시는 목사님께도 성령의 능력으로 함께하셔서 말씀을 듣는 우리의 심령이 변화되어 믿음의 열정이 불붙듯이 타오르게 하옵소서.

따라서 복음의 열정이 식어지지 않는 성도들이 때를 얻든지 못 얻든지 항상 복음 전파에 관심을 가지며, 영혼을 주께로 인도하는 일을 부지런히 감당하게 하옵소서.

"믿음이 없이는 하나님을 기쁘시게 하지 못하나니 하나님께 나아가는 자는 반드시 그가 계신 것과 또한 그가 자기를 찾는 자들에게 상 주시는 이심을 믿어야 할지니라"(히11:6)하신 말씀을 기억하여 항상 굳건한 믿음과 세상 종말을 바라보며 모든 시험과 역경 그리고 환란까지도 이기는 신앙으로 하나 되게 하옵소서.

한 주간 살아가면서 하나님을 삶의 주인으로 모시고, 그분께 순종하여 헌신을 다짐하는 성도들이 되게 하옵소서. 교회에 모이기를 힘쓰고 연약한 형제자매들을 섬기는 일에 민감하게 하시되, 세상의 유행에 많은 관심으로 하나님보다 세상 것을 더 사랑하는 일이 없도록 인도하여 주옵소서.

오늘 이 거룩한 주일에 오직 주님만이 크신 영광 받으시기를 간절히 소망하며 예수님의 이름으로 기도드립니다. 아멘.

6월 셋째 주

깨닫고 회개하자

• 주일오후예배 •

오늘도 믿는 성도들을 광야의 구름 기둥과 불기둥처럼 우리 곁에서 우리를 지켜 보호하시는 하나님 아버지!

지난 한 주간을 생각하며 감사와 찬양을 드립니다.

우리는 생활 속에서 주님이 주시는 은혜를 깨닫지 못 하고 9명의 한센병 환자처럼 세상을 만족하며 살아가다가 주님은혜 감사할 줄 모르는 자와 같은 저희들입니다. 용서하여 주옵소서.

오늘 이 시간을 통해서 주님의 그 크신 은혜가 깨달아지게 하옵소서!

귀가 열리게 하옵소서.

마음이 열리게 하옵소서.

생각이 열리게하옵소서.

인생의 가치가 하나님의 나라의 가치로 열리게 하옵소서.

새로워진 그리스도인의 삶에, 눈과 귀가 되어 보이고 듣는 것에 민감했던 저희들이었습니다. 그러나 믿는 것에 익숙한 사람이 되게 하여 주옵소서. 더 나아가서 아무것도 보이지 않고 들리지 않는 곳에서도 하나님의 음성을 들을 수 있는 영적인 성도들이 되어, 내 생각을 버리고 주님의 생각을 실천할 수 있도록 인도하여 주옵소서.

말씀을 전하시는 목사님을 통해서, "내 사랑하는 형제들아 너희가 알지니 사람마다 듣기는 속히 하고 말하기는 더디 하며 성내기도 더디 하라"(약1:19)는 말씀을 순종하며 살아가게 하옵소서. 믿음을 본보인 선진들을 바라보며 따라갈 수 있는 은혜 주신 주님께 감사하오며 예수님의 이름으로 기도드립니다. 아멘.

6월 셋째 주

예수님의 부탁

• 수요예배 •

    존귀와 영광과 찬송을 받으시기에 합당하신 하나님 아버지! 지난 사흘 동안도 은혜가운데 지켜주시고, 신령과 진리로 예배드리게 됨을 감사를 드립니다.
    하나님께서 관심을 가지실 일보다도, 세상 욕심에 분주하여 살다간 시간들을 돌아볼 때 너무나 부끄럽습니다.
    이 시간 다시 전신갑주를 입는 자세로 하나님의 능력을 재충전 받는 시간이 되게 하옵소서.

    모든 성도가 초대교회의 성령의 충만함을 따라 "빌기를 다하매 모인 곳이 진동하더니 무리가 다 성령이 충만하여 담대히 하나님의 말씀을 전하니라"(행4:31)라는 말씀처럼 복음을 전하는 전도자의 삶을 살게 하옵소서.
    또한 "그러므로 너희는 가서 모든 민족을 제자로 삼아 아버지와 아들과 성령의 이름으로 세례를 베풀고 내가 너희에게 분부한 모든 것을 가르쳐 지키게 하라 볼지어다 내가 세상 끝날까지 너희와 항상 함께 있으리라 하시니라"(마28:19-20)는 마지막 분부의 말씀을 간직하며 우리의 받은 사명을 헛되이 받지 않게 하시고, 더욱 큰 열정으로 주님께서 맡기신 복음전파의 사명을 부지런히 감당하는 충성된 제자가 되게 하옵소서.

    이 시간 말씀을 전하시는 목사님 위에 성령께서 함께하셔서, 우리들 귀로 듣는 것이 아니라 가슴으로 들어 복음을 위한 열정에 불을 지펴주옵소서.
    예수님의 이름으로 기도드립니다. 아멘.

6월 셋째 주

칭찬받는 구역

• 구역예배 •

적은 것을 가졌지만 충성된 자를 기뻐하시는 하나님 아버지! 예배를 통하여 주님의 사랑과 성령의 교통이 있음을 경험하게 하시고 더욱 신실하게 주님께 예배드리는 사랑하는 구역식구들이 되게 하옵소서.

혹 의식에 치우쳐 외식적인 예배가 되지 않게 하시고 십자가의 사랑이 회복되어 감동과 찬양이, 그리고 기도가 살아 있는 구역이 되게 하옵소서. 비록 작은 인원이지만 빌라델비아교회에게 하신 "내가 네 행위를 아노니 네가 작은 능력을 가지고서도 내 말을 지키며 내 이름을 배반하지 아니하였도다"(계3:8)라고 칭찬하셨던 말씀처럼 작은 일에 충성함에 칭찬받는 아름다운 구역이 되게 하옵소서! 예수님의 이름으로 기도드립니다. 아멘.

즐거운 우리 집

• 가정예배 •

항상 기뻐하라 다시 말하노니 기뻐하라 말씀하신 하나님 아버지!

세상에는 많은 가정이 있지만 우리 가정을 지명하여 주셔서 사랑해주시고 복음으로 모범이 되는 가정이 되게 하심에 거듭 감사를 드립니다. 우리 가족들이 말로만 믿음을 가진 자가 아니라 실천에 강력한 매력이 있는 가족이 되게 하옵소서. 십자가 앞에 부끄러움이 없는 식구들이 되기를 원합니다. 이 땅에 살아가는 동안 여러 가지 시련으로 두려워하지 않게 하시고, 부활하신 예수님의 위엄과 권위를 나타내며 어려움 속에서도 주님 한 분으로 만족하며 감사하는 가정이 되게 하옵소서. 예수님의 이름으로 기도드립니다. 아멘.

6월 넷째 주

민족의 아픔을 통회하자

• 주일예배(6 · 25기념일) •

모든 전쟁과 불의에서도, 정의가 하수처럼 흐르시는 공의로우신 하나님 아버지! 감사 찬양과 영광을 주님께 돌려드립니다.

오늘은 특별히 6 · 25사변 기념 주일로 하나님께 영광을 돌립니다. 수많은 생명들이 6 · 25란 전쟁을 통하여 죽어간 것을 기억합니다. 다시금 이런 비극이 없도록 저 북녘 땅의 위정자와 이 나라의 위정자를 친히 살펴 주옵소서.

전쟁 이후 세대들도 민족의 아픔을 거울로 삼아 더욱 정신을 차려 근신하여 열심히 국방의 의무를 다할 수 있도록 인도하여 주옵소서. 누구보다 육, 해, 공, 특수 부대원들이 전후방에서 나라를 지키기 위하여 충성하는 국군장병들을 돌보아 주셔서, 건강과 지혜와 민첩함을 더하여 주옵소서.

우리는 하나님께서 주신 이 땅을 사랑합니다. 그러므로 자유와 진리 수호하는 일에 앞장서며, 불의로 무고한 생명을 앗아가며, 인권을 유린하는 자들을 미워합니다. 하나님! 저들에게도 같은 민족의 심장이 뛰고 있음을 알게 하셔서 철의 장막이 무너지고 평화적 통일이 이루어지게 하옵소서. 지구촌 마지막 휴전선이 무너지고 또다시 장대현교회의 부흥의 물결이 평양 대부흥 운동으로 불붙게 하옵소서.

하나님께서 선물로 주신 이 땅을 더욱 아름답고 건강하게 만드는 사명이 우리에게 있음을 압니다.

하나님, 우리에게 지혜와 명철과 담대함을 주옵소서. 그래서 뜻이 하늘에서 이룬 것 같이 땅에서도 이루어지는 역사의 도구로 쓰임을 받게 하옵소서.

그리고 전 세계가 전쟁에 노출되어 있는 위험에서 벗어나게 하시고 평화를 사랑하는 자들이 함께 푸른 지구를 지켜가게 하옵소서.

"그 때에 이리가 어린 양과 함께 살며 표범이 어린 염소와 함께 누우며 송아지와 어린 사자와 살진 짐승이 함께 있어 어린아이에게 끌리며 암소와 곰이 함께 먹으며 그것들의 새끼가 함께 엎드리며 사자가 소처럼 풀을 먹을 것이며 젖 먹는 아이가 독사의 구멍에서 장난하며 젖 뗀 어린아이가 독사의 굴에 손을 넣을 것이라"(사 11:6-8)하셨던 말씀을 생각합니다.

이 땅에 주님이 다스리는 나라가 이뤄지게 하옵소서.

무엇보다 십자가의 복음이 전파되어 온 세계가 복음 안에서 하나가 되게 하셔서 한마음으로 어깨동무하는 날이 오게 하옵소서.

저희가 이렇게 신앙의 자유가 보장된 땅에서 주님께 예배드릴 수 있음을 감사드립니다. 주님께서 이 분단된 나라와 겨레를 사랑하시어 정치적 안정, 경제적 부흥, 군사적 평온을 유지할 수 있게 하심을 감사드립니다.

민족의 아픔을 성토하시며 말씀을 전하시는 목사님에게 능력을 주시어 갈급한 저희들의 영혼을 흡족하게 채워주시고 북한에 가족을 둔 가정들도 위로와 소망으로 채워주옵소서. 우리를 악한 것에서 구원해 주시는 예수님의 이름으로 기도드립니다. 아멘.

6월 넷째 주

우선순위를 세우자

• 주일오후예배 •

하나님의 나라와 그 의를 구하며 살아가기를 기뻐하시는 하나님 아버지! 다시금 주일오후예배로 영광을 돌리게 하심을 감사드립니다.

오후예배도 신령과 진정으로 마음과 뜻과 정성을 다하여 하나님을 예배드리오니 영광을 받으시고 저희에게 성령의 임재와 능력이 경험하는 시간이 되게 하옵소서.

주님! 저희들에게 각종 봉사하는 일과 영혼을 살리는 일과 남을 돌보는 일이 얼마나 귀한 일인지 알게 하여 주옵소서. 주님께서는 친히 이 땅에 오셔서 저희들을 섬기시고 구원하시기 위하여 하나밖에 없는 생명을 십자가에 내어주셨습니다. 우리도 하나님 나라를 위하여 헌신할 마음을 주옵소서. 하나님의 나라를 위하여 수고하는 일을 더욱 귀하게 여겨 "하나님의 나라는 먹는 것과 마시는 것이 아니요 오직 성령 안에 있는 의와 평강과 희락이라 이로써 그리스도를 섬기는 자는 하나님을 기쁘시게 하며 사람에게도 칭찬을 받느니라"(롬14:17-18) 하신 주님의 뜻을 잘 받들어 주님의 나라를 이 땅 가운데 이루는 일에 더욱 최선을 다하도록 인도하여 주옵소서.

목사님과 천하보다 귀한 한 영혼을 돌보는 목회사역에 큰 결실이 있게 하옵소서! "그런즉 너희는 먼저 그의 나라와 그의 의를 구하라 그리하면 이 모든 것을 너희에게 더하시리라"(마6:33) 하셨습니다. 우리의 삶의 우선순위를 결정하는 거룩한 믿음을 주옵소서.

예수님의 이름으로 기도드립니다. 아멘.

6월 넷째 주

청지기의 마음가짐

• 수요예배 •

사랑과 은혜가 풍성하신 하나님!

영원한 형벌을 받아야 마땅할 저희들을 특별히 구별하사 청지기로 쓰임 받게 하신 하나님께 감사와 영광과 찬송을 올려 드립니다.

지난 사흘 동안도 우리를 은혜 가운데서 보호하시다가 이 시간 하나님의 교회 앞에 나아와 영광을 돌리게 하시니 또한 감사를 드립니다.

그러나 사흘간을 돌이켜볼 때 하나님의 청지기로서 불충했던 시간들이 많았습니다. 주님을 위하여, 몸된 교회를 위하여 부지런하지 못했던 것이나, 성실하지 못했던 것, 최선을 다하지 못했던 것을 용서하여 주옵소서.

다시금 주의 능력을 의지하여 기도하오니 힘과 지혜와 담대함을 더하여 주셔서 온전히 하나님 나라의 청지기로서 삶을 살아가 가게 하옵소서.

주님의 뜻대로 살아가는 저희들에게 "잘하였도다 착하고 충성된 종아 네가 적은 일에 충성하였으매 내가 많은 것을 네게 맡기리니 네 주인의 즐거움에 참여할지어다"(마25:21)라는 주님의 음성을 듣게 하옵소서.

오늘도 말씀을 전하시는 목사님을 통하여 하나님의 말씀을 받습니다. 말씀을 통하여 깨달은 저희들이 교회를 더욱 잘 섬길 수 있는 청지기가 되게 하옵소서.

이 예배의 시간을 통하여 오직 하나님께는 영광이요 우리에게 천국의 기쁨에 참여하는 감동적인 시간이 되게 하옵소서. 예수님의 이름으로 기도드립니다. 아멘.

6월 넷째 주

살아 있는 믿음

• 구역예배 •

세상 최후의 심판에서 구원의 능력이신 하나님 아버지!

우리 육신은 육적인 생활에 만족을 주어 하나님을 멀리하게 합니다. 뿐만 아니라 하나님을 등지고 세상 유혹에 빠져 죄를 짓기도 합니다. 청지기의 삶을 살아야 하지만 오히려 세상의 종이 되어 살아간 시간들이 있었습니다.

사데교회는 "내가 네 행위를 아노니 네가 살았다 하는 이름은 가졌으나 죽은 자로다"(계3:1) 라고 하셨습니다. 다시는 주님께 책망받지 않게 하시고 칭찬받는 구역으로 맡겨준 일뿐 아니라 주님 나라를 위해 앞장서 나아가게 하옵소서. 예수님의 이름으로 기도드립니다. 아멘.

예수만 섬기는 가정

• 가정예배 •

예배에 열정을 갖는 가정 그런 가정을 소망합니다. 의식에 얽매여 정죄하는 마음이 아니라, 은혜의 마음이 앞장서 더욱 간절하기 원합니다.

세상에서 부요한 눈이 멀어서 믿음의 눈을 감지 못하게 하시고, 미지근한 신앙을 가져 주님이 토해내는 잘못을 범하지 않게 하옵소서. 항상 깨어 근신하며 예수님을 자랑하는 행복한 가정으로 모델이 되게 하옵소서.

세상에는 가난하고 눈은 멀었지만 예수님을 섬기는 우리 가정은 하나님과의 관계를 회복하여 부요하게 하여 주옵소서.

교회 안에 소외되어 외로워하는 성도들에게 가장 가까운 곳에서 따뜻한 손 내미는 가족이 되게 하여 주옵소서. 예수님의 이름으로 기도드립니다. 아멘.

7월의 대표기도

7월 첫째 주

첫 열매로 감사하자

• 주일예배(맥추감사주일) •

모든 감사의 고백을 받으시기에 합당하신 하나님 아버지!
그 은혜와 사랑을 진심으로 감사드립니다. 오늘은 삼대 절기 가운데 하나인 맥추감사주일입니다.
"맥추절을 지키라 이는 네가 수고하여 밭에 뿌린 것의 첫 열매를 거둠이니라"(출 23:16) 고 말씀하신 것을 기억하여 오늘 주신 첫 열매에 감사하여 마음과 정성을 다하여 예배드리기를 원합니다. 하나님 앞에 감사와 기쁨이 넘치는 예배가 되게 하옵소서.

혹 억지로나 형식이나 의식에 치우쳐 예배하지 않게 하시옵소서. 가인과 아벨의 제사를 구별하사 아벨의 제사를 기뻐하신 주님, 이 시간 우리의 예배가 하나님 앞에 받으시는 온전한 믿음의 예배가 되어 축복이 넘치는 교회가 되게 하옵소서.

하나님의 기억 속에 복된 맥추감사예배가 되기를 원합니다. 이 예배를 시작으로 하여 더욱 감사의 내용으로 풍성한 삶이 되게 하옵소서.
주신 첫 것의 열매를 드리기에 주저하지 않는 신앙이 되게 하옵소서. 오직 믿음으로 감사하며 주님의 앞으로 주실 축복을 누리며 살도록 인도하옵소서.
뿐만 아니라 "범사에 감사하라"(살전5:18) 말씀하신 대로 드리는 감사가 체면이 아닌 체질이 되게 하옵시고, 감사를 많이 하는 성도, 감사를 많이 하는 가정, 감사를 많이 하는 교회가 되게 하옵소서.

마지막 추수 때가 되어 악한 마귀들이 세력을 강하여지고 있는 이때에 늘 깨어 기도하며 진리로 무장하고 주님의 말씀으로 방패를 삼아, 악한 세력을 물리치고 승전가를 부르며 전진할 수 있는 굳건한 믿음의 사람이 되게 하여 주시옵소서.

갚고 갚아도 다 갚을 수 없는 십자가 보혈의 크신 사랑을 언제든지 기억하여 감사하고 감사할 수 있는 저희들이 되게 하옵소서.
말씀을 아는 것으로 만족하지 말고 행함으로 믿음의 본을 보일 수 있는 멋진 성도가 되기를 원합니다.

오늘 목사님의 말씀을 통하여서 '오직 감사'의 성도들이 되게 하옵소서. 그래서 당회를 비롯한 모든 선교기관 및 교육기관이 날로 부흥 성장하는 복을 누리는 교회가 되게 하옵소서.
예수님의 이름으로 기도드립니다. 아멘.

7월 첫째 주

면류관 받는 자 되자

• 주일오후예배 •

생명의 면류관을 주시기를 기뻐하시는 하나님 아버지!

다시금 이 자리에 모여 영광을 돌리게 하시니 감사를 드립니다.

오전에 목사님을 통하여 하나님께서 감사하는 자를 기뻐하신다는 말씀으로 평생을 감사하며 살기로 다짐해봅니다. 저희들이 들은 말씀을 잘 실천하여 30배, 60배, 100배의 결실을 얻어 더욱 풍성한 감사의 사람이 되게 하옵소서.

단순히 이 땅의 결실에만 기뻐하지 않고 하나님의 영광을 위해 충성하는 일에도 모범 된 성도가 되게 하옵소서.

"네가 죽도록 충성하라 그리하면 내가 생명의 관을 네게 주리라"(계2:10) 하신 말씀을 기억합니다.

우리들의 삶이 감사하면서 현실에 안주하는 삶이 아니라 하나님의 말씀과 뜻이라면 죽도록 충성하는 열정이 있어 생명의 면류관을 수여받는 성도들이 되게 하옵소서. 따라서 감사의 삶이 죽도록 충성하는 삶으로 연결되게 하옵소서.

"때가 악하니라"고 말씀하신 것처럼 이 음란하고 사악한 시대 속에 방황하는 생명들에 대하여 무관심과 방관으로 일관하지 않게 하시고 오직 충성하여 때를 얻든지 못 얻든지 복음을 나타내서 많은 영혼들이 주님께로 돌아오는 것을 보게 하옵소서.

당회를 비롯해 모든 기관이 목사님과 합력해서 구령의 열정에 크게 감동하게 하셔서 모두 충성함으로 '생명의 면류관'을 받기에 조금도 부족함이 없게 하옵소서.

예수님의 이름으로 기도드립니다. 아멘.

7월 첫째 주

땅끝까지 복음의 증인

• 수요예배 •

　지극히 천한 저희를 구원하시기 위하여 독생자까지도 아끼지 않고 이 땅에 보내주신 하나님 아버지!
　지난 사흘 동안 죄악 된 세상에서 씨름하다가 승리하여 이 시간의 예배에 참석하게 하심을 진심으로 감사를 드립니다.

　그러나 저희들이 주의 은혜로 예배에 참석했지만 복음증거의 사명을 다 감당하지 못했음을 고백합니다.
　주님께서는 "내가 너희에게 분부한 모든 것을 가르쳐 지키게 하라 볼지어다 내가 세상 끝날까지 너희와 항상 함께 있으리라 하시니라"(마28:20) 고 말씀하심을 기억하여 복음의 증인으로 살아가기를 원합니다. 입술로만 복음을 전하는 나팔수보다는 삶이 예배가 되어 그리스도의 사랑과 말씀을 실천하는 능력이 믿지 않는 사람들에게 전달될 수 있도록 인도하여 주옵소서.

　믿지 않는 사람들을 바라볼 때 예레미야처럼 불쌍히 여기는 마음으로 때를 얻든지 못 얻든지 말씀을 전파하는 성도들이 되게 하시어, 잃어버린 양 한 마리를 찾아 헤매는 목자의 심정과 우리를 위해 십자가에 달려 돌아가신 예수님의 마음처럼, 아직도 예수님을 영접하지 못한 불쌍한 생명들을 향하여 복음의 발걸음을 쉬지 않게 하옵소서.
　이 시간 말씀을 전하시는 목사님 위에 말씀의 능력을 칠 배나 더하시고 아울러 목사님의 그 존귀한 사역이 우리 성도들을 통하여 더욱 빛을 발할 수 있도록 복 주시옵소서. 우리의 기도를 들어주신 예수님의 이름으로 기도드립니다. 아멘.

7월 첫째 주

우리의 대장 예수님

• 구역예배 •

　우리를 죄악에서 이끌어내시고 승리의 기쁨을 주시는 자비하신 하나님 아버지! 우리가 모든 영적전쟁에서 이길 수 있도록 인도하신 은혜와 사랑에 감사를 드립니다. "이것을 너희에게 이르는 것은 너희로 내 안에서 평안을 누리게 하려 함이라 세상에서는 너희가 환난을 당하나 담대하라 내가 세상을 이기었노라"(요16:33) 하신 주님의 말씀을 잊지 않고 살기를 원합니다.
　우리 앞에 다가오는 영적전쟁을 두려워하지 않고 주님을 의지하여 승리할 수 있도록 도와주옵소서.
　우리의 전쟁은 혈과 육이 아니라 영적전쟁이오니, 우리의 삶에 앞장서신 예수님만 따라가는 구역되게 하옵소서. 예수님의 이름으로 기도드립니다. 아멘.

순종의 가정이 되라

• 가정예배 •

　주의 말씀에 순종하는 자녀를 기뻐하시는 하나님 아버지!
　오늘도 우리 가정이 순종하여 다 함께 모여 하나님께 예배를 드립니다. 우리의 작은 마음으로 큰 뜻을 이루어지기 원하여 우리 가족의 삶이 하나님 앞에서 정직하며 죄로 익숙하여 부끄러움마저 상실한 사람이 되지 않게 하옵소서. 거룩한 열정을 외면한 채 강퍅한 마음으로 도도해지는 마음을 주님의 손으로 건져 주옵소서. 주님이 원하신다면 우리의 삶에서 더 이상 머뭇거리지 않고 나가기를 원합니다. 혹 그곳이 멸망의 자리라도, 고난의 자리라도 부르신 곳에서 주저하지 않고 순종하기를 원합니다. 예수님의 이름으로 기도드립니다. 아멘.

7월 둘째 주

세계 꿈을 갖자

• 주일예배 •

어제나 오늘도 살아계셔서 세계 민족을 구원하시기를 원하시는 하나님 아버지!

지난 한 주간도 저희를 지키셔서 사랑하는 성도들과 함께 예배하게 하시는 하나님께 진심으로 감사를 드립니다.

그러나 저희들이 현실에 안주하여 마땅히 해야 할 일을 하지 못한 죄인임을 고백합니다.

"오직 성령이 너희에게 임하시면 너희가 권능을 받고 예루살렘과 온 유대와 사마리아와 땅끝까지 이르러 내 증인이 되리라 하시니라"(행1:8) 고 하신 말씀을 순종하며 살기를 원합니다.

우리 교회가 지금까지 전도하는 일이 부진했지만, 성령님의 도우심을 얻어 하나님의 능력을 나타내는 증인이 되기를 원합니다. 교회를 통하여 지역이 변화되고, 기독교회를 통하여 대한민국이 복음화되고, 세계 선교의 열정으로 땅끝까지 이르러 복음이 전파되게 하여 주옵소서.

전 세계가 이상 기후로 인하여 지구 온난화 현상이 생겨 빙산은 녹아내리고, 해수면이 높아져 적조현상으로 자연이 파괴되고 있는 이때지만, 안일한 마음으로 미래에 도래될 심판을 준비하지 못 하고 있는 어리석은 저희들에게 시대적인 심각성을 알게 하시어, 성도들이 마땅히 복음을 증거하는 일이 우리의 사명으로 알아 복음 증거하는 열정이 우리 교회에서부터 일어나게 하옵소서.

사랑 많으신 하나님!

우리 교회 안에 원치 않게 질병에 어려움을 겪고 있는 성도들도 있습니다. 그들에게 치유의 능력으로 고쳐주시고 남은 생애 주님을 위하여 충성하는 성도가 되게 하옵소서.

나라와 민족을 위하여 기도합니다.

이 민족을 불쌍히 여기시어 이 땅에 공의와 정의가 실현되어 경제가 회복되고 국력이 강해져서, 이웃나라를 돌 볼 수 있는 나라가 되게 하여 주옵소서.

사랑이 많으신 하나님 아버지!

오늘도 주의 성전에 나와 기도하는 우리 성도들을 사랑하여 주옵소서. 각 가정마다 항상 하나님이 동행해 주셔서 매사를 축복하여 주시오며, 그 가족들에게 건강의 복을 나려 주시며, 또 그 자녀들이 하나님 말씀대로 살아서 매사에 승리하도록 돌보아 주시옵소서. 성도들의 가정마다 하나님이 주신 믿음의 축복을 받아 선교에 앞장서고, 복음 증거하는 증인의 삶을 살아가는데 어려움 없도록 복 내려 주옵소서.

오늘도 복음을 전하시는 목사님을 세워주셔서 감사드립니다. 능력을 칠 배나 더하셔서 입에서 흘러나오는 말씀을 존경함으로 순종하여 교회 부흥을 위해 힘쓰는 성도들이 되기를 원합니다.

어제보다 오늘, 오늘보다 내일 더욱 하나님을 기쁘시게 해 드리는 믿음의 성도들이 되기를 간절히 바라오며 예수님의 이름으로 기도드립니다. 아멘.

7월 둘째 주

용서와 사랑

• 주일오후예배 •

용서와 사랑을 기뻐하시는 하나님 아버지!

오늘 거룩한 주일에 시간마다 은혜로 인도하여 주시니 온맘을 다하여 감사를 드립니다.

이 시간의 예배도 독생자 예수 그리스도의 십자가 용서와 사랑을 마음에 회복하며 감격의 마음으로 예배할 수 있도록 축복하여 주옵소서!

저희들이 교회 안에서 성도들과 교제할 때 화평함과 거룩함으로 서로 존경하게 하옵시고, 연약한 성도들을 더욱 사랑하며 돌보아 줄 수 있는 넓은 아량을 가질 수 있는 긍휼의 마음을 주옵소서. 또한 영원한 하나님 나라를 우리에게 선물로 주셨으니 경건하고 두려운 마음을 주님을 섬길 수 있도록 은혜를 주옵소서.

혹시 부족한 것 많아도 용서하시고 오직 예수님께 향한 사랑을 교회와 이웃에게 마음껏 나타낼 수 있는 자유함을 주옵소서. 마음으로부터 가까이 있는 사람이든, 멀리 있는 사람이든 허물이 보이면 감싸주고, 좋은 일을 보면 칭찬할 줄 아는 겸손한 성도들이 되게 하옵소서. 견디기 어려운 일에도 십자가를 바라보며 끝까지 인내하여 "인내는 연단을, 연단은 소망을 이루는 줄 앎이로다"(롬5:4)하셨으니 하나님 나라의 소망을 바라보게 하옵소서.

목사님을 통하여 주시는 말씀에 큰 은혜 받게 하여 주옵시고, 이 말씀으로 한 주간 세상을 이기는 능력을 능력의 말씀이 되게 하여 주옵소서. 예수님의 이름으로 기도드립니다. 아멘.

7월 둘째 주

주님의 뜻

• 수요예배 •

　주님의 말씀을 따라 순종하는 것을 기뻐하시는 하나님 아버지! 저희를 은혜 가운데 지켜주셨다가 다시금 이 자리에 앉아 사랑하는 성도들과 함께 예배하게 하심을 진심으로 감사를 드립니다.
　저희들이 그 짧은 사흘 동안 오직 하나님의 말씀에만 순종해야겠다고 살아왔지만 우리에게 많은 부족함이 있었음을 고백합니다.

　그러나 오늘 이 시간을 통하여 '주님의 뜻'이 우리 안에서 회복되게 하옵소서! "그런즉 너희는 먼저 그의 나라와 그의 의를 구하라 그리하면 이 모든 것을 너희에게 더하시리라"(마6:33) 하신 말씀을 가슴에 담고 실천하며 살게 하옵소서.

　저희들이 말씀에 '불순종'과 세상의 '욕심' 때문에 가슴에 새겨진 주님의 뜻이 지워지지 않게 하옵소서.
　아버지께서 친히 우리의 약함을 아시오니 이제 우리를 고아와 같이 버려두지 마시고 늘 이끄시고 인도하여 주셔서 믿음으로 승리하는 그리스도인의 삶이 되게 하여 주옵소서. 혹시 어려움과 시련을 당할 때 믿음을 지킬 수 있는 용기와 힘을 주옵시고, 음행과 우상 숭배의 잘못된 문화에 물들지 않게 하옵소서.
　"너희 안에서 행하시는 이는 하나님이시니 자기의 기쁘신 뜻을 위하여 너희에게 소원을 두고 행하게 하시나니"(빌2:13) 라고 하셨습니다. 세상에 어떤 유혹이 와도 주님의 뜻을 나탤 수 있는 성도들이 되게 하여 주옵소서. 목사님께서 말씀을 전하실 때 능력을 주옵시고, 예수님의 이름으로 기도드립니다. 아멘.

7월 둘째 주

금 같은 믿음으로

· 구역예배 ·

  우리의 믿음이 변함없이 한결같기를 원하시는 하나님 아버지! 우리의 구역예배가 믿음 안에서 신령과 진정으로 드려지기를 소원합니다.
  "믿음은 들음에서 나며 들음은 그리스도의 말씀으로 말미암았느니라"(롬10:17)고 말씀하셨습니다. 우리의 믿음이 주의 말씀을 듣고 순종하는데 게을리하지 말게 하옵시고, 세상을 사랑하여 교회를 떠난 데마처럼, 돈을 사랑하여 예수님을 버린 가룟 유다처럼 변절되지 않게 하옵시고, 오직 하나님의 뜻과 반석 같은 교회를 위해 금 그릇처럼 귀하게 쓰임 받는 성도가 되게 하옵소서. 예수님의 이름으로 기도드립니다. 아멘.

여호와는 나의 목자

· 가정예배 ·

  오늘도 사랑하는 식구들과 함께 주의 이름으로 모여 예배하게 하시니 감사와 찬양과 경배를 드립니다.
  "여호와는 나의 목자시니 내게 부족함이 없으리로다"(시23:1) 라는 다윗의 고백처럼, 우리 가정도 하나님께서 목자가 되셔서 부족함이 없음을 고백합니다.
  목자 되신 주님을 바라보며 겸손하게 주님이 원하시는 삶을 사는 가정이 되게 하옵소서. 우리 가정의 신앙이 살아 있다고 자부심을 가지고 있으나 만족하지 말게 하시고 항상 깨어 있게 하옵시고, 주님과 동행하며 목자의 음성을 순종할 수 있는 가정이 되게 하옵소서. 예수님의 이름으로 기도드립니다. 아멘.

7월 셋째 주

광야의 삶은 연단

• 주일예배 •

　우리가 어디에 있든지 구름 기둥과 불기둥으로 함께 하시는 하나님 아버지! 지난 한 주간도 은혜 가운데 우리를 지켜 주시다가 이렇게 주님의 몸된 교회로 불러 주셔서 예배드리게 하심에 감사를 드립니다.
　오늘 이 귀한 예배의 시간을 통하여 아버지께서는 영광을 받으시고 우리에게는 믿음이 더욱 견고히 서게 되는 복된 시간이 되게 하옵소서.

　때로는 원치 않게 주어지는 고난을 어려움으로 여기지 않게 하시어 "내가 가는 길을 그가 아시나니 그가 나를 단련하신 후에는 내가 순금 같이 되어 나오리라"(욥 23:10) 말씀하시며, 연단의 삶 앞에서 하나님의 목적을 분명하게 알아서 주님만을 의지하여 어려운 문제를 해결해 나가는 믿음을 주옵소서.
　어려움을 겪고 있던 고린도 성도들에게 "사람이 감당할 시험 밖에는 너희가 당한 것이 없나니 오직 하나님은 미쁘사 너희가 감당하지 못할 시험 당함을 허락하지 아니하시고 시험 당할 즈음에 또한 피할 길을 내사 너희로 능히 감당하게 하시느니라"(고전10:13) 고 말씀하셨습니다. 저희는 이 약속의 말씀을 붙잡고 오늘도 승리의 나팔을 불려합니다.

　혹 인내를 요구하는 문제일지라도 이 약속의 말씀을 붙들고 앞으로 전진하여 "인내는 연단을, 연단은 소망을 이루는 줄 앎이로다"(롬5:4) 는 말씀처럼 승리하는 기쁨을 누리는 성도들이 되게 하여 주옵소서.

　우리는 어려운 일 앞에서 연단을 인내하지 못 하고 원망했던 광야의 수많은 이스라엘 백성들의 비참한 결과를 볼 수 있습니다. 그 역사의 흔적이 우리에게 지울

수 없는 교훈의 거울이 되게 하시고 우리는 더욱 분발하여 '오직 믿음으로'라는 깃발을 높이 들고 앞으로 전진하는 하나님의 교회가 되게 하옵소서.

아울러 사랑하는 우리 교회 모든 성도들을 부디 축복하옵소서.
경제적인 어려움으로 고통받고 있는 자들이나, 질병으로 연단 중인 성도들도 있습니다.
사업과 직장으로 연단 중인 성도들도 있습니다.
인간관계로 연단 중인 성도가 있습니다.
학업관계로 연단 중인 성도가 있습니다.
속히 연단의 긴 터널에서 벗어나게 하셔서 하나님께는 영광이요, 저희들에게는 더욱 강한 믿음으로 장부와 같은 성도들이 되게 하여 주옵소서.

특별히 저희들을 불철주야(不撤晝夜) 인도하시는 목사님께 무엇이 필요한가를 알아 힘이 되어 드리는 좋은 성도들이 되게 하여 주옵소서. 또한 저희들에게 말씀의 꿀을 먹이실 때에도 능력 주셔서 강퍅한 우리들의 심령에 회개의 마음으로 변화되게 하옵소서. 우리들도 목회사역에 있어서 최소한의 걸림돌이 아니라 최대한의 협력자가 되어 교회부흥을 꿈꾸는 자들이 되게 하옵소서.
예수님의 이름으로 기도드립니다. 아멘.

7월 셋째 주

성도들의 복된 삶

• 주일오후예배 •

성도들의 복된 삶을 누구보다 간절히 원하시는 하나님 아버지! 오늘도 좋은 날, 거룩한 날 주셔서 '복의 근원'이 되시는 하나님을 찬양하게 하시니 진심으로 감사를 드립니다.

주님께서 말씀하시기를 "네가 네 하나님 여호와의 말씀을 청종하면 이 모든 복이 네게 임하며 네게 이르리니"(신28:2) 라고 하셨습니다.

우리가 복 받기를 원하면서도 그 원칙을 잊어버리고 결과만을 바라보며 만족하고 있습니다. 먼저 하나님의 말씀을 따라 순종할 수 있는 성도가 되기를 원합니다.

오늘 이 시간 주님의 말씀을 들어 깨닫게 하시되, 듣는 귀만 커져 실천에 무능력한 성도가 되지 않고 말씀을 앞세우며 오직 순종하는 성도들이 되게 하옵소서. "순종이 제사보다 낫고 듣는 것이 숫양의 기름보다 나으니"(삼상15:22) 라고 하셨습니다. 순종하는 저희들에게 "네가 들어와도 복을 받고 나가도 복을 받을 것이니라"(신28:6) 라는 말씀이 이루어지게 하옵소서.

세상의 다수의 힘이 절대적인 열세임에도 불구하고 하나님의 사람들은 주님 말씀을 따라 순종하는 믿음의 힘이 더 커질 수 있게 하옵소서.

언제나 지칠 줄 모르고 말씀 전하시고 기도하시는 목사님의 간절한 기도를 들어 주시어 말씀을 통하여 어두운 우리의 영적인 눈을 열어 주님의 큰 뜻을 바라보게 하옵소서.

우리 교회가 더욱 믿음으로 구원받고 순종하는 교회로 거듭나기를 원하며 예수님의 이름으로 기도드립니다. 아멘.

7월 셋째 주

네 영혼이 잘됨같이

• 수요예배 •

우리의 영혼이 잘됨같이 범사가 잘되기를 원하시는 하나님 아버지. 지난 사흘 동안 은혜 가운데 지켜주시다가 오늘 이 시간 하나님 앞에 나아와 예배드리게 하심에 감사를 드립니다.

오늘도 우리의 영혼을 걱정하며 하나님께 맡기려고 하나님의 존전에 나왔습니다. 고넬료의 가정 위에 성령으로 역사하신 것처럼, 사랑하는 성도들의 삶과 가정에 성령의 역사가 있게 하옵소서.

"믿음은 들음에서 나며 들음은 그리스도의 말씀으로 말미암았느니라"(롬10:17)고 말씀하셨습니다. 진리의 말씀을 듣고 순종하는 삶을 살라고 명하신 하나님, 언제나 주님의 음성에 귀 기울이게 하시어 주님의 말씀을 실천하며 살아갈수록 하늘의 신령한 능력을 주옵소서.

"너희에게 성령을 주시고 너희 가운데서 능력을 행하시는 이의 일이 율법의 행위에서냐 혹은 듣고 믿음에서냐"(갈3:5) 고 말씀하셨습니다. 이 말씀을 의지하여 믿고 순종하기를 원합니다.

세상을 이기는 능력은 약삭빠른 잔머리가 아니라 하나님이 주신 지혜로 현명한 결정을 내릴 수 있는 능력을 주옵소서. 죄악의 길에서 머뭇거리는 자가 아니라 하나님의 뜻을 따라 단호하게 결단하는 담대함을 주시어 우리의 영혼이 잘되고 범사가 잘되는 복을 내리어 주옵소서.

세상을 이겨나가도록 담대하게 말씀을 선포하시는 목사님의 말씀에 순종하여 악에게 무릎 꿇지 않고 말씀으로 승리하는 즐거움이 지속되게 하옵소서.

예수님의 이름으로 기도드립니다. 아멘.

7월 셋째 주

너희는 세상의 소금

• 구역예배 •

너희는 세상의 소금이라 말씀하신 주님.

비록 부족하고 천한 저희들이오나 소금처럼 우리를 세상에서 꼭 필요한 사람으로 불러주시니 감사를 드립니다.

오늘도 그 소금의 사명을 감당할 수 있도록 주님의 은혜와 능력을 구합니다.

만일 소금이 그 맛을 잃으면 쓸데없이 버려지게 되는 결과(마5:13)를 우리는 잘 알고 있습니다.

그렇기 때문에 하나님 아버지께 구합니다. 우리에게 능력을 입혀주옵소서. 그래서 데살로니가교회처럼 세상에서 꼭 필요한 교회가 되게 하옵소서. 예수님의 이름으로 기도드립니다. 아멘.

열매 맺는 가정

• 가정예배 •

포도원의 농부가 되시는 하나님 아버지!

흩어진 우리 가족을 다시금 모이게 하셔서 예배를 드릴 있는 영광을 허락하시니 감사를 드립니다.

예수님 안에 있는 우리 가정이 이제 더욱 귀한 열매로 하나님께 화답하고자 합니다. 보이는 것보다는 보이지 않는 믿음의 마음을 주님께 드리기를 원합니다.

흩어진 가족들이 주님의 말씀에 굴복하여 죄악에서 이겨 성령님의 인도하심을 따라 살게 하옵소서. 좋은 나무에서 좋은 열매를 맺듯이 좋은 교회에서 좋은 성도로 열매 맺게 하옵소서. 예수님의 이름으로 기도드립니다. 아멘.

7월 넷째 주

큰 믿음을 주옵소서

• 주일예배 •

성도의 믿음을 보시고 기뻐하시는 하나님 아버지!
우리들이 거룩한 주일을 맞이하여 하나님 앞으로 나아와 먼저 예배하게 하심을 감사드립니다.

하나님의 말씀에 "믿음이 없이는 하나님을 기쁘시게 하지 못하나니 하나님께 나아가는 자는 반드시 그가 계신 것과 또한 그가 자기를 찾는 자들에게 상 주시는 이심을 믿어야 할지니라"(히11:6) 고 기록된 것처럼 저희들이 큰 믿음으로 주님의 기쁨이 되기를 원합니다.

저희들의 믿음을 점검해볼 때 첫 신앙의 열정은 찾아볼 수 없고, 형식을 추구하는 이 시대 속에서 '오직 믿음' 만을 외치고 있으니 안타깝기 한이 없습니다. 첫 신앙을 잊어버린 저희들을 용서하여 주옵소서. 때로는 작은 일에도 원망과 불평으로 반응하였고, 주어진 일에는 안 하겠다, 못하겠다, 할 수 없다는 발언을 서슴지 않고 행했던 것을 용서하여 주옵소서. 성숙한 믿음으로 능력을 나타내는 성도가 되기를 원합니다.

"믿음은 들음에서 나며 들음은 그리스도의 말씀으로 말미암았느니라"(롬10:17) 고 하셨습니다. 이제부터 말씀을 읽고 듣는 일에 있어서 계산적인 판단보다는 더욱 지혜롭게 순종하는 일에 민첩한 저희들이 되게 하옵소서.
"너희에게 성령을 주시고 너희 가운데서 능력을 행하시는 이의 일이 율법의 행위에서냐 혹은 듣고 믿음에서냐"(갈3:5) 고 말씀하셨듯이 우리가 더욱 성령충만함으로 무장된 성도가 되기 위해서라도 말씀을 듣고 믿는 일에 적극적이 될 수 있도록 인도하옵소서.

저희가 어려움의 한계에 부딪혀 낙심하고 있을 때에라도 '할 수 있다' 라는 믿음을 가지고 다시 도전하게 하옵소서.

주님이 주신 말씀에 따라 주저하지 않고 순종하는 믿음의 사람이 되게 하여 주옵소서.

이스라엘 백성들이 광야 생활하는 동안 여호수아와 갈렙처럼 약속의 말씀만을 붙들고 환경을 두려워하지 않는 불굴의 믿음을 가졌던 것처럼 저희들에게도 말씀이 우리의 삶의 지표가 되도록 인도하여 주옵소서.

에스더처럼 죽으면 죽으리라는 믿음을 가지게 하옵소서. 다니엘처럼 사자 굴에 던져지면서도 하나님의 임재를 바라보는 그런 믿음을 주옵소서. 브리스가와 아굴라처럼 주의 종과 교회를 위하여 목까지도 내어놓는 뜨거운 신앙의 소유자가 되게 하옵소서.

이런 믿음이 타인의 간증을 통하여 나타남이 아니라, 우리들안에서 자연스럽게 나타나고 간증하는 성도들의 삶이 되어 많은 사람들의 모델이 되기를 원합니다.

믿음으로 말씀을 전하시는 목사님을 통하여 저희들 큰 은혜를 힘입게 하옵시고, 더욱 큰 열정으로 이 시대의 영혼들을 일깨울 수 있도록 성령으로 기름 부어 주옵소서.

우리를 죄악에서 건지시고 믿음의 장부가 되기를 원하시는 예수님의 이름으로 기도드립니다. 아멘.

7월 넷째 주

성장하며 거듭나는 교회

• 주일오후예배 •

전능하신 하나님 아버지!
주님 한 분으로 영원한 안식을 소망하게 하시니 진심으로 감사드립니다.
저희들에게 교회를 맡겨주시고 충성하라 명령하시어 교회와 함께 헌신할 수 있는 능력을 주셨사오니, 믿음으로 잘 감당하여 교회가 부흥하는 일의 초석이 되게 하여 주옵소서.
초대교회에 성령이 충만했던 성도들이 함께 모여 기도할 때에 "빌기를 다하매 모인 곳이 진동하더니 무리가 다 성령이 충만하여 담대히 하나님의 말씀을 전하니라"(행4:31) 고 말씀하신 것처럼 성령의 충만함과 부흥 성장이 전설이 아닌 우리 교회가 사실이 되게 하여 주옵소서.

이제 주일학교를 비롯한 교육기관이 수련회를 준비하고 있습니다. 준비하는 기관이 프로그램에 치우쳐 형식에 치우친 행사가 되지 않고, 십자가 지신 주님을 경험하는 열정의 시간이 되게 하옵소서.
금번 수련회는 공부에 시달린 학생들에게 가장 소중한 영성 수련회가 되어 거룩한 하나님 나라의 비전을 소유하고 돌아올 수 있도록 인도하여 주옵소서. 이 일을 준비하는데 어려운 일이 없도록 모든 후원을 아낌없이 행할 수 있게 하옵소서.
우리 교회가 말씀으로 새롭게, 성령으로 충만케, 은사로 강하게 나타나 모든 성도들을 내 가족같이 섬기는 교회가 되기를 원합니다. 말씀을 통하여 주님께 충성하는 모든 성도들이 되기를 원하며 예수님의 이름으로 기도드립니다. 아멘.

7월 넷째 주

마지막 때

• 수요예배 •

만물의 마지막 때를 정하시고 그날을 준비하게 하신 하나님 아버지! 은혜와 사랑을 진심으로 감사드립니다.

주께서 말씀하시기를 "만물의 마지막이 가까이 왔으니 그러므로 너희는 정신을 차리고 근신하여 기도하라"(벧전4:7) 하셨으니 안일한 생각으로 세상향락에 즐거움을 찾는 어리석은 마음을 갖지 않도록 인도하여 주옵소서.

주님 다시 오실 그날을 준비하는 성도들이 모여 마음을 같이 하여 기도에 힘쓰고, 사사로운 욕심에 이끌려 책망받는 헛된 욕심이 내 안에 있는지 돌아보게 하옵소서. 자신의 욕심 때문에 하나님의 말씀을 어기고 어리석은 힘을 과시하는 삶을 믿음으로 경계하게 하옵소서.

주님! 오늘 하루를 경건하게 하옵소서.

마지막 때일수록 세상은 더욱 화려하고 죄악에 노출되어 있는 환경을 볼 수 있습니다. 저희들은 말씀을 의지하여 생활 중에 행하는 잘못된 행동과 습관을 바로잡기 원합니다. 때가 악할수록 믿음의 사람을 본받기를 원하는 자들이 주님께로 돌아오는 삶의 윤택함을 본보이게 하옵소서.

이런 때에 하늘의 소망을 두고 말씀을 선포하시는 목사님에게 능력을 주시어 삶이 변화되고 성숙한 모습으로 그리스도를 자랑하고 복음을 전하는 그런 성도들이 되게 하여 주옵소서. 오늘 주신 말씀을 생활 속에 적용하여 한 주간도 세상을 이기는 성도들이 되기를 원합니다.

예수님의 이름으로 기도드립니다. 아멘.

7월 넷째 주

별과 같이 빛나는 구역

• 구역예배 •

어둠을 환하게 비추시며 밝은 내일을 꿈꾸어가기를 원하시는 하나님 아버지!

주의 말씀에 "지혜 있는 자는 궁창의 빛과 같이 빛날 것이요 많은 사람을 옳은 데로 돌아오게 한 자는 별과 같이 영원토록 빛나리라"(단12:3) 고 하신 말씀을 기억합니다. 또한 "일어나라 빛을 발하라 이는 네 빛이 이르렀고 여호와의 영광이 네 위에 임하였음이니라"(사60:1) 고 말씀하신 것을 기억합니다. 저희들 말씀에 순종하여 많은 사람을 그리스도께 인도하여 예수님을 만나는 자리까지 헌신할 수 있게 하옵소서. 언제나 저희 구역이 주님을 우리의 삶의 주인으로 모시는 생활이 정착되게 하옵소서. 예수님의 이름으로 기도드립니다. 아멘.

행함이 있는 사랑

• 가정예배 •

우리를 위해 독생하신 아들을 아낌없이 내어주신 하나님 아버지! 주님의 그 크신 사랑에 감사를 드립니다.

말로만 사랑하는 성도들이 염려되어 사도 요한을 감동하여 말씀하시기를 "자녀들아 우리가 말과 혀로만 사랑하지 말고 행함과 진실함으로 하자"(요일3:18) 고 말씀하셨으니 평생에 마음에 담아둘 교훈으로 삼아서 지식적이고 말만 앞세우는 이 사회에 진실한 사랑으로 예수님의 사랑을 나타내는 '작은 예수'가 되게 하옵소서. 마지막 때에 심판 날에 두려워하지 않는 바른 믿음의 소유자가 되어, 하나님의 명령을 두려워하며 성실히 성결된 삶을 원칙으로 삼는 가정이 되게 하여 주옵소서. 예수님의 이름으로 기도드립니다. 아멘.

8월의 대표기도

8월 첫째 주

새롭게 거듭나자

• 주일예배 •

찬양과 경배를 받으시기에 합당하신 하나님 아버지!
오늘도 거룩한 주일을 주시어 흩어져 살던 성도들이 주님 전에 모여 예배드리게 됨을 진심으로 감사드립니다.

오늘 8월 첫째 주를 맞이하여 새로운 각오로 주님 앞에 예배를 드립니다. 무더운 날씨지만 하나님께 예배드림이 게을러지지 않고 말씀을 따라 순종하는 삶을 살게 하셔서 감사를 드립니다.
말씀을 들을 때는 감사와 감격으로 헌신을 다짐하지만, 때로는 거듭나지 못한 사람처럼 행동하는 경우도 많아 간절히 회개하기를 원합니다. 우리의 연약함을 돌아보시고 철저하게 보호해 주심을 따라 이 예배를 드리는 저희들에게 성령님의 충만한 능력을 부어 주셔서 실패하지 않는 삶을 살게 하옵소서.

주의 말씀에 "세월을 아끼라 때가 악하니라 그러므로 어리석은 자가 되지 말고 오직 주의 뜻이 무엇인가 이해하라"(엡5:16-17) 고 하신 말씀을 마음에 새기며 다시 한 번 주님 앞에 간절히 구합니다. 거듭난 성도들이 성숙한 그리스도인답게 살아가게 하옵소서.
더 나아가 하나님의 전신갑주로 완전무장 하여 사단과의 싸움에서 백전백승할 수 있도록 도와 주옵소서.
아직 우리 주변에는 거듭나지 못한 사람도 많고, 거듭났다고 하지만 열매 없는 삶으로 하나님을 기쁘시게 못할 때가 있습니다.
주님! 이곳에 임재 하시어 에스겔 골짜기에 마른 뼈들이 다시 살아나서 하나님 나라의 군대가 된 것처럼, 저희들도 하나님 나라 자녀답게 살아서 하나님께 영광을 돌리는 자들이 되게 하여 주옵소서.

"우리 주 예수 그리스도의 아버지 하나님을 찬송하리로다 그의 많으신 긍휼대로 예수 그리스도를 죽은 자 가운데서 부활하게 하심으로 말미암아 우리를 거듭나게 하사 산 소망이 있게 하시며 썩지 않고 더럽지 않고 쇠하지 아니하는 유업을 잇게 하시나니 곧 너희를 위하여 하늘에 간직하신 것이라"(벧전1:3-4) 말씀 하셨습니다. 거듭난 그리스도인들이 썩어져가는 세상을 살리는 부활의 능력을 온 세상에 나타나게 하옵소서.

따라서 이 나라의 위정자들도 자신의 이익과 소유 의식에 눈멀기보다, 나라와 민족을 염려하여 주어진 직무기간 동안 성심성의껏 잘 감당하여 더 잘 사는 나라를 만들려는 사명감을 갖게 하여 주옵소서.

교회는 이들을 비판하기보다 격려하고 기도로 후원하여 정부 당국자들과 국민 모두가 우리 자신과 미래의 세대에게 책임 있고 양심적인 길을 택할 수 있기를 한 마음으로 기도합니다.

우리 교회가 이 시대에 책임 있는 교회로서 성도들을 잘 양육할 수 있도록 목사님께 성령의 충만함으로 채워주시고 말씀이 우리 삶을 바꿀 수 있도록 능력을 주옵소서. 이 말씀을 사모하는 성도들은 자신을 반성하며 회개하는 기회로 여겨, 이 시대 속에서 귀한 사명을 감당할 수 있도록 축복하옵소서.

우리를 죄에서 구원하신 예수님의 이름으로 기도드립니다. 아멘.

8월 첫째 주

엘리야의 영감을 받자

• 주일오후예배 •

주님의 성령으로 충만하기를 간절히 원하시는 하나님 아버지! 우리를 거듭나게 하시어 하나님을 바라보며 살 수 있도록 인도하시니 감사를 드립니다.

오후예배를 통하여서도 영광을 받으시고 우리에게는 말씀과 성령의 역사를 통해 기쁨과 소망이 넘치는 시간이 되게 하옵소서.

무엇보다도 영감을 받고자 하는 엘리사의 자세가 우리에게 있게 하옵소서.

엘리사는 스승 엘리야를 끝까지 쫓아가서 "당신의 성령이 하시는 역사가 갑절이나 내게 있게 하소서 하는지라"(왕하2:9) 라고 간구하고 결국 그 영감을 하나님으로부터 공급받았던 엘리사의 뜨거운 사명과 열정이 우리 안에도 충만하게 하옵소서.

때로는 타성에 젖어, 매너리즘(mannerism)에 빠져 알맹이가 빠진 껍데기만 주님 앞에 보일 때가 있습니다.

다시금 목사님의 말씀을 통하여 자신들의 심령이 영혼 사랑하는 마음으로 뜨거워지고 우리 가진 사명이 엘리사 같은 열정으로 솟아나게 하옵소서.

우리 모든 교회의 성도들이 시대에 쓰임 받는 엘리사와 같은 지도자가 되게 하옵소서. 그래서 주님 오시는 그날에 "복되다, 착하고 충성된 종아!"라는 주님의 생생한 음성에 감동하는 성도와 교회가 되게 하옵소서 오늘도 말씀을 선포하시는 목사님의 말씀이 우리에게는 생명의 양식이 되어 매일 복음의 열정과 거룩한 사명에 불타오르게 하옵소서. 우리를 구원하시는 예수님의 이름으로 기도드립니다. 아멘.

8월 첫째 주

믿음을 본받자

• 수요예배 •

믿음이 있는 자녀를 기뻐하시는 하나님 아버지!
비천한 우리에게 믿음을 선물로 주시고 믿음의 길을 걸어가게 하신 하나님의 깊고 넓은 사랑에 다시 한 번 감사를 드립니다.

오늘도 사흘 동안 세상 속에 있다가 지친 몸으로 하나님의 위로와 능력을 공급받고자 이 예배를 드립니다.
저희들에게 새 힘을 공급하여 주옵소서. 그래서 독수리의 날개 치며 하늘로 향하여 치솟아 오름과 같이 힘차게 하나님의 영광을 위해 도약할 수 있는 성도가 되게 하옵소서. 무엇보다 믿음이 강해진 성도가 되게 하옵소서.
주님의 말씀에 "믿음이 없이는 하나님을 기쁘시게 하지 못하나니 하나님께 나아가는 자는 반드시 그가 계신 것과 또한 그가 자기를 찾는 자들에게 상 주시는 이심을 믿어야 할지니라"(히11:6) 고 기록된 것처럼 더욱 믿음을 가지고 주님을 의지할 수 있는 성도가 되게 하옵소서.

환경과 악한 사람과 사단의 역사 앞에 나약한 성도가 되지 않게 하시고 믿음으로써 모든 악한 세력을 파하며 반석 위에 선 믿음으로써 하나님을 기쁘시게 하는 성도가 되게 하옵소서.

아벨과 에녹과 노아와 아브라함 같은 믿음이 우리에게 있게 하옵소서. 그래서 우리도 히브리서 11장의 믿음의 인물이 되게 하옵소서. 예수님의 이름으로 기도드립니다. 아멘.

8월 첫째 주

겸손한 삶

• 구역예배 •

겸손한 자에게 지극한 관심으로 대하시는 하나님 아버지!

사랑하는 구역 식구들과 함께 세상을 멀리하고 승리해서 하나님 앞에 모여 예배드리게 하심에 감사를 드립니다. 모이는 것에서 끝나는 우리들의 예배가 아니라 모여 더욱 겸손한 모습으로 교회와 가정을 섬기는 구역이 되게 하옵소서.

주께서 "겸손과 여호와를 경외함의 보상은 재물과 영광과 생명이니라"(잠22:4)라고 말씀하신 것을 기억하시고 겸손하고자 하는 우리를 도와주시어 단순히 재물과 영광과 생명을 얻기 위해 겸손한 것이 아니라 주님의 주신 구원의 은혜에 감사하는 마음으로 더욱 겸손을 외치며 낮아지는 모습이 실천되어지는 성도가 되게 하옵소서. 예수님의 이름으로 기도드립니다. 아멘.

가정 복음화

• 가정예배 •

우리 가정이 하나 된 믿음으로 섬기기를 기뻐하시는 하나님 아버지!

오늘도 다시 하나 된 모습으로 하나님께 영광을 돌리게 하시니 감사를 드립니다. 그러나 우리 주변에 아직도 많은 가정이 믿음으로 하나 되지 못 하고 갈등하며 분쟁하는 것을 보게 됩니다. 그들의 마음에 부드러움을 주시고 오직 하나님의 역사를 기대하게 하시고 우리는 더욱 복음과 사랑으로 대하여 결국에는 믿지 않았던 가정이 마음의 문을 열어 주님을 맞이할 수 있도록 축복하옵소서. 고넬료의 가정이 변화된 것처럼, 우리 주변에 모든 식구들이 믿음의 주인공이 되는 변화가 있게 하옵소서. 예수님의 이름으로 기도드립니다. 아멘.

8월 둘째 주

기둥 같은 일꾼이 되자

• 주일예배 •

하늘 높은 보좌에서 낮고 천한 저희들을 주관하시는 살아계신 하나님 아버지! 오늘 거룩한 주님의 날을 허락하시어 죄와 허물로 찢어지고 상한 심령들을 불러주시어 하나님의 몸된 교회로 인도하심을 감사와 찬양을 드리오며 신령과 진정으로 예배드리오니 받으시옵소서.

마지막 때 하나님의 섭리 속에서 우리 교회를 황무지와 같은 이 땅에 세우시고, 오늘날까지 지키시고 인도하시어 날로 부흥 성장케 하심을 감사드립니다.

장로님을 비롯하여 여러 재직들이 교회를 잘 받들고 봉사하고 있사오니 금보다 귀한 믿음과 건강과 물질의 복을 주시어 초대교회의 일곱 집사와 같이 성령이 충만하고 지혜롭고 칭찬받는 종들이 되어 보아스와 야긴과 같은 능력 있는 사역자들로 교회의 기둥 역할이 되게 하시기를 원합니다.

살아계셔서 만물을 주관하시는 하나님!

주님 오실 날이 가까우며 때가 임박한 고로 악한 마귀들이 세상 권세를 잡고 성도들을 괴롭히며 유혹하고 교회까지 침투하여 유혹하고 있습니다.

이러한 상황에서 교회가 바로 서는 길은 사람들의 지식이나 지혜가 아니요, 혈과 육체의 싸움이 아니라 영적전쟁인줄 알아 전적으로 하나님을 의지하고 주님께 두 손 높이 들고 기도해야 할 때임을 알게 하옵소서.

"너는 내게 부르짖으라 내가 네게 응답하겠고 네가 알지 못하는 크고 은밀한 일을 네게 보이리라"(렘33:3) 고 말씀하셨습니다.

우리 민족의 숙원인 남북통일의 길이 열리게 하시고, 방방곡곡에 교회가 세워져 하나님을 찬양하며 주님의 축복이 이 나라 위에 충만케 하시어 우리나라를 통하여 동남아와 이 세상 땅끝까지 복음이 전파되어 예수님의 지상명령을 실천하는 복된 나라가 되게 하여 주옵소서.

"두려워하지 말라 내가 너와 함께 함이라 놀라지 말라 나는 네 하나님이 됨이라 내가 너를 굳세게 하리라 참으로 너를 도와 주리라 참으로 나의 의로운 오른손으로 너를 붙들리라"(사41:10) 는 음성이 들리고 있사오며 반드시 응답하리라 믿습니다.

오늘도 주님의 이름으로 모이는 곳곳마다 하늘의 문을 여시고 신령한 것으로 충만케 하옵소서. 우리 교회를 사랑하사 날로 부흥하게 하시어 시대적인 사명을 잘 감당하게 하옵소서. 이 시간 예배를 드리는 귀한 복음의 역군들에게 성령의 능력과 지혜와 명철을 허락하여 주옵소서. 주님의 몸된 교회를 위하여 봉사하는 일, 무슨 일을 하든지 하나님의 영광을 위하여 일하는 귀한 존재가 될 수 있도록 인도하여 주옵소서.

오늘도 말씀 속에서 심령의 갈증을 풀 수 있도록 흡족한 은혜의 단비를 내려 주옵소서. 이 은혜를 간직하고 증인으로서 사명을 다하는 모든 회원들이 되게 하옵소서. 이 민족을 향하신 아버지여, 하나님의 귀하신 뜻이 온전히 이루어지길 원합니다.

예수님의 이름으로 기도드립니다. 아멘.

8월 둘째 주

말씀으로 오신 예수님

• 주일오후예배 •

역사를 주관하시는 하나님 아버지, 하나님의 놀라운 사랑과 은혜를 진심으로 감사와 찬송 드립니다. 지난 한 주간에도 하나님의 의로운 오른손으로 우리를 돌보시어 죄악이 만연한 세상 가운데서 신앙의 힘으로 승리할 수 있도록 도와주신 것을 감사드립니다.

저희들은 하나님이 기뻐하시는 예배를 드리며 하늘에서 내리는 신령한 만나로 믿음도 자라고, 영혼도 자라 세상을 이기고, 죄악을 이길 수 있는 담력을 말씀의 갑주로 입혀 주셨습니다.
"이 예언의 말씀을 읽는 자와 듣는 자와 그 가운데에 기록한 것을 지키는 자는 복이 있나니 때가 가까움이라"(계1:3) 말씀하셨습니다. 저희들에게 신령한 눈이 열어 진리의 말씀을 보게 하옵시고, 말씀을 듣는 자가 복되게 하여 주시옵소서.

아모스 선지자는 "주 여호와의 말씀이니라 보라 날이 이를지라 내가 기근을 땅에 보내리니 양식이 없어 주림이 아니며 물이 없어 갈함이 아니요 여호와의 말씀을 듣지 못한 기갈이라"(암8:11) 하셨습니다. 말씀으로 세상을 창조하시고 우리에게 하나님의 뜻을 전달하시며, 우리의 순종을 기뻐하시는 하나님! 우리의 삶 가운데 지식과 경험과 의지를 말씀 앞에 겸손히 내려놓게 하시고 말씀에 순종하는 삶을 통하여 하나님의 은혜와 복을 누리게 하여 주시기 원합니다.

우리 교회도 말씀의 반석 위에 세우시고 흔들리지 아니하며 어떠한 풍파 환난이 닥쳐온다 할지라도 말씀으로 방패 삼아 물리치며 담대하게 나갈 수 있도록 인도하여 주옵소서. 예수님의 이름으로 기도드립니다. 아멘.

8월 둘째 주

주님을 떠나서는 살 수 없다

• 수요예배 •

아무것도 없는 것에서부터 우주 만물을 창조하시고 죄와 사망에서 구원하여 주신 하나님 아버지! 그 은혜와 사랑을 진심으로 감사드립니다.

한 주간에도 주님의 사랑과 은혜로 지켜주시고 주님의 거룩하신 보좌 앞에 나와 예배드리게 하시었으니 이 시간 주님의 음성을 들려주시고, 사랑으로 흩어진 우리의 심령을 사로잡아 말씀으로 회개하며 녹아지는 뜨거운 감동의 시간이 되게 하옵소서.

일찍이 우리 교회에 거룩한 사명을 주시어 이곳에 교회를 세우시고 에베소 교회와 같이 처음 사랑을 버리지 않는 교회가 되게 하옵시고, 사데교회처럼 살아 있는 것 같으나 죽은 교회가 되지 않게 하옵소서.

무더위가 기승을 부리고 있을 때에 우리의 믿음이 뜨겁지도, 차지도 않는 라오디게아 교회 같은 성도가 되어 책망받지 않도록 무더운 날씨처럼 열정을 더하여 주시옵소서.
수련회의 그 열정을 이어 주님과 동행하는 기쁨이 더하게 하옵소서.

여름방학 동안에 어린 학생들로부터 대학부까지 성령으로 충만하여 악한 죄악을 이겨 건강한 그리스도인의 참된 모습을 세상에 본보이게 하옵소서. 말씀을 전하시는 목사님께도 여름철 건강을 돌보아주셔서 말씀의 능력이 저희 영혼을 더욱 새롭게 하옵소서. 우리를 구원하신 예수님의 이름으로 기도드립니다.
아멘.

8월 둘째 주

날로 부흥하는 구역

• 구역예배 •

"여호와께서 너를 위하여 하늘의 아름다운 보고를 여시사 네 땅에 때를 따라 비를 내리시고 네 손으로 하는 모든 일에 복을 주시리니 네가 많은 민족에게 꾸어줄지라도 너는 꾸지 아니할 것이요"(신28:12) 하셨습니다. 이 시간 구역예배로 모인 저희들이 하나님을 기쁘시게 하는 예배를 드리오니 믿음이 떨어진 자에게는 독수리와 같이 솟아오르는 믿음을 주시고, 심령이 곤고한 자에게는 위로에 은혜를 베푸시어 독수리같이 하늘을 오르는 기쁨을 주옵소서. 우리 구역이 미약한 가운데 있으나 나중은 심히 창대하여 교회에 기둥이 되는 구역이 될 것을 믿습니다. 예수님의 이름으로 기도드립니다. 아멘.

은혜의 단비가 내리는 가정

• 가정예배 •

시대적인 가뭄 속에서 복음의 단비를 내려주시어 구원의 기쁨으로 만족하여주심을 감사드립니다.

"야곱의 남은 자는 많은 백성 가운데 있으리니 그들은 여호와께로부터 내리는 이슬 같고 풀 위에 내리는 단비 같아서 사람을 기다리지 아니하며 인생을 기다리지 아니할 것이며"(미5:7) 말씀하셨습니다. 하나님의 의를 나타내는 우리 가정이 이만하면 되겠다고 만족하지 않게 하시고, 주님이 내려주신 은혜의 단비에 더욱 목마르게 하시고 더 이상의 욕심이 커지지 않게 하옵소서. 주님의 원하시는 아름다운 뜻을 이루게 하옵소서. 예수님의 이름으로 기도드립니다. 아멘.

8월 셋째 주

시대적인 사명을 갖자

• 주일예배 •

하나님은 우리의 외모를 보지 않고 믿음의 중심을 보시는 살아계신 하나님 아버지! 은혜와 사랑을 감사합니다.

이 땅에는 수많은 사람이 살고 있지만, 그 많은 사람 가운데서 저희들의 외모를 보지 아니하시고 택하셔서 하나님의 자녀로 삼아 주신 그 크신 은혜와 사랑을 진심으로 감사하오며, 오늘도 거룩한 주님의 날을 허락하시어 하나님께서 기뻐하시는 신령한 예배를 드리게 됨을 무한 감사드립니다.

아브라함은 우리와 똑같은 사람이지만 믿음의 조상이 되었습니다. 이것은 아브라함이 우리보다 외모가 훌륭하고 권세가 많고 뛰어난 인물이어서가 아니라, 아브라함의 믿음을 보시고 하나님의 인정을 받은 것인 줄 믿습니다.

아브라함은 부르심을 받았을 때 믿음으로 순종하여 장래 기업으로 받을 땅에 나갔으며 믿음으로 독자 이삭을 드리므로 믿음의 조상이 되었습니다. 저희들은 믿노라고 고백들 하지만 부끄럽고 나약한 믿음 없음을 용서하여 주옵소서.

예배드리는 이 시간에도 외적으로는 하나님의 자녀임이 틀림없지만 내면에는 세상과 짝지었으며 죄악을 버리지 못 하고 육신의 정욕에 얽매여서 작은 헌신의 마음도, 제물로 드릴만 한 믿음이 없습니다.

주님! 저희들에게 하나님이 좋아하는 사람이 되도록 강권적으로 이끄시어 믿음의 결단력을 주시어 삶의 우선순위를 바로 정하여 하나님을 감동시키는 믿음의 사람으로 어두운 세상을 복음으로 밝히어 하나님께 영광 돌리는 성도들이 되게 하여 주옵소서.

"내가 달려갈 길과 주 예수께 받은 사명 곧 하나님의 은혜의 복음을 증언하는 일을 마치려 함에는 나의 생명조차 조금도 귀한 것으로 여기지 아니하노라"(행 20:24) 하고 말씀하셨습니다.

　오늘 말씀을 통하여 변화된 그리스도인으로 살아가기를 소망하오니 말씀으로 새롭게 하옵소서. 성령으로 충만하여 주어진 사명을 감당할 수 있는 능력을 주옵소서. 무더운 여름처럼이나 사명을 잃어버리고 표류하는 답답함을 벗어버리고 성령의 뜨거운 능력이 우리 모든 성도들에게 임하여 복음의 열정으로 9월을 맞을 준비를 갖게 하옵소서.

　우리가 주님 몸된 교회에 본 보이는 일로 인하여 모든 기관이 함께 주님의 나라를 위해 사명감을 새롭게 갖도록 성령의 불을 지피어 초대교회의 기적이 우리 교회에서 매일 일어나 소문 나는 교회가 되게 하여 주옵소서.
　간절히 원하옵기는 우리 교회를 사랑하시어 귀한 목사님을 세워 주셔서 감사드립니다.
　모든 성도들이 주님을 바라보며 말씀을 사모하여 환난의 고통이 있을 때에도 오늘의 말씀을 붙들고 세상을 이기어 지역 복음화뿐 아니라 민족복음화를 비롯하여 세계 복음화에 앞장서는 교회가 되게 하시고 장로님으로부터 전 교인이 하나가 되어 사랑으로 하나 되며 주님이 기뻐하시는 교회가 되게 하여 주옵소서. 우리를 구원하신 예수님의 이름으로 기도드립니다. 아멘.

8월 셋째 주

칭찬받는 믿음

• 주일오후예배 •

　살아계셔서 거룩한 삶으로 인도하시는 하나님 아버지! 예수님의 재림이 가까운 이때에 저희들을 구원하시어 예수 신랑을 맞이하게 하심을 감사드립니다.
　아무리 생각을 해 봐도 주님의 오실 날이 가까웠습니다. 무화과나무에 잎이 무성하면 여름이 가까이 온 줄 알듯이 세상 징조를 볼 때에 인자가 문 앞에 이르렀음을 믿습니다.
　그날을 준비하며 예수님처럼 하나님을 만나는 시간이 매일의 우선순위가 되게 하옵소서. 오늘 하루 만나는 모든 사람에게 풍성한 사랑과 긍휼의 마음을 품게 하시고, 주어진 일들을 지혜롭게 마치게 하소서. 저희들은 불원간에 주님 앞에 설 때에 부끄러운 일 당하지 않도록 거룩한 믿음을 본보이게 하시어, 모든 성도들에게 뿐만 아니라 주님께 칭찬받는 사람이 되게 하여 주옵소서.
　"너희 믿음의 확실함은 불로 연단하여도 없어질 금보다 더 귀하여 예수 그리스도께서 나타나실 때에 칭찬과 영광과 존귀를 얻게 할 것이니라"(벧전1:7) 하셨습니다.
　주님께서는 백부장의 믿음을 보시고 칭찬하셨으며, 가나안 여인은 믿음으로 문제 해결 받았으며, 생활비 전부를 바친 가난한 과부도 칭찬을 받았습니다. 어려운 일로 인하여 쉽게 세속에 무릎 꿇지 않게 하시고, 말씀의 귀를 열어 오늘도 하나님의 말씀을 대언하시는 목사님의 말씀에 '아멘' 하고 순종하여 힘을 다하여 복음의 빛 비추어 예수님의 최후의 부탁의 말씀을 성취하게 하옵소서. 예수님의 이름으로 기도드립니다. 아멘.

8월 셋째 주

하나 되게 하옵소서

• 수요예배 •

은혜와 자비를 베푸시는 사랑의 하나님 아버지!
그 은혜와 사랑을 감사하며 영광을 돌립니다.
지난 사흘 동안 주님의 날개 아래 보호하셨다가 흩어져 있는 저희들을 불러 모으시어 하나님께 예배하며 기도할 수 있도록 인도하심을 감사드립니다.
주님은 라오디게아 교회에게 다음과 같이 책망하셨습니다. "내가 네 행위를 아노니 네가 차지도 아니하고 뜨겁지도 아니하도다 네가 차든지 뜨겁든지 하기를 원하노라 네가 이같이 미지근하여 뜨겁지도 아니하고 차지도 아니하니 내 입에서 너를 토하여 버리리라"(계3:15-16) 이와 같은 우리의 모습을 되돌아보게 하시어 여름날에 시원한 냉수와 같이 주님을 기쁘게 해 드리는 우리 교회 성도들이 되게 하여 주옵소서.
미온적인 수요예배를 열정적인 믿음으로 예배의 우선순위를 정할 수 있는 성도들이 되게 하여 주옵소서.
자비로우신 주님! 저희들에게 뜨거운 열심을 주시어 불로 연단한 금을 사서 부요하게 하고 흰옷을 사서 입어 벌거벗은 수치를 보이지 아니하며 안약을 사서 눈에 바르고 열심을 다해 받은 직분을 잘 감당하여 주님으로부터 칭찬받아 면류관을 받아쓰기에 부족함이 없는 성도가 되게 하여 주시기 원합니다.
하나님 아버지! 우리 교회를 사랑하시어 온 교회가 하나가 되어 믿음과 사랑이 충성으로 흔적이 남게 하시어 우리 교회를 통하여 하나님의 뜻을 이루는 복된 교회가 되도록 하여 주옵소서.
예수님의 이름으로 기도드립니다. 아멘.

8월 셋째 주

주님의 제자가 되려면

• 구역예배 •

생명의 양식을 베푸시고 영원한 하나님 나라의 소망을 주시기 위하여 제자의 도를 지키도록 불러주셨습니다. 주님께서 세상에 빛으로 오셔서 어둠을 비추신 것은 어둠가운데 있는 저희들을 빛 가운데로 인도하셨습니다. 빛으로 오신 예수님은 저희들에게 자기 십자가를 지고 모든 소유를 버리고 따르라고 말씀하셨기에 그 믿음 가지고 나아가기를 원합니다. 내가 소유한 것 때문에 주님의 제자된 본분을 잃어버리지 않게 하시고 세상의 헛된 욕심을 버리고 주님을 따르는 참된 제자가 되게 하여 주옵소서.

예수님의 이름으로 기도드립니다. 아멘.

섬기며 사는 가정

• 가정예배 •

심령이 가난한 자는 복이 있나니 천국이 저희 것이라고 말씀하신 주님께서 이 땅에 오시어 모든 것은 나눠 주셨던 주님! 가난한 자에게 복을 주시고, 병든 자에게 병을 고쳐 주시고, 애통하는 자에게 위로를 주시며 예수님의 생명까지 주셨습니다.

사람들에게서 칭찬과 존경을 받고자 외식하는 일이 없도록 하옵시고, 하나님 앞에서 진실하고 의로운 삶을 살기 위해 애쓰게 하시고, 우리가 가진 모든 것으로 이웃에게 나누어 주님께 영광을 돌리게 하소서. 예수님의 이름으로 기도드립니다. 아멘.

8월 넷째 주

주님의 장막을 사모하라

• 주일예배 •

　찬송과 영광과 존귀를 받으시기에 합당하신 살아계신 하나님 아버지 은혜와 사랑을 감사 찬송합니다.
　거룩하고 복된 주일, 주님의 보좌 앞에 나와 예배드리게 됨을 진심으로 감사드립니다. 이 예배가 우리의 몸과 마음을 다 바쳐 드리는 신령한 예배가 되어, 더럽고 추했던 한 주간의 삶이 주님의 말씀을 순종하여 깨끗하고 거룩한 예배의 삶이 되게 하옵소서.

　"나의 왕, 나의 하나님, 만군의 여호와여 주의 제단에서 참새도 제 집을 얻고 제비도 새끼 둘 보금자리를 얻었나이다 주의 집에 사는 자들은 복이 있나니 그들이 항상 주를 찬송하리이다(셀라)"(시84:3-4)
　주님의 장막을 사모하는 자가 은혜를 받고 복을 받는다고 말씀하셨습니다.
　어리석은 저희들은 하나님의 집을 확장하는 전도에 열정을 갖지 못 하고 8월 한 달을 보내고 있습니다. 이웃을 사랑하기보다는 불신과 원망으로 나와 다르다는 이유 때문에 외면했던 저희들을 용서하여 주옵소서. 이제라도 온 성도들이 남의 영혼을 사랑하는 불씨가 되게 하여주시어 주님의 마지막 명령을 순종하는 우리 교회 모든 성도들이 되게 하여 주옵소서. 소비하는 성도들보다는 재생산하는 각 기관들이 되어 주님이 기뻐하시는 거룩한 교회의 본질을 회복하게 하옵소서.

　저희들에게 세상을 올바르게 볼 수 있는 지혜와 신령한 것을 바라보는 영안이 열려 주님 한 분 만으로 만족할 수 있는 성도들이 되게 하여 주시기 원합니다. 안나는 84년 동안 성전을 떠나지 아니하고 성전을 사모하여 삶으로 큰 은혜를 받았습니다.

저희들도 주의 궁전에서 한 날이 세상의 천날보다 나음을 깨닫게 하시고 세상의 부귀영화의 장막보다 하나님 문지기로 있는 것이 좋사오니 주님 의지하는 복을 주시기 원합니다.

사랑의 하나님 아버지!
주님 교회가 좋아 꿇어 엎드려 기도하는 성도들의 간절한 기도를 응답해 주시옵소서. 각 가정마다 항상 하나님이 임재 하셔서 매사를 축복하여 주옵소서. 자녀들은 하나님 말씀대로 살아가도록 굳건한 믿음을 허락하시고, 건강의 복을 내려 주셔서 활기차게 인생을 설계하도록 인도하여 주시옵소서. 우리 교회는 어린이들이 많사오니 그들이 무럭무럭 자라서 주님의 뜻을 이루는 훌륭한 자녀가 되도록 인도하여 주시옵소서. 저희들에게 이 세상의 유혹을 이길 튼튼한 믿음과 신앙심을 주시어 항상 승리하는 십자가 군병들이 되게 인도하여 주시옵기를 간절히 간구하옵니다.

길이요 진리요 생명 되신 주님! 이 나라와 민족을 돌아보아 주옵소서. 세계에 흩어져 있는 우리 민족이 구원자이신 하나님을 경외하며 의지하게 하시어 세계에서 우상숭배가 없는 자랑스러운 백성들이 되게 하옵소서.

오늘도 말씀을 전하시는 목사님을 통해 전적 헌신, 전적 순종하는 성도들이 되어 하나님의 마음을 기쁘게 해 드리는 성도들이 되게 하여 주시기를 원하오며 우리를 구원하신 예수님의 이름으로 기도드립니다. 아멘.

8월 넷째 주

온전하신 예수를 바라보자

• 주일오후예배 •

　우리 인간을 구원하기 위하여 죽기까지 복종하시고 십자가의 모진 고통을 참으셨던 하나님 아버지! 그 사랑을 진실로 감사하며 영광을 돌립니다.
　지난날의 후회 때문에 내일의 비전을 흐리게 하는 어리석은 저희들을 용서하여 주옵소서.
　롯의 부인은 뒤에 있는 세상의 부귀영화를 바라보다가 소금 기둥이 되었습니다. 그러나 믿음의 사람들은 광야에서도 앞에 있는 구름 기둥, 불기둥으로 인도하신 하나님을 바라보면서 가나안까지 들어갔습니다. 저희들도 자그마한 세상일로 가장 소중한 하나님 나라의 가치를 상실하는 어리석은 자들이 되지 않도록 힘을 주옵소서. 사도 바울와 같은 우리의 결단이 있게 하옵소서. "형제들아 나는 아직 내가 잡은 줄로 여기지 아니하고 오직 한 일 즉 뒤에 있는 것은 잊어버리고 앞에 있는 것을 잡으려고 푯대를 향하여 그리스도 예수 안에서 하나님이 위에서 부르신 부름의 상을 위하여 달려가노라"(빌3:13-14) 고 하였습니다. 저희들에게 이런 굳건한 결단력을 주시어 어떠한 환경에서도 변치 않는 믿음으로 주님만을 바라보며 나아가게 하여 주옵소서.
　하나님 아버지! 간절히 소원합니다.
　장로님을 비롯하여 많은 재직들에게 금보다 귀한 믿음을 주시어 충성과 봉사와 헌신이 순종의 열매로 맺게 하시어 우리 교회의 보아스와 야긴 같은 기둥되게 하시고 여호수아와 갈렙 같은 기도 일꾼이 되게 하여 주옵소서.
　예수님의 이름으로 기도드립니다. 아멘.

8월 넷째 주

회개의 열매

• 수요예배 •

삼위일체 되신 하나님 아버지! 영광 받으시옵소서.
지난 사흘 동안 죄악 된 세상에서 저희들을 사랑의 날개 아래 보호하셨다가 주님의 몸된 교회에 나아와 예배드리게 하심을 감사드립니다.

"내가 너희에게 이르노니 이와 같이 죄인 한 사람이 회개하면 하늘에서는 회개할 것 없는 의인 아흔아홉으로 말미암아 기뻐하는 것보다 더하리라"(눅15:7) 하셨습니다.
베드로는 예수님의 수제자이며 가장 많은 신임도 받았으며 자기 자신도 예수님을 따르기로 결단을 하며 '주님! 다 주님을 버릴지라도 나는 주님을 버리지 않겠나이다.' 하고 호언장담한 베드로가 예수님을 세 번이나 부인하였으며, 저주까지 하였습니다. 그러나 회개하고 생명 바쳐 복음을 전하다가 십자가를 지고 순교하였습니다.

베드로의 실패를 비난하기 전에 먼저 저 자신을 살펴보고 회개하기를 원합니다. 일상에서 하나님을 부인하고 제 뜻대로 살았던 삶을 회개합니다. 이제 주님을 위해 믿음을 지키며 살도록 도와주소서.
오늘 목사님의 말씀을 듣고 내가 먼저 변화되게 하여 주옵소서. 내가 변하면 모든 것이 변한다는 진리를 알게 하여 주옵소서. 입으로만이 아니라 마음 중심으로 믿어 생명까지 희생하신 그 사랑을 모든 이들에게 나타내게 하여 주옵소서. 예수님의 이름으로 기도드립니다. 아멘.

8월 넷째 주

날마다 주님과 동행하자
· 주일예배 ·

두세 사람이 내 이름으로 모인 곳에 나도 있겠다고 하신 주님!
우리의 모임에 임재 하시어 우리의 필요한 모든 것을 채워주옵소서.
"그의 입에는 진리의 법이 있었고 그의 입술에는 불의함이 없었으며 그가 화평함과 정직함으로 나와 동행하며 많은 사람을 돌이켜 죄악에서 떠나게 하였느니라"(말2:6) 어떠한 역경이나 환난 가운데도 낙심하지 않고 주님을 바라보아 두려움이 변하여 기도가 되게 하옵소서. 주님! 믿음이 없이는 하나님을 기쁘시게 못한다는 사실을 다시금 기억합니다. 우리의 상황과 형편 속에서 믿음을 더욱 강건케 하소서. 예수님의 이름으로 기도드립니다. 아멘.

주님의 뜻대로
· 가정예배 ·

이스라엘 민족을 성별하사 구원하시고 낮에는 구름 기둥으로 밤에는 불기둥으로 인도하신 하나님 아버지!
우리 가정을 많은 사람 중에서 성별하시고 하나님의 자녀로 인쳐 주심을 감사합니다. 다니엘은 믿음으로 살기 위하여 왕의 명령을 거역하며 하나님의 말씀대로 살기 위하여 뜻을 따라 살아가는 사람이 된 것처럼, 그런 가정이 되게 하여 주옵소서.
내 뜻보다는 주님이 주신 지혜로 시대를 분별하여 맡겨진 사명 다하며, 주님의 뜻을 따르는 거룩한 믿음 주옵시고 매일 같이 충성된 증인의 삶을 살아가는 가족이 되게 하옵소서. 예수님의 이름으로 기도드립니다. 아멘.

9월의 대표기도

9월 첫째 주

시험을 이기는 믿음

• 주일예배 •

갈보리 위에서 우리를 위해 피 흘리신 주님의 희생적인 사랑을 감사하오며, 예배와 찬송과 경배를 드립니다.

어느덧 무더웠던 한 계절을 넘어 9월의 첫 주일을 맞아 감격된 예배를 드립니다.

그러나 계절은 바뀌어 새 모습은 가졌지만 아직도 지난날의 고난을 벗어버리지 못 하고 어려워하는 성도들도 많습니다. 주님이 돌보아 주시는 믿음의 눈을 열게 하옵소서.

"아브라함은 시험을 받을 때에 믿음으로 이삭을 드렸으니 그는 약속들을 받은 자로되 그 외아들을 드렸느니라"(히11:17) 고 하셨습니다. 그리스도인이 시험받을 때 가져야 할 무기가 있다면 그것은 믿음임을 알게 하여 주옵시고, 고난을 긍정적인 눈으로 바라보는 삶이 있게 하옵소서. 따라서 주님의 고난에 동참하는 믿음을 주셔서 항상 주님과 더불어 살아가게 하여 주옵소서. 고난당한 것이 내게 유익이라 이로 인하여 내가 주의 율례를 배우게 되었나이다. 너희 중에 고난 당하는 자가 있느냐 기도하라고 말씀하셨습니다. 환난과 고난을 통하여 어떤 유익이 있는지를 깨닫게 하여 주옵소서.

사랑이 많으신 하나님 아버지!

때로는 우리 성도들이 원치 않는 고난을 당할 수도 있습니다. 이 고난은 불로 연단시키시어 더 귀한 것을 깨달아 믿음의 사람이 되도록 이끌어주시는 하나님의 사랑임을 모두 깨달아 가게 하옵소서.

서머나 교회가 환난과 궁핍과 고난이 다가왔을 때 주님 말씀하시기를 "너는 장차 받을 고난을 두려워하지 말라 볼지어다 마귀가 장차 너희 가운데에서 몇 사람을 옥에 던져 시험을 받게 하리니 너희가 십 일 동안 환난을 받으리라 네가 죽도록 충성하라 그리하면 내가 생명의 관을 네게 주리라"(계2:10)고 강하고 담대하게 말씀하셨습니다.

고난은 우리를 하나님의 온전한 자녀로 연단시키는 하나님의 도구이며 시금석임을 믿습니다. 이번 기회는 우리 교회에 큰 축복의 기회인 줄 믿사오니 기도를 통하여 모든 고난과 환난이 물러가며, 더 크게 부흥되어 주님 오시는 날 칭찬받는 교회가 되게 하여 주시기를 간절히 원합니다.

특별히 원하는 것은 장로님으로부터 전 교인에게 이르기까지 용기와 새 소망을 주시며 기도의 능력을 주시어 낙심하지 아니하며 굳센 믿음과 사랑으로 하나 되어 승리하게 하여 주시옵소서.

오늘도 주님의 말씀을 들고 단 위에 서신 목사님을 성령의 강권적인 능력으로 붙들어 주시고, 이 자리에 참석한 모든 심령들이 선포되어지는 권세있는 말씀에 아멘으로 화답하며 순종을 다짐하는 시간이 되게 하시옵소서. 예배의 시종을 주님께 의탁합니다. 이 시간도 주님 홀로 영광 받으시옵소서. 예배드리는 이 시간 성령께서 저희들 가운데 운행하셔서 저희의 연약함을 도와주실 줄 믿사옵고, 거룩하신 예수님의 이름으로 기도드립니다. 아멘.

9월 첫째 주

말씀으로 승리하자

• 주일오후예배 •

　말씀이 하나님과 함께 계셨으니 이 말씀은 곧 하나님이시니라 말씀하신 하나님 아버지!

　말씀으로 우주 만물을 창조하시고 말씀이 육신이 되어 이 땅에 오신 거룩하신 창조주 하나님의 은혜와 사랑을 감사합니다. 지난 한 주간을 돌이켜 볼 때 말씀 따라 살겠노라고 결심을 하면서도 말씀을 떠나 세상 따라 살아온 것을 고백합니다. 세상과 더불어 살아가지 않도록 붙들어 주시옵소서.

　이스라엘 백성들이 바벨론에서 해방되어 고국에 돌아와 무너진 성전을 재건하고 하나님의 말씀을 읽고 사모하여 지키므로 깨닫고 회개하며 복을 받았습니다.

　그리스도인들은 말씀을 떠나서는 아무것도 할 수 없으며 말씀 안에 거하면 무엇이든지 원하는 대로 구하면 이루어 주신다고 말씀하셨습니다.

　"이 예언의 말씀을 읽는 자와 듣는 자와 그 가운데에 기록한 것을 지키는 자는 복이 있나니 때가 가까움이라"(계1:3) 하셨습니다. 우리 교회가 초대 교회처럼 모이기를 힘쓰며 떡을 떼며 기도에 힘쓰는 교회가 되게 하시어 어떠한 시험과 역경 속에서도 말씀으로 위로받고 말씀으로 이겨 나가는 교회가 되도록 인도하여 주시기 원합니다.

　오늘도 저희들이 하늘나라의 소망을 가지고 말씀 위에 살기 위하여 나왔으니 말씀충만, 성령충만함을 주시고 나 자신을 이기고 죄악을 이기며 말씀으로 충만케 인도하여 주시기 간절히 원하오며 예수님의 이름으로 기도드립니다. 아멘.

9월 첫째 주

하나님의 전신갑주를 입자

• 수요예배 •

천지를 창조하시고 저희들에게 복 주시기를 원하시는 살아계신 하나님 아버지! 악한 영들은 우는 사자같이 두루 다니며 삼킬 자를 찾는 이때에, 주님의 말씀으로 은혜를 베푸시어 늘 이기는 생활을 할 수 있도록 인도하여 주심을 감사드립니다.

"그러므로 하나님의 전신 갑주를 취하라 이는 악한 날에 너희가 능히 대적하고 모든 일을 행한 후에 서기 위함이라"(엡6:13)고 하셨사오니 주님의 말씀으로 무장하여 그리스도인의 본분을 다하게 하옵시고, 늘 우리 이웃들에게 주님의 말씀을 전하는 능력을 나타내게 하옵소서. 그리하여 우리 교회를 통하여 지역이 말씀으로 무장하여 악한 영들의 활동 무대를 꺾어버리고 그리스도의 진리가 강같이 흐르게 하옵소서.

성도 중에 질병으로 힘들어하는 자들에게 위로와 치료의 능력이 나타나 고침 받게 하옵소서. 질병은 사람의 지위나 상황을 가리지 않습니다. 사회적으로 높은 지위에 있고 인정받는 자리에 있다고 해도 인간의 힘으로 어쩔 수 없는 일들이 있습니다. 하나님만 전적으로 의지하고 기도할 수 있는 힘을 주옵소서. 우리들의 믿음을 흔들리게 하는 악한 영들로부터 승리의 기쁨을 누릴 수 도록 예수 그리스도의 능력으로 중무장하는 그리스도의 정예요원들이 되게 하여 주옵소서.

말씀을 듣고, 말씀으로 승리하여 우리 교회를 부흥시키는 전도용사들이 되어 악한 영들을 호령하는 성도들이 되게 하여 주실 것을 믿고 예수님의 이름으로 기도드립니다. 아멘.

9월 첫째 주

믿음의 기도

• 구역예배 •

바다의 풍랑도 잔잔케 하신 하나님! 구역의 사명을 감당함으로 교회를 부흥케 하시고 지역을 살리는 초석이 되게 하여 주옵소서. 구역회원들의 가정에 어려운 일, 고통당하는 일, 질병으로 어려운 일, 자녀들과 가족들의 어려운 일들이 많이 있지만 믿음으로 주님을 바라보며 예배를 드립니다. 사소한 것에 믿음이 흔들리지 않게 하시고 우리의 가치를 더 새롭게 하여 주옵소서.

"너희 믿음의 확실함은 불로 연단하여도 없어질 금보다 더 귀하여 예수 그리스도께서 나타나실 때에 칭찬과 영광과 존귀를 얻게 할 것이니라"(벧전1:7)고 하셨습니다. 어려울 때일수록 더욱 주님의 우선순위를 세우게 하옵소서. 예수님의 이름으로 기도드립니다. 아멘.

예수님만 자랑

• 가정예배 •

저희들에게 주신 삶의 시간을 통해 하나님께 영광을 돌리기 위해서 세월을 아끼고 예수님만을 자랑하는 가정이 되기를 원합니다. 때로는 지혜가 부족하여 하나님의 영광을 나타내지 못 하고 영광을 가로채는 어리석음도 있습니다. 그때마다 저희들은 하나님이 주신 지혜가 필요합니다. 세월을 아껴 주님을 기쁘게 해 드리는 우리 가족들이 되기를 간절히 기도합니다. 세속에 물들어 주님을 아프게 해 드리는 일이 없기 위해 성령충만함을 주시고, 늘 주님을 높여 드리는 찬양으로 세상을 이기는 능력을 주옵소서.

예수님의 이름으로 기도드립니다. 아멘.

9월 둘째 주

행복의 근원되신 하나님

• 주일예배 •

　세상을 창조하시고 만물을 다스리시며 저희들에게 복 주셔서 예수 믿게 하여 주신 하나님 아버지! 영광과 찬양을 드려 신령과 진심으로 예배드립니다.

　사악한 세상에서 저희들을 이처럼 사랑하사 지난 한 주간 주님의 사랑의 날개 안에 보호하셨다가 오늘 거룩하고 복된 주님의 날 하나님께 예배드리게 됨을 감사드립니다.
　영적으로 무지하고 황무한 이 땅 위에 교회를 세우시고, 주님 몸된 교회를 성장시키시어 많은 영혼들을 구원하심으로 행복한 가정을 이루고 신앙생활을 하게 하시어 영원한 하늘나라의 소망을 가지게 됨을 참으로 감사합니다.

　하지만 이 세상은 사악함으로 죄악의 바벨탑을 쌓아 하늘을 닿게 만들었고 인간의 능력과 힘만이 최고로 여기고 있어 안타까움뿐 입니다. 저희들에게 믿음의 확신을 주시어 어떠한 세속적인 유혹에서도 흔들리지 않는 믿음으로 주님만을 바라보며 연약한 자들을 돌보는 그리스도인의 사명을 감당할 수 있도록 도와주시옵소서.
　저희들이 아무리 선한 일을 계획한다 하여도 "여호와께서 집을 세우지 아니하시면 세우는 자의 수고가 헛되며 여호와께서 성을 지키지 아니하시면 파수꾼의 깨어 있음이 헛되도다"(시127:1) 말씀하셨습니다. 우리의 계획이 있기 전에 주님께 묻고 경청하는 순종의 사람들이 되게 하여 주옵소서.

　당회로부터 모든 교회의 기관이 거룩한 비전에 사로잡혀 하나님의 뜻을 이루어 드리는 건강한 교회가 되게 하여 주옵소서.

하늘은 높고 말이 살찌는 계절이라고들 말을 하지만, 진정한 그리스도인에게 필요한 것은 말씀으로 새로워지는 결실의 계절이 될 수 있도록 도와주옵소서. 성경말씀을 사모하여 한절한절 짚어가며 읽은 내용이 생활에 적용하는 성숙한 그리스도인의 계절이 되도록 인도하여 주옵소서.

결실의 계절이라 풍성함을 자랑하고 즐거워하지만, 지금도 북녘 땅에는 배고픔과 굶주림으로 한 줌의 식량을 주리고 있는 형제자매, 어린아이들이 있습니다. 저들에게도 인도적인 입장에서 정치적, 군사적인 문이 개방되고 평화적 통일의 문이 활짝 열리도록 인도하여 주옵소서.

아무리 행복을 주장하는 민족이라도, 주님을 멀리하고 행복한 나라가 없음을 깨닫게 하여 주옵소서. 이 나라 민족이 하나님을 경외함으로 경제적 발전이 이루어져 잘사는 대한민국으로 세계에 위상을 높여 가는 부강한 나라가 되게 하여 주옵소서. 이 나라의 정치, 경제, 문화, 사회가 세계에 꽃을 피우는 멋진 나라가 되도록 주님께서 인도하여 주셔서, 전 세계로 복음을 역 수출할 수 있는 부강한 나라가 되게 하여 주옵소서.

이름 없이 봉사하는 여러 성도들에게 기쁨을 더하여 주옵소서. 하나님의 말씀을 전하시는 목사님에게 능력을 주심으로 담대히 복음을 전할 수 있게 하여 주옵소서 이 말씀으로 세상에서 빛된 사명을 감당하는 저희들이 될 것을 믿고 살아계신 예수님의 이름으로 기도드립니다. 아멘.

9월 둘째 주

순종하는 믿음

• 주일오후예배 •

　네가 네 하나님 여호와의 말씀을 삼가 듣고 명령을 지키면 여호와께서 너를 세계 민족 위에 뛰어나게 하신다고 말씀하신 전능하신 하나님! 은혜와 사랑을 감사합니다.

　"네가 네 하나님 여호와의 말씀을 청종하면 이 모든 복이 네게 임하며 네게 이르리니 성읍에서도 복을 받고 들에서도 복을 받을 것이며 네 몸의 자녀와 네 토지의 소산과 네 짐승의 새끼와 소와 양의 새끼가 복을 받을 것이며 네 광주리와 떡 반죽 그릇이 복을 받을 것이며 네가 들어와도 복을 받고 나가도 복을 받을 것이니라"(신28:2-6) 말씀하셨습니다. 아울러 "순종이 제사보다 낫고 듣는 것이 숫양의 기름보다 나으니"(삼상15:22) 말씀하였사오니 저희 성도들이 순종하여 이 땅에서 복을 누리는 자들이 되게 하여 주옵소서.

　저희들은 믿음을 가지고 살아간다 하지만 때로는 주님을 바라보는 영안이 어두워 순종하지 못 하고, 현실적인 타산에 합리성을 찾고 인색함을 갖는 저희들에게 회개의 마음을 갖게 하시어 주님의 뜻을 더욱 깊이 알아 '아멘'으로 순종하게 하여 주옵소서.

　살아계신 하나님!

　오늘도 신령한 말씀으로 저희들에게 은혜를 베푸시는 목사님에게 능력을 주시어 저희들이 하늘의 신령한 것으로 충만케 하시고 험악하고 음란한 세상을 이기고 주님 오시는 그날까지 가나안 땅인 젖과 꿀이 흐르는 그 땅을 바라보며 주님 영접하게 하여 주시기 원합니다.

　예배 시종을 주님께서 주관하여 주시 오며 영광을 홀로 받으시옵소서. 예수님의 이름으로 기도드립니다. 아멘.

9월 둘째 주

믿음의 자리를 지키자

• 수요예배 •

　믿음으로 사는 자를 기뻐하시며 하늘의 신령한 복을 내려주시는 하나님 아버지! 은혜와 사랑을 진심으로 감사드립니다.

　하나님은 우리 인간의 인격과 외모와 인물을 보시지 아니하시고 하나님을 바라보는 믿음의 중심을 보시는 하나님을 믿습니다. 세상을 변화시키고 믿음으로 승리해야 할 저희들은 불완전하고 만삭 되지 못한 자 같은 모습이 많지만 하나님께서 불쌍히 여기시어 강하고 담대한 믿음의 사람으로 살아가게 하여 주시기 원합니다.

　도마는 예수님의 제자이지만 믿음이 없어 의심 많은 제자라고 하였습니다. 우리에게 맡겨준 사명이 크다는 사실을 알면서도 세상의 염려와 걱정 근심이 앞을 가려 믿음의 결단을 내리지 못 하고 쉽게 포기하는 어리석은 저희들입니다. 우리에게 어떠한 환경 속에서 시험이 온다 하여도 우리가 감당해야 할 직분의 자리에서 포기하는 비겁한 자들이 되지 않고, 믿음으로 충성하는 성도들이 되게 하여 주시기 간절히 기도합니다.

　오늘도 목사님의 말씀을 통하여 우리의 삶이 변화되어서 주님이 기뻐하시는 믿음의 삶을 살아갈 수 있도록 능력을 더하여 주옵소서. 예수님의 이름으로 기도드립니다. 아멘.

9월 둘째 주

안디옥 교회를 배우자

• 구역예배 •

충성 되고 참된 증인 이시요 하나님 창조의 근본이신 살아계신 하나님 아버지! 흩어진 저희들을 불러 주님의 사랑으로 인도하시어 구역 예배를 드리게 됨을 감사드립니다. 우리 구역이 안디옥 교회처럼 세계 선교의 교두부가 되게 하시어 마음이 하나가 되고, 기도에 힘쓰며, 성령이 충만하여 말씀에 따라 순종하는 구역 회원들이 되어 주님의 뜻을 이루어 드리는 구역이 되게 하여 주옵소서.

세상의 지식은 우리 자녀들에게 가르쳐 것이 없고 세상문화는 다음 세대들에게 보여줄 것이 없는 가슴 아픈 현실입니다. 안디옥 교회와 같이 우리 구역이 주님 말씀을 깨달아 믿음으로 살아가는 모습을 보여주게 하옵소서. 예수님의 이름으로 기도드립니다. 아멘.

말씀으로 살아가는 가정

• 가정예배 •

이웃 사랑하기를 네 몸과 같이 사랑하라고 말씀하신 사랑의 주님! 그 사랑을 실천하며 살아가기를 원합니다. "이에 그들이 그들의 고통 때문에 여호와께 부르짖으매 그가 그들의 고통에서 그들을 구원하시되"(시107:19) 말씀하셨습니다. 세상에 어떤 지식이 믿음의 눈을 가린다 하여도 주님의 말씀만을 의지하고 순종하는 가정 되어 기적을 나타내는 가정이 되게 하여 주옵소서. 매일 말씀을 묵상하여 말씀 속에서 하나님을 만나게 하시어 성숙한 신앙으로 승리하는 가정이 되게 하옵소서. 예수님의 이름으로 기도드립니다. 아멘.

9월 셋째 주

성령충만함을 받으라

• 주일예배 •

교회 머리가 되시고 우리를 죄악 가운데서 구원하신 구원의 하나님 아버지! 그 은혜와 사랑을 진심으로 감사드립니다. 오늘은 거룩한 복된 주님의 날 이지만 많은 사람들은 이 복음을 알지 못하여 세상의 향락을 즐기며 죄악의 길로 나서는 것을 서슴치 않고 있습니다.

소돔과 고모라 성이 의인 열 명이 없어서 심판 받았고 예루살렘성에 의인 한 명이 없어서 멸망 받았습니다.

"기록된 바 의인은 없나니 하나도 없으며 깨닫는 자도 없고 하나님을 찾는 자도 없고 다 치우쳐 함께 무익하게 되고 선을 행하는 자는 없나니 하나도 없도다 그들의 목구멍은 열린 무덤이요 그 혀로는 속임을 일삼으며 그 입술에는 독사의 독이 있고 그 입에는 저주와 악독이 가득하고 그 발은 피 흘리는 데 빠른지라"(롬3:10-15) 라고 말씀하셨습니다.

먼저 믿는 저희들에게 구원의 큰 선물을 은혜로 베푸시어 감격스러운 성도의 삶을 살아가게 하였사오니, 주님 말씀에 순종하는 자가 되어 세월을 아끼며 더욱 충성스러운 증인의 삶을 살아가게 하옵소서.

성령의 충만함을 받아 더욱 겸손히 복음을 증거 하는 제자들의 모습이 우리의 생활 가운데 나타나게 하시되, 능력을 나타내기를 위한 것이 목적이 되지 않게 하옵소서. 우리 주변에는 능력을 나타내는 특별한 사람보다, 그리스도의 사랑을 나타내 주기를 원하여 목말라 하는 많은 이웃들이 있습니다. 그들에게 필요한 모든 것을 제공해주는 교회가 되게 하여 주옵소서. 진정한 그리스도의 사랑을 나타내어 섬기기를 원하는 성도들이 되게 하여 주옵소서.

어린 주일학교에서부터 온 성도들이 저물어 가는 9월에 성령충만함을 받아, 어떤 상황에서도 인내로 믿음의 경주를 완주할 수 있도록 하옵소서.

사소한 유혹에 자주 넘어져 믿음으로 가던 길을 포기하는 어리석은 성도들이 없게 하시어 주님의 뜻을 분별하는 지혜로운 성도들이 기쁘게 하루를 마무리할 수 있도록 성령님의 도우심을 원합니다.
　주님께서 저희들에게 부탁하시기를 너희에게 성령이 임하시면 너희가 권능을 받고 예루살렘과 온 유대와 사마리아와 땅끝까지 내 증인이 되라고 하셨습니다. 우리 모두 한 영혼을 전도해야겠다는 생각에 머물러 있지 말고, 영혼 사랑하는 흔적을 나타내어 내가 먼저 전도지 들고 이웃을 만나러 나서는 전도자들이 되게 하시고 이웃과 화목할 수 있는 행복 전도자가 되게 하옵소서.
　9월을 보내면서 온 성도들의 곳곳에서 새로운 영혼을 만나는 기쁨을 함께 나누며 그들을 예수님처럼 섬기는 교회의 문화가 이루어지도록 교회의 분위를 바꾸어 주옵소서.
　우리 교회가 장로님으로부터 전 교인이 하나가 되어 민족 복음화 뿐 만 아니라 세계 선교에 앞장서는 교회가 되기를 소원합니다.
　오늘도 말씀을 전하시는 목사님에게 능력을 부어 주시어 냉랭한 저희들의 마음을 녹여 불같이 뜨거운 열정을 부어주시며, 살아 있는 말씀이 우리의 영혼에 파고들 수 있도록 성령님 기름 부어 주옵소서. 오늘도 보이지 않는 곳에서 수고하시는 모든 성도들을 돌아보시어 큰 상급 주시고 기쁘게 섬김의 자세를 본보일 수 있도록 복 내려 주옵소서. 우리를 죄악에서 구원하시기 위해 보혈의 피 흘려 주신 예수님의 이름으로 기도드립니다. 아멘.

9월 셋째 주

귀를 기울이고 들으라

• 주일오후예배 •

전능하신 하나님 아버지! 우리의 지은 모든 죄를 위하여 보배로운 피를 흘리시어 구원의 은총을 허락하신 은혜 진심으로 감사드립니다.

"너희는 귀를 기울이고 내게로 나아와 들으라 그리하면 너희의 영혼이 살리라 내가 너희를 위하여 영원한 언약을 맺으리니 곧 다윗에게 허락한 확실한 은혜이니라"(사55:3) 고 말씀하셨습니다.

하나님 나라를 사모하며 성령님의 도우심으로 살아가야 할 저희들이지만, 세속에 물들어 세상염려 걱정근심으로 가득 차 있기도 합니다. 그럴때마다 헛된 염려에 사로잡혀 근심하지 말게 하시고 주님께 가까이하여 귀 기울이는 저희들 되게 하옵소서.

"하나님을 가까이하라 그리하면 너희를 가까이하시리라 죄인들아 손을 깨끗이 하라 두 마음을 품은 자들아 마음을 성결하게 하라"(약4:8) 하셨습니다. 혹시 물고기가 물을 떠나 살아갈 수 있어도, 구원받은 우리는 주님을 떠나 살 수 없습니다. 주님을 가까이에서 영적인 경험을 얻을 수 있도록 성령충만한 생활이 되도록 성결한 삶으로 인도하여 주옵소서.

어두워진 세상, 한탄하는 자리에서 원망의 한숨보다는 소망의 기도가 주님의 보좌 앞까지 상달하도록 기도의 불을 붙이게 하옵소서. 오늘도 저희들 에게 하나님의 나라가 임하도록 말씀으로 인도 하시는 목사님에게 성령의 능력을 주시여 새로운 결심과 다짐하는 마음을 주옵소서.

마지막 때에 우리 모두가 모이기를 힘쓰며 저희들을 인도하시는 목사님을 사로잡아 주시어 모세가 이스라엘 민족을 인도하사 구원하듯이 저희들을 가나안까지 인도하시기에 부족함이 없도록 능력의 지팡이를 들려주시옵소서.

예수님의 이름으로 기도드립니다. 아멘.

9월 셋째 주

기도의 불이 타오르는 교회

• 수요예배 •

살아계신 하나님 아버지! 무능한 저희들에게 성령님의 능력으로 복음의 열정을 부어 주심을 감사드립니다.

오순절 마가의 다락방에 성령님의 임재 하심으로 모인 무리들이 성령으로 충만하여 각종 방언과 하나님의 큰일을 보고 복음의 불씨를 지피었던 것처럼, 마음을 같이 하여 모이기를 힘쓰고 하나님의 뜻이 이루어지도록 기도에 힘쓰는 성도들이 되게 하옵소서.

성령의 불길이 우리를 사로잡아 '내가 할 수 있다'는 자만과 자기중심의 신앙이 깨어지게 하시고 전적으로 하나님을 의지하는 겸손한 신앙으로 자리 잡게 하옵소서.

지금까지 내가 했던 자기만족과 대리만족이 아니라 주님이 일하심에 감사하여 그 능력을 나타내는 교회가 되게 하옵소서.

주님! 오랫동안 믿음을 가졌다고 하면서도 주님 만난 삶을 살지 못해 답답하기 그지없었습니다. 이 시간에도 주님을 만나는 임재를 경험하게 하옵소서. 뜨겁지도 차지도 않고 미지근한 저희들에게 초대교회 성령의 새 바람이 다시 불어오게 하시어 가슴 벅차도록 주님께 감사하며 충성, 봉사하는 일꾼들이 되게 하옵소서.

저희들이 믿음으로 살아가는 일에 혹시 잘못된 것이 있다면, 오늘 말씀을 통하여 꾸짖어 책망케 하시고 그것을 깨달아 바른 신앙인의 삶을 살아가게 하옵소서. 우리에게 주어진 공동체에 참된 평화를 위하여 서로 섬겨주고 위로하여 그리스도의 사랑을 실천해야 할 것이 무엇인지 깨달아 알게 하옵소서. 예수님의 이름으로 기도드립니다. 아멘.

9월 셋째 주

하나님을 가까이 하자
· 구역예배 ·

　임마누엘의 하나님께 예배를 드리게 됨을 진심으로 감사드립니다. "너희는 여호와를 만날 만한 때에 찾으라 가까이 계실 때에 그를 부르라"(사55:6) 고 말씀하셨습니다. 주님이 우리와 함께 계셔서 믿음을 드러내라 하실 때 믿음을 보일 수 있는 용기 있는 저희들 되게 하옵소서. 비겁하게 뒤로 물러서서 물끄러미 바라만 보지 않게 하시고, 모든 성도들의 본이 될 수 있는 예배 자가 되게 하옵소서. 우리 마음 문을 열어 주님의 임재 하심을 알게 하옵시고, 우리의 죄악을 발견하여 사악하고 완악한 것들을 회개할 수 있도록 도와주옵소서. 바리새인처럼 말씀을 알고 있지만 믿지 못 하고 실천하지 못하는 사람에게서 주님의 마음으로 살아갈 수 있는 구역원들이 될 수 있게 하옵소서. 예수님의 이름으로 기도드립니다. 아멘.

진리 위에 세운 가정
· 가정예배 ·

　진리 가운데 아름다운 가정을 세우신 하나님! 감사드립니다. "악을 도모하는 자는 잘못 가는 것이 아니냐 선을 도모하는 자에게는 인자와 진리가 있으리라"(잠14:22) 말씀하셨습니다. 악하고 음란한 세상에서 우리 가정을 다스리시어 진리 가운데로 나아가게 하옵소서. 어두운 양심에 성령의 불을 밝혀주시어 무지한 심령이 진리를 따라 살아갈 수 있는 힘과 능력을 주옵소서. 우리 가정이 말씀을 깊이 묵상하게 하시고, 자녀들은 죄에 대하여 통회 자복할 때 큰 위로 받고 참된 평강을 누리는 행복한 가정이 되게 하옵소서. 예수님의 이름으로 기도드립니다. 아멘.

9월 넷째 주

구원의 감격이 넘치게 하자

• 주일예배 •

우리의 죄를 주님의 보혈의 피로 정결하게 씻겨 주시는 사랑의 우리 하나님! 비록 추한 저희들 이지만 용서의 큰 사랑을 베푸시어 온전한 예배를 드릴 수 있도록 긍휼을 베풀어 주시니 감사드립니다.

지난 한 주간에도 위험한 세상에서 예배자의 삶을 살아갈 때 큰 눈을 뜨고 지켜주신 하나님을 경험할 수 있었습니다. 그럼에도 불구하고 타오르는 죄악의 구덩이에서 헤어나지 못 하고 허우적거렸던 저희들을 용서하시고 늘 승리의 삶을 살아갈 수 있도록 도와주심을 감사드립니다. 이제 예배를 통해서 세상을 이겨나갈 강력한 말씀이 우리의 죄악 된 생각과 마음을 불태우게 하시어 하나님의 강력한 능력의 팔에 붙들리어 구원받은 감격의 기쁨이 되살아나게 하옵소서.

지난 한 주간에도 마치 삭개오처럼 주님을 만나고 싶은 충동으로 예배를 드리기 위해 나왔습니다. 비록 회개할 것이 많은 상한 마음으로 나왔지만 삭개오에게 말씀하신 것처럼 오늘도 말씀으로 통하여 하나님을 경험하게 하옵소서.

"인자가 온 것은 잃어버린 자를 찾아 구원하려 함이니라"(눅19:10) 이제 방황의 시절을 끝내고 구원받은 감격을 잃어버리지 않게 주님의 나라를 위해서 힘써 살아가도록 도우시옵소서.

주님께서 우리에게 주신 십자가는 누구에게나 있다는 것을 잘 알고 있습니다. 그러나 이것이 무겁다, 고통스럽다하여 내려놓지 않고, 주님의 은혜를 더 깊이 느낄 수 있는 성숙한 그리스도인이 될 수 있게 하옵소서. 이제는 나 자신만을 위한 몸부림의 신앙이 아니라, 이 나라와 민족, 교회와 내 가정을 위해 기쁨으로 십자가 지는 성도가 되게 하여 주시기 간절히 기도합니다. 지금 이 순간에도 남모르는 아픔으로 고통당하며 기도의 골방을 찾는 이들의 진정한 친구가 되어 줄 수 있는 저희들이 되게 하옵소서.

남북 간의 철의 장막을 설치해놓고 여간 무너지지 않는 견고한 3·8선이 철거되는 날이 속히 오게 하여 이 땅에 분단국가의 마지막 과제를 해결할 수 있는 나라가 되게 하옵소서. 특별히 대통령으로부터 위정자들에게 지혜를 주셔서 나라의 무거운 십자가를 지고 정치하는 자들에게 하나님의 말씀과 눈물로써 기도하며 나라를 위해 십자가 지는 애국하는 위정자들이 되게 하여 주시옵소서.

무더웠던 여름도 물러가고 시원한 가을입니다.
게으름에 멈추었던 우리 교회에 전도의 열정을 부어 주셔서 영혼 구원의 구령이 메아리치게 하시어 매주일 마다 새신자가 등록되는 교회가 되도록 모든 성도들에게 전도에 목마름을 주옵소서.
오늘도 말씀을 전하시는 목사님께 능력을 주시어 저희들의 갈급함을 흡족하게 채워주시고, 거룩한 사명을 감당할 수 있는 결단의 시간이 되게 하여 주옵소서. 주님의 성령이 우리 교회의 모든 예배에 임재 하시어 주님이 하실 일을 행하는 능력 있는 건강한 교회가 되게 해 주실 것을 믿습니다.
우리를 죄에서 구원해 주시고 거룩한 비전을 이루어 가게 하신 하나님께 감사드리며 예수님의 이름으로 기도드립니다. 아멘.

9월 넷째 주

범사에 감사하자

• 주일오후예배 •

"항상 기뻐하라 쉬지 말고 기도하라 범사에 감사하라 이것이 그리스도 예수 안에서 너희를 향하신 하나님의 뜻이니라"(살전5:16-18) 고 말씀하신 살아계신 하나님 아버지 은혜를 진심으로 감사드립니다. 지난 한 주간에도 하나님의 크신 사랑에 감사뿐임을 고백 드립니다.

우리에게 폭풍 같은 두려움이 있을 때마다 그 힘에 밀려 여지없이 낙심하게 될 때에도 주님 품어 주시고 위로해 주시니 감사드립니다. 가끔은 주님의 말씀을 잊어버리고 세상적인 생각으로 가득 차 있을 때에도 외로운 십자가를 지게 해 주시고 주님의 발걸음을 맞출 수 있게 해 주셨습니다.

우리의 삶에 도움이 되라고 이익을 남기게 하셔서 감사하며, 또한 겸손하라고 손해 보게 하셔서 감사드립니다. 그래서 공평하신 하나님이 계심에 대하여 더욱 감사드립니다. 실패도 하고 실수도 하였지만 약한 자에게 강함을 주셔서 그리스도인의 담대함을 가르쳐 주셨던 목사님의 말씀에 다시 한 번 용기를 가지며 감사드립니다.

저희들에게 우리 교회가 있음을, 우리 목사님을 보내주심을 감사드릴 수밖에 없습니다. 부족하여 늘 넘어졌던 저희들은 이곳에 있을 존재도 되지 못하지만, 참된 소망을 주시고 믿음의 질을 높여 주시고 삶의 가치를 높여 주셨으니 이제 남은 것은 주님을 위해 살아가는 것밖에 없습니다. 오늘도 목사님의 말씀을 통하여 다시 한 번 주님의 음성을 듣게 하심을 듣게 감사드리며 살아계신 예수님의 이름으로 기도드립니다. 아멘.

9월 넷째 주

주님을 가까이

• 수요예배 •

　주님을 더욱 가까이 할 수 있게 하여 주심을 감사드리며 예배드리오니 영광을 받으시옵소서. 어제나 오늘이나 영원토록 변함이 없으신 하늘에 계신 하나님 아버지! 우리의 무지함을 용서하시고 감격된 예배드림을 사모하는 이들의 예배를 받으시는 하나님께 감사드립니다.
　하나님의 은혜를 평상시에는 잘 몰랐지만 그러나 어려움이 있을수록 더욱 하나님이 가까이 계심을 느껴집니다. 우리가 어려운 일을 만날 때마다 혼자라는 생각 때문에 힘들었습니다. 그러나 주님의 말씀으로 새 힘을 얻습니다.
　"하나님을 가까이하라 그리하면 너희를 가까이하시리라 죄인들아 손을 깨끗이 하라 두 마음을 품은 자들아 마음을 성결하게 하라"(약4:8) 말씀하셨습니다. 주님께서 가까이 계시니 무엇으로도 두려움이 없습니다.
　오늘도 참된 소망으로 생명의 양식을 얻기를 간절히 사모합니다. 주님께서 약속하신 말씀을 묵상할 때마다 더욱 용기 있는 삶을 살아가게 됩니다. 우리에게 무엇이 필요한가를 잘 아시고 가장 좋은 것 주시기를 원하시는 하나님을 사랑합니다. 그동안 각가지 이유 때문에 멀리했던 이웃을 향해, 주님의 사랑 가지고 가까이 다가설 수 있는 용기를 주옵소서. 주님께서 우리를 아직 죄인 되었을 때에도 우리를 위하여 죽으심으로 하나님의 사랑을 확인하여 주셨습니다.
　이제 하나님의 사랑받은 자녀로서 이웃에게 증인된 삶을 살아가기를 더욱 원합니다. 잘 감당할 수 있도록 도와주옵소서.
　오늘도 목사님의 말씀으로 새롭게 하여 주시어, 주님 만나는 즐거움과 영적인 기쁨을 누릴 수 있게 하옵소서.
　예수님의 이름으로 기도드립니다. 아멘.

9월 넷째 주

하나님을 기쁘게

· 구역예배 ·

저희로 기쁨과 영광을 받으시기에 합당하신 하나님!
"너희 몸을 하나님이 기뻐하시는 거룩한 산 제물로 드리라 이는 너희가 드릴 영적 예배니라"(롬12:1) 고 하셨습니다. 하나님을 기쁘시게 해 드리기 위해 저희들이 무엇을 해야 하는지 지혜로운 마음을 주옵소서. 바쁘다는 이유로 하나님께 드릴 예배에 소홀히 여기지 않고 하나님께 작은 것을 소중히 드리는 마음으로 예배드리는 진실함이 있게 하옵소서. 우리가 살아가는 생활 속에서 주님께 영광 돌리기 위해 세월을 아끼는 지혜를 배우게 하옵소서. 분주하고 바쁜 중에서도 하나님을 향한 간절함을 받으시고 우리의 예배 중에 임하시옵소서. 예수님의 이름으로 기도드립니다. 아멘.

사람을 낚는 어부

· 가정예배 ·

우리 가정에 행복을 듬뿍 담겨주신 하나님 감사드립니다.
오늘도 메마르지 않고 늘 풍성함을 주셔서 이웃과 더불어 살아갈 수 있게 하시어 감사드립니다. 우리가 열심히 노력한 대가가 아니라 주님의 말씀을 전하며 선교하며 살아가라고 주신 하나님의 선물이셨습니다. 매일 주님의 음성을 듣고 사람을 낚는 어부 베드로처럼 주님의 사랑을 실천하는 기쁨이 넘치게 하여 주옵소서. 혹시 선한 일 하다가 용기를 잃어버릴 때에도 지혜를 주시어 사명을 감당하라고 구원해 주신 기쁨을 다시 경험하게 하시며 하나님께 대한 찬송이 끊이지 않는 삶을 살게 하여 주옵소서. 예수님의 이름으로 기도드립니다. 아멘.

10월의 대표기도

10월 첫째 주

의롭게 살아가자

• 주일예배 •

　의를 위하여 핍박을 받는 자는 복이 있나니 천국이 저희 것이라 말씀하신 하나님 아버지! 찬양과 영광을 돌립니다.
　오늘도 거룩하고 복된 성일을 주시어 전능하신 하나님께 신령과 진정한 예배 드리게 됨을 무한 감사드립니다.

　혼탁한 시대 속에 밝은 빛이 되어 복음의 능력을 나타내도록 이곳에 우리 교회를 세우시고, 오늘날까지 성장하며 축복하심으로 교회의 사명을 감당하도록 인도하여 주심을 감사드립니다.

　아브라함은 시대가 어려울수록 의로운 빛을 발하며 세상을 향해 나아갈 때 하나님께서 그 믿음을 인정하시고 믿음의 조상이라는 면류관을 주셨습니다.
　어려울수록 말씀을 의지하고 순종하여, 불의를 버리고 하나님의 약속을 의심치 않고 믿어, 하늘의 별과 같이 셀 수 없는 복을 누리는 성도들이 되게 하옵소서.

　어느덧 10월의 첫 주일입니다.
　한 해 동안 하지 못한 것 때문에 후회하지 않도록 남은 시간 최선을 다하여 주어진 사명을 잘 감당하게 하옵소서. 교회의 여러 기관마다 믿음으로 활성화하여 부흥 성장케 하시고 계획하고 기도하는 일마다 아름답게 이루어지게 하옵소서. 특별히 해외 선교와 전도의 거대한 계획이 탁상공론으로만 남지 않게 하시어, 효과적이며 전략적인 방법으로 사역을 감당하도록 성령님의 지혜 능력을 주옵소서.

이 시간에도 보이지 않는 곳에서 봉사하는 자들도 있습니다. 사람에게 보이기 위함이 아니라 그리스도께 받은 은혜에 대한 사랑을 감당하기 위해 헌신하는 성도들을 하나님께서 기억하시고 하늘의 신령한 복을 내려주시옵소서.

우리 교회가 거룩한 사역을 잘 감당하도록 계획된 예산대로 잘 집행되게 하시어, 물질이 부족하여 사역이 방해되지 않게 하옵소서. 아울러 당회와 당회원들에게 성령의 충만함을 부어주셔서 주님의 몸을 세우는 데 큰 힘을 나타낼 수 있게 하여 주옵소서.

"사람이 의롭게 되는 것은 율법의 행위로 말미암음이 아니요 오직 예수 그리스도를 믿음으로 말미암는 줄 알므로 우리도 그리스도 예수를 믿나니 이는 우리가 율법의 행위로써가 아니고 그리스도를 믿음으로써 의롭다 함을 얻으려 함이라 율법의 행위로써는 의롭다 함을 얻을 육체가 없느니라"(갈2:16) 하셨습니다. 행여 하나님의 영광을 위해 헌신하는 저희들이 그 영광을 되돌려받기를 위한 칭찬에 관심 두지 않게 하옵소서.

말씀으로 우둔한 저희들을 깨우쳐 진리를 보게 하신 목사님을 붙들어 주시고 주님의 말씀을 대언하실 때 그 입술을 주장하시어 광야에서 외친 세례요한의 말씀과 같이 많은 사람의 마음을 감동케 하는 능력이 나타나게 하옵소서.
예수님의 이름으로 기도드립니다. 아멘.

10월 첫째 주

믿음으로 지은 방주

• 주일오후예배 •

하나님의 이름을 높여 드리는 저녁 예배를 통하여 영광을 받으시는 하나님 아버지께 감사와 찬양을 드립니다.

"믿음으로 노아는 아직 보이지 않는 일에 경고하심을 받아 경외함으로 방주를 준비하여 그 집을 구원하였으니 이로 말미암아 세상을 정죄하고 믿음을 따르는 의의 상속자가 되었느니라"(히11:7) 고 말씀하셨습니다.

많은 사람들은 전화, 인터넷 통신망을 통하여 죄악의 향락에 빠져 창조주 하나님을 버리고 세상 길에서 방황하고 있을 때 우리 교회는 말씀의 반석 위에 든든히 서서 유혹에 빠지지 않도록 믿음의 전신갑주를 입힐 수 있기 위하여 시대적 사명을 감당하는 교회가 되게 하옵소서. 수 없는 청소년들이 세상의 문화에 빠져 헤어 나올 수 없는 상황이 되어버렸습니다.

주님께서 마지막 날에 세상에서 믿음을 보겠느냐! 라고 말씀하셨던 것을 기억합니다. 명목상 그리스도인으로 자리만 지키는 자들이 아니라, 이 시대의 죄를 지적하여 회개하게 하고 진리로 정화시켜 가는 그리스도인들이 그 자리를 지켜가게 하여 주옵소서.

교회 안에 기쁨이 우리만의 느낌이 아니라, 죄악 중에 빠져 소망이 없는 자들에게 까지 참된 인생의 가치와 비전을 제시해 줄 수 있는 교회가 되게 하여 주옵소서.

오늘도 말씀을 통하여 가슴이 뜨거워지게 하시어 마음에 간직된 복음의 능력을 이웃에게 나타낼 수 있게 하옵소서.

예수님의 이름으로 기도드립니다. 아멘.

10월 첫째 주

주님 뜻대로 살자

• 수요예배 •

하나님 아버지의 계획하심이 이 땅에 나타나기를 소망하며 그 신실하심에 영광 받으시는 하나님 아버지의 은혜를 감사드립니다.

하나님 나라를 위해 충성하고 세상의 빛이 되라고 맡겨주신 직분을 잘 감당하다가 예배를 통해 다시 한 번 점검받는 자리에 있게 하시니 감사를 드립니다.
어쩌면 이기주의자처럼 나의 원하는 것만을 위해서 노력하고 주님을 위해서나, 남을 위해서는 아무것도 할 수 없는 무능력한 저희들이 아닌가 합니다.
"마음을 살피시는 이가 성령의 생각을 아시나니 이는 성령이 하나님의 뜻대로 성도를 위하여 간구하심이니라"(롬8:27) 고 말씀하셨습니다.

우리의 마음은 부패하고 더러워져 있습니다. 사람의 눈에는 깨끗하게 보여도, 그 속마음을 감찰하시는 분 앞에는 아무것도 가릴 것이 없는 수치스러운 존재들입니다.
우리의 마음의 상태를 감찰하시는 하나님 앞에 겸손히 회개하며 주님의 뜻대로 살아갈 수 있는 용기와 능력을 주옵소서. 이후로 우리의 염려를 다 주께 맡겨 버리라고 말씀하셨으니 염려와 걱정 근심, 다 주님께 맡기고 주님만 의지하며 살아가는 저희들 되게 하여 주시기를 간절히 원합니다.

오늘도 목사님의 말씀을 통하여 하늘의 신령한 말씀으로 충만케 하시어 어두워진 세상을 밝히는 능력 있는 성도들이 되게 하여 주시기 원합니다. 우리를 악한 세상에서 복음 증거자로 사역하게 하신 하나님께 감사드리며 예수님의 이름으로 기도드립니다. 아멘.

10월 첫째 주

야곱의 믿음

• 구역예배 •

장차 미래의 큰 소망을 바라보며 사사로운 일에 손해 보지 않는 성도들이 되기를 원합니다. 믿음 위에 든든히 서서 전능하신 하나님의 능력을 바라보기를 원합니다. 저희들에게 야곱 같은 믿음을 주셔서 없어질 양식 때문에 굶주리지 않고, 말씀에 목말라 굶주린 자가 되게 하여 주옵소서. 우리에게 주시려는 축복이 너무 멀리 있다 하여 낙심하지 말게 하시고, 오늘도 성실히 주님의 뜻을 따라 살아가기를 원합니다. 우리의 목표가 너무 멀다 하여 포기하지 않게 하시고 지금도 우리 곁에서 용기와 소망을 주시는 하나님을 신뢰하며 믿음을 잃지 않게 하여 주옵소서. 예수님의 이름으로 기도드립니다. 아멘.

좋은 씨를 뿌리자

• 가정예배 •

가을의 결실은 싹트는 순에 있지 않고 소담한 열매에 있기에 좋은 씨를 뿌리고 좋은 열매를 수확하는 우리 가정이 되기를 원합니다.

마치 농부가 좋은 씨앗을 파종해 놓고 행여 벌레 먹을까 관심 두고 지켜보는 것처럼, 우리 가정을 그렇게 돌보신 주님께서 영혼을 추수할 수 있도록 좋은 결실 보여주게 하심을 감사드립니다. 남은 한 해에 동안에도 허물과 죄로 죽었던 우리가 구속의 은혜 힘입어 구원받은 감격을 늘 유지하게 하시어 선교하는 일이나 복음 전하는 일에 게으르지 않게 하여 주옵소서. 또 다른 열매를 얻기 위해 또 다른 영혼을 만나는 열정이 식어지지 않도록 하옵시고, 주님의 보호하심으로 건강한 가정이 되게 하옵소서. 예수님의 이름으로 기도드립니다. 아멘.

10월 둘째 주

말씀을 사모하자

• 주일예배 •

지금도 말씀하시는 하나님 아버지의 그 크신 사랑과 은혜를 진심으로 감사를 드립니다.

"태초에 말씀이 계시니라 이 말씀이 하나님과 함께 계셨으니 이 말씀은 곧 하나님이시니라"(요1:1) 고 말씀하셨습니다.
많은 사람들은 이 시대를 말씀 홍수 시대라고 표현하지만, 아직도 저희들은 하나님의 말씀이 절대적으로 필요합니다. 죽음을 앞두고 고통 중에 있는 자들에게도 말씀은 참된 소망이 되었습니다. 말할 수 없는 고통 중에서 실의에 빠져 한숨 쉬고 있는 자들에게도 말씀은 한줄기 소망의 빛이었습니다. 절망을 소망으로 바꾸어 새 생명을 이어가는 수많은 사람들에게는 지금도 말씀을 그리워하며 갈급한 마음으로 교회에 찾아옵니다.

살아계신 하나님 아버지!
우리 교회가 말씀을 사모하고, 말씀이 필요한 자들에게 마치 오아시스를 만난 듯한 감사가 넘쳐나 오뉴월에 시원한 냉수 같은 교회가 되게 하옵소서.

지금도 성도들의 삶의 현장은 풍요롭기보다는 최선을 다해야 살아가야 한다는 마음으로 힘겹게 살아가는 가정들도 많습니다. 누구 하나 알아주는 사람이 없어도, 누가 하나 위로해 주는 사람이 없어도 오직 하나님의 말씀이 우리와 함께하시기 때문에 용기를 내어 사회의 선두주자로 설 수 있었습니다.

그러기에 오늘이 소중하며, 이 예배는 갈급한 성도들에게 생수의 강처럼 풍성한 예배가 될 것을 확신합니다.
아모스 선지자는 말씀하셨습니다.
"주 여호와의 말씀이니라 보라 날이 이를지라 내가 기근을 땅에 보내리니 양식이 없어 주림이 아니며 물이 없어 갈함이 아니요 여호와의 말씀을 듣지 못한 기갈이라"(암8:11) 고 하셨습니다.

비록 땅을 딛고 사는 사람들이지만 하나님의 말씀이 없는 곳에는 서지도 말고, 가지도 말게 하옵소서. 사람이 떡으로만 살 것이 아니요 하나님의 입으로 나오는 모든 말씀으로 살 것이라 했습니다.
이런 신앙적 신조를 가지고 더욱 악한 시대에 마귀의 궤계를 능히 대적하기 위하여 하나님의 전신갑주를 입는 성도들이 되게 하옵소서.

아울러 주일학교 어린이들부터 모든 교육기관에 속해있는 학생들에게 말씀의 지혜를 주시어 학업 성적이 뛰어나게 해주시고. 말씀으로 실천에 옮기는 멋진 기독교 문화가 바탕이 되어 사회적으로 훌륭한 인물을 만들어 내게 하옵소서.

오늘도 말씀을 선포하시는 목사님에게 증인의 삶을 살아갈 수 있는 능력의 말씀을 선포할 수 있도록 성령님의 도와주옵소서. 성도들이 이 말씀 붙들고 한 주간 살아가는데 큰 능력 있는 삶을 살게 하옵소서.
예수님의 이름으로 기도드립니다. 아멘.

10월 둘째 주

하나님을 기쁘게 하자

• 주일오후예배 •

할렐루야 찬송과 영광을 받으시기에 합당하며, 찬양을 기뻐하시는 하나님 아버지! 찬양과 영광을 받으시옵소서. 거룩하고 복된 날, 축복의 말씀으로 인도하심을 감사하며 오후 예배에도 주님께서 임재하심을 믿습니다.

"오직 하나님께 옳게 여기심을 입어 복음을 위탁 받았으니 우리가 이와 같이 말함은 사람을 기쁘게 하려 함이 아니요 오직 우리 마음을 감찰하시는 하나님을 기쁘시게 하려 함이라"(살전2:4) 고 하셨습니다.

주님의 말씀을 삶의 중심에 놓고 살아가는 저희들은 성령님을 의지하여 선한 열매 맺기를 원합니다. 다른 사람을 나보다 낫게 여기는 겸손한 마음을 갖게 하셔서 하나님을 기쁘게 해 드리는 자들이 되게 하여 주옵소서.

사랑의 주님! 생명력 있는 우리 교회 주심을 감사드립니다. 부족한 저희들이 주님 몸된 교회를 섬길 때 사람에게 하듯 하지 말게 하시고 주님께 하듯 하는 성실한 마음으로 이웃을 섬기며 헌신하는 성도들이 되게 하시어 복음을 증거하는 사역자들이 되게 하여 주옵소서.

사데 교회는 살았다 하는 이름은 가졌으나 죽은 자라고 하였습니다. 이름은 살았으나 행함이 없고, 진실이 없는 죽은 교회로 책망받았습니다. 이름을 내세우고 높은 자리를 좋아 하는 우리의 옛 모습이 보이지 않게 하여 주옵소서. 예배 시간에 들은 말씀을 묵상하며 그 말씀에 근거하여 행동하며 생각하는 성숙한 그리스도인이 되게 하여 주옵소서.

직장에서나 가정에서도 빛과 소금의 역할을 감당하여 하나님을 기쁘시게 하는 자들이 되게 하여 주옵소서.

예수님의 이름으로 기도드립니다. 아멘.

10월 둘째 주

시냇가에 심은 나무가 되자

• 수요예배 •

　위기 가운데에서도 변함없이 보호하시고 지켜주시는 하나님! 엘리야의 생명을 구원하기 위해서 까마귀를 통하여 떡과 고기를 먹이시던 하나님의 은혜와 사랑을 감사드립니다.

　범죄한 백성들에게 3년 6개월 동안 비를 내리지 않으실 때 사람들은 굶주리고 식물들은 말라 죽어 갔습니다. 이런 와중에서도 믿음을 지켰던 선지자들에게 일용할 양식을 내려주신 하나님! 세상에 죄악이 노아 때처럼 포화상태에 이르렀습니다. 우리는 그들과 같지 않다고 하는 자부심보다는 죄악을 부끄러워 할 줄 모르는 저희들을 구원할 수 있는 복음의 능력을 저희들에게 부어주시어 때를 얻든지 못 얻든지 회개의 복음을 전할 수 있는 입술을 주옵소서.

　어린 자녀들도 맘 놓고 등·하교하기에 위험한 세상이 되었습니다. 어느 곳 하나 안전지대가 없는, 이 사회가 전능하신 하나님의 음성을 들을 때가 되었습니다. 우리 교회가 깨어서 이 시대를 위한 복음의 사명을 감당하여 평화로운 가정, 평화로운 나라가 될 수 있게 하여 주옵소서.

　이 민족이 사는 길은 오직 하나님의 말씀에 순종하는 길밖에 없습니다. 모든 백성이 마음을 찢으며 통회하고 회개하는 이 나라가 되게 하여주옵소서.

　오늘도 말씀을 대언 하시는 목사님의 말씀을 통하여 굶주림과 갈증으로 죽어가는 심령들이 문제 해결 받는 시간 되게 하시어 가정에서부터 사랑의 말씀으로 회복 되어가게 하여 주옵소서.

　언제나 눈동자처럼 지켜주시며 돌보아 주신 하나님의 은혜 감사드리며 예수님의 이름으로 기도드립니다. 아멘.

10월 둘째 주

예수님을 맞이하자

• 구역예배 •

　죄인을 찾아오셔서 은혜 베풀어 주시기를 원하시는 하나님! 예배와 찬양을 드립니다. 저희들 신랑 되신 주님을 맞이하기 위해 밤을 지새웁니다. 우리 가진 것은 없지만 주님을 사모하는 마음으로 기름을 채웠습니다. 이것이 슬기 있는 자로 여겨주시니 더욱 감사뿐입니다. 피곤하여 졸음이 와도 미련한 다섯 처녀들처럼 더디 올 신랑이라 여겨 방심하지 않게 하옵소서. 언제라도 신랑 맞을 준비된 신부처럼 깨어 있게 하시어 나라와 민족, 선교를 위해 기도하는 자들이 되기를 원합니다. 참된 헌신으로 섬기는 일이라면 먼저 나설 준비된 구역이 되게 하옵소서. 예수님의 이름으로 기도드립니다. 아멘.

하나님의 소원을 이루자

• 가정예배 •

　기도 시간마다 우리의 요구 사항은 언제나 풍성했습니다. 그러나 아버지의 뜻을 이루기 위해서는 너무 작아 찾아볼 수 없었습니다.
　우리를 위해 십자가의 아픔을 생각지 않으시고 하나님께 기도하시던 예수님을 생각합니다. "나의 원대로 마시옵고 아버지의 원대로 하옵소서"(마26:39) 우리 가정에도 나보다 남을 더 생각하는 마음을 가지게 하시어, 남을 위해 헌신적인 섬김을 소중히 여기게 하옵소서. 하나님께서는 모든 사람이 구원 받기를 소원하셨습니다. 베드로에게 사람을 낚는 어부가 되라 하신 말씀을 우리 가정에도 주심을 믿고 가까운 이웃에게 예수님의 사랑을 실천하여 고기 잡는 그물로 사용하여 주옵소서. 예수님의 이름으로 기도드립니다. 아멘.

10월 셋째 주

예수님의 향기

• 주일예배 •

살아 계셔서 큰 눈으로 우리를 바라보시며 말씀하시기를 원하시는 하나님 아버지!

소돔 성과 같이 패역한 세상에서 저희를 눈동자처럼 보호하셨다가 거룩한 주님의 날 찬양과 경배로 예배드리게 됨을 진심으로 감사드립니다.

타락한 세상에서 우리를 그냥 버리지 두지 않으시고 소금으로 빛으로 살게 하시어 그리스도의 향기를 나타내라 하셨습니다. "우리는 구원 받는 자들에게나 망하는 자들에게나 하나님 앞에서 그리스도의 향기니"(고후2:15) 하신 말씀을 잊지 않고 기억하여 사명으로 감당하고자 합니다.

바울과 실라 같이 감옥이라도 들어가서 복음을 전하며 찬송과 기도로 주님의 향기를 나타내어 간수를 구원시켰던 일을 저희들이 감당할 수 있도록 하여 주옵소서.

저희들이 지금까지 영혼 사랑하는 일을 위해 기도했다면, 한 영혼을 위해 기다리는 자가 아니라 그들에게 예수님의 사랑을 가지고 나갈 수 있는 용기를 주옵소서. 전도의 열매는 나가면 얻고 나가지 않으면 없다는 사실이 진리이기에 그 일을 실천하는 우리 교회가 되게 하옵소서.

아무리 좋은 향기를 가졌어도 사용하지 않고 병에 담아놓는다면 향수가 될 수 없습니다.

우리는 그리스도의 편지이며 향기입니다.

좋은 소식을 전하는 저희들이 그리스도의 향기까지 날리는 그런 교회가 되어 부흥하는 교회로 본보이게 하옵소서.

교회를 이 땅에서 세우시고 주님은 말씀하셨습니다.

"또 내가 네게 이르노니 너는 베드로라 내가 이 반석 위에 내 교회를 세우리니 음부의 권세가 이기지 못하리라"(마16:18) 고 하셨습니다. 전도는 마귀의 성을 무너트리는 강력한 사역이기에 전심전력하여 복음 전하는 교회가 되게 하옵소서.

만세반석 위에 세워진 우리 교회가 주님의 향기를 온 세상에 풍겨서, 환난 중에도 기뻐하며 인내와 연단과 소망을 이루는 교회가 되게 하시어 지역을 복음화에 앞장서게 하여 주옵소서.

특히 귀중한 사역을 감당하는 일에 있어서 방해되는 요소들이 발생하지 않도록 성령께서 주관하여 주옵소서.

성도들 중에 어려운 자들도 있습니다. 그들에게 말씀으로 위로와 소망을 주시고, 병든 자에게는 '여호와 라파' 의 손길로 치유하시어 기쁨으로 이 사역에 동참하게 하옵소서. 가정의 자녀들에게는 지혜를 주시어 학업에 열중하여 언제나 자신감으로 사회적 위치에 당당하게 서게 하옵소서.

목사님의 능력 있는 말씀이 저희들의 마음을 감동 시키시어 예수님의 편지를 받아 세상으로 향하는 발걸음에 생동감이 넘치게 하옵소서. 어린이 사역에서부터 어른들에게까지 한 목표를 향해 폭포수 같이 터지는 복음의 열정이 뜨겁게 불타오르는 교회가 될 것을 간절히 기도합니다.

예수님의 이름으로 기도드립니다. 아멘.

10월 셋째 주

베드로의 신앙고백처럼

• 주일오후예배 •

평강의 왕이 되신 하나님 아버지! 그 은혜와 사랑을 감사드립니다. 하늘 보좌를 버리시고 낮고 천한 저희들을 구원하시기 위하여 이 땅에 오신 예수님을 새롭게 고백하며 살게 하심을 감사드립니다.

때로는 힘들고 어려움이 닥쳐올 때 주님을 만난 기쁨의 탄성은 어디로 가버리고, 쓸데없는 푸념으로 한숨지을 때도 있습니다. 이럴 때마다 더욱 큰 믿음 주시어 저희들의 삶 속에서 만나는 고통이나 슬픔이 있다고 하더라도 굳센 믿음으로 연약한 인생을 살지 않도록 도와주옵소서.

시련의 밤이 깊고 환란의 모진 바람이 멈추지 않을 때에도 세상일에 허덕이며 끌려다니는 모습이 아니라 주님의 오른팔에 붙들리는 능력 가지고 입술엔 언약의 말씀을 외치며 믿음의 길을 나서는 저희들이 되게 하옵소서.

주님! 저희들이 받은 은혜 감사하는 삶을 입으로 고백하며 삶을 변화시켜 나가는 그리스도인이 되기를 소망합니다.

베드로는 가이사랴 빌립보 지방에서 이렇게 고백했습니다. "주는 그리스도시요 살아 계신 하나님의 아들이시니이다"(마16:16) 고 말씀하셨습니다.

오늘도 갈급한 마음, 상한 심령으로 주님을 만나기 위해 나왔습니다. 목사님 말씀을 통하여 우리의 마음에 생명수가 강처럼 흐르게 하시어 사명을 가지고 기쁘게 세상을 향해 나서게 하옵소서.

나의 반석이시오 나의 구속자이신 여호와여 내 입의 말과 마음의 묵상이 주의 앞에 열납 되기를 원하오며 살아계신 예수님의 이름으로 기도드립니다. 아멘.

10월 셋째 주

심령이 가난한 자로 살자

• 수요예배 •

　죄 많은 저희들을 보혈의 피로 정결하게 하신 하나님 아버지! 저희들은 내면적인 영적 세계보다는 쉽게 드러나 있는 외형적인 부분을 더 중요하게 생각하며 살았습니다. 모든 범죄의 원인은 우리의 악한 마음에서 비롯되고 있습니다. 우리들의 마음을 중요시하는 예수님께서는 형식적으로 종교생활을 하려고 하는 바리새인들을 심히 책망하셨습니다. 저희들은 이러한 예수님의 뜻을 따라 형식적인 신앙의 습관을 버리고 마음을 다하고 성품을 다하여 하나님을 섬기고 이웃을 사랑하는 성도들이 되게 하여 주옵소서.
　"심령이 가난한 자는 복이 있나니 천국이 그들의 것임이요"(마5:3) 라고 하셨습니다. 사람들이 지식을 알면 알수록 모르는 것이 많고, 권력을 취하면 취할수록 오히려 무력한 자신을 발견하게 되는 것처럼, 저희들 말씀에 무지함을 용서하여 주옵소서. 많은 것을 알고 있다고 하는 교만 때문에 오히려 다른 사람들이 상처를 받았고, 많은 것을 소유하고 있다고 하는 부유함 때문에 다른 사람들을 위축되게 하였습니다.
　교만한 우리의 마음을 가난하여서 겸손함을 주옵소서. 가난한 마음속에 하늘 위로와 세워 주심의 복을 내리어 주옵소서. 가난한 사람에게 복이 있다는 예수님의 말씀은 기독교인들만이 가지고 있는 역설의 진리임을 깨달아 목사님의 말씀의 더 깊은 뿌리를 박고 밝은 미래의 세계를 볼 수 있는 영적인 눈을 뜨는 저희들이 되게 하옵소서.
　진리의 말씀으로 이끌어 주시는 목사님께 감사를 드리오며, 저희의 모든 교회 성도들이 건강으로 복음 사역에 힘쓰게 하옵소서. 예수님의 이름으로 기도드립니다. 아멘.

10월 셋째 주

놋 뱀을 바라보자

• 구역예배 •

할렐루야 하나님을 찬양합니다.

목적도 모르는 저희들에게 하나님을 알게 하시고 하늘나라의 소망을 주심을 감사합니다. 불평과 원망, 불만과 불신으로 살아가는 저희들은 당연히 심판을 받아야 하지만 하나님은 구원의 놋 뱀이신 예수님을 보내시어 참된 소망을 주셨으니 구원받은 감격으로 살아가는 자들이 되게 하옵소서.

사도 바울의 고백처럼 사람은 모르나 하나님만이 아시는 진실함을 사모하게 하시고 사람들의 칭찬에 움직이는 그런 사람이 아니라 하나님의 칭찬을 바라보며 믿음의 삶을 실천하게 하는 밀알이 되게 하옵소서. 예수님의 이름으로 기도드립니다. 아멘.

사랑을 나타내자

• 가정예배 •

사랑으로 충만하신 하나님 아버지! 사랑을 제일로 여기시며 실천하길 원하신 아버지 앞에 사랑의 마음을 닮기 원합니다. 많은 사람들을 대할 때 내 생각으로 오해하는 마음보다는 주님의 마음으로 관용을 베풀게 하시어 하나님의 거룩하심을 좇아가는 가정이 되게 하옵소서. 요즘 들어 좋은 일기와 날씨 때문에 하나님을 멀리하고 세상에 빠져 사탄과 그를 따른 세상의 거짓된 가르침에 속아, 죄의 노예가 되는 자들 틈에서 우리 가정을 구별하여 주옵시고, 저희들이 하나님의 거룩한 자녀로서 온갖 더러운 것에서 멀리하고, 거룩하신 하나님을 닮아 스스로 성결함을 지키며 살아가게 하옵소서. 예수님의 이름으로 기도드립니다. 아멘.

10월 넷째 주

환란 날에 부르짖자

• 주일예배 •

찬송과 영광을 세세토록 받으시기에 합당하신 하나님 아버지께 예배드리게 하심을 감사드립니다.

사랑과 진실이 담긴 바른 말 한마디가 올바른 관계를 만들어 교회 생활을 풍요롭게 만들게 하지만, 남을 깎아내리는 험담 한마디가 상처받고 돌아서서 분노를 일으켜 시험에 빠지게 한 저희들이었습니다.
앞에서 칭찬하고 뒤에서 헐뜯기보다, 앞에서 조언하고 나무라지만 뒤에서 칭찬하는 저희들이 되기를 원합니다.

우리의 말 때문에 힘들어하는 수많은 사람들의 관계들을 회복시켜 주시어, 행여 주님의 말씀대로 살지 못하여 고난을 겪고 있는 형제들에게도 말씀을 보내어 위로하시고 참된 진리의 말씀을 좇아 사는 법을 배워 순종하게 하옵소서.

특별히 우리 교회를 이곳에 세워 주시고 오늘날까지 부흥 성장케 하시어 교회를 받들어 신앙생활을 할 수 있도록 인도하심을 감사합니다. 장로님으로부터 온 성도들에게 성령충만한 믿음으로 맡은 직분을 잘 감당하여 주님 오시는 날 신부로서의 사명 감당하여 신랑 예수님을 영접하시기에 부족함이 없는 은혜로 인도하여 주옵소서.

세계는 종말의 메시지를 선포하듯, 지구의 온난화로 해수면은 상승하고 바다의 온도는 높아져서 각 가지의 생태계가 변화하고 있습니다. 예측할 수 없는 기후로 인하여 지진과 해일, 쓰나미로 인한 인류의 위협은 어떤 것으로도 대응할 방법이 없습니다. 이런 때를 맞아 성도들은 깨어 근신하여 주님을 바라보고 믿음으로 승리하는 자들이 되게 하옵소서.

어려우면 어렵다는 이유 하나만으로 믿음을 포기하고 세속에 빠져 허우적대는 성도들이 되지 말고 오직 말씀을 의지하고 순종하게 하옵소서.

"나의 환난 날에 내가 주를 찾았으며 밤에는 내 손을 들고 거두지 아니하였나니 내 영혼이 위로 받기를 거절하였도다"(시77:2) 라고 하셨습니다. 어떠한 시험이 오든, 풍파나 환난이 오든 말씀으로 무장하고 기도로 승리하는 성도가 되게 하시어 충성하는 자리에 굳게 서 있는 저희들이 되게 하옵소서.

바울과 실라는 옥중 환난에서 기도로 이겼으며, 다니엘도 사자 굴에서 믿음으로 환난을 이겼으며, 다윗도 위태로운 환난 중에 기도로 물리쳤습니다. 저희들도 기도 쉬는 죄를 범하지 않고 깨어 있는 훈련이 절실히 필요한 때임을 알게 하여 주옵소서.

빌라델비아 교회가 주님의 칭찬을 받은 것은 적은 능력을 가지고도 내 말을 지키며 어려운 환난 중에도 주님의 이름을 배반치 아니하고 교회 사명을 감당하므로 칭찬을 받았습니다. 우리 교회가 환난을 이겨 주님께 칭찬받으며 사명 감당하여 초대 교회와 같이 날로 부흥하는 교회가 되게 하옵소서.

목사님께 모세에게 들려주셨던 리더십의 지팡이를 주시어 잘 인도하게 하시고, 장로님들은 여호수아와 같이 최전방에서 검을 들고 싸우며, 권사 집사님들은 아론과 훌이 되어 목사님을 보좌하며 기도하여 협력할 때에 아말렉 같은 환난이 물러가며 싸움에서 이기리라 믿습니다.

예수님의 이름으로 기도드립니다. 아멘.

10월 넷째 주

인정받는 자가 되자

• 주일오후예배 •

　열면 닫을 사람이 없고 닫으면 열 사람이 없는 장차 심판주로 오실 주님 은혜와 사랑을 감사하며 영원토록 영광을 받으시옵소서! 말세에는 모이기를 힘쓰라고 하셨습니다.
　모이는데 힘쓰며, 찬송하며, 기도하며, 화목하며, 봉사하며, 떡을 떼어 주님의 사랑을 나누는 아름다운 교회가 되게 하옵소서. 이 땅에 장차 심판주로 오실 예수님은 구원받은 자들을 구별하시고 은혜를 베푸시기에 주님께 속한 자 되기를 간절히 소망합니다.
　우리 가진 것에 대한 가치를 바로 가져 헛된 세속에 허비하지 말고 하나님 나라의 보물 창고에 쌓는 복을 내려 주옵소서. 물질을 잘 관리하는 것은 영적 성숙의 척도이기에 주님의 것을 구별하여 가치의 소중함을 인정하여 실천하게 하옵소서. 세상에서 가장 소중한 가치를 잃어버리고 보이지 않는 영적세계에서 실패하는 어리석은 자가 되지 않게 하옵소서.
　비록 세상에서 땅을 밟고 살아가지만 참된 그리스도인으로서 삶을 바르게 살아가기 위해 내 것이라는 소유의식을 버리고 맡긴 자의 구할 것은 충성으로 여겨 맡겨진 것에 최선을 다하는 성도들이 되게 하옵소서.
　사소한 것 지키지 못하여 주님 오시는 날 심판의 두려움으로 유보하기를 소원하는 자들이 되지 않게 하여 주옵소서.
　가정이 병들면 교회가 병이 들고, 교회가 병들면 사회가 병들고, 사회가 병들면 나라가 병들어 하나님의 영광을 가리고 맙니다.
　목사님의 말씀을 통하여 하나님 나라의 비밀에 순종하게 하옵소서. 예수님의 이름으로 기도드립니다. 아멘.

10월 넷째 주

낙심치 말고 기도하자

• 수요예배 •

우리의 간절한 기도를 들으시고 귀 기울여 주시는 하나님 아버지! 그 사랑을 감사드립니다.

하나님 말씀에 자신의 뜻과 욕심을 굽히고 순종하는 삶이 그리스도의 참된 일꾼이라고 하셨습니다.

기도는 나 자신의 뜻을 세우고 떼쓰는 시간이 아니라 주님의 뜻을 알아가는 것이기에 주님의 뜻이 우리 안에 임하기를 원합니다.

"너는 내게 부르짖으라 내가 네게 응답하겠고 네가 알지 못하는 크고 은밀한 일을 네게 보이리라"(렘33:3)

부르짖는 자들에게 응답하시는 하나님 아버지! 기도는 그리스도인의 특권이며 세상을 이기는 강력한 무기임을 믿습니다.

오늘도 성도들이 세상을 살아가다가 시달린 문제를 가지고 왔습니다. 어떤 사람은 건강문제, 어떤 사람은 물질, 자녀, 사업, 여러 문제를 가지고 왔으나 저희들의 힘으로서는 해결할 길이 없어 주님 앞에 기도하기를 원합니다. 불쌍히 여기시어 하나님의 깊은 뜻이 우리 안에 이루어지기를 간절히 원합니다.

참된 성도로 살아가는 길은 현실에 안주하지 않고 또 다른 부르심을 향해 나아가기를 원합니다. 작은 것에 집착하여 크고 넓은 것을 잃어버리지 않게 하시고 복잡한 문제 넘어 더 넓고 먼 시야를 열어 하나님의 깊은 뜻을 알아 복음의 증인이 되는 기쁨을 누리게 하옵소서.

오늘도 목사님의 말씀을 통하여 답답한 마음에 주님의 음성을 듣게 하시어 참된 소망으로 영적인 눈을 열어갈 수 있게 하옵소서. 예수님의 이름으로 기도드립니다. 아멘.

10월 넷째 주

말씀으로 살자

• 구역예배 •

　모든 성경은 하나님의 감동으로 된 것으로 교훈과 책망과 바르게 함과 의로 교육하기에 유익하며 하나님의 사랑으로 온전케 하시는 말씀인 줄로 믿습니다.
　이 생명의 말씀을 우리가 배우고 거하며 하나님의 자녀로서의 부족함이 없는 우리 구역이 되게 하여 주옵소서. 말씀을 배우지 못 하고 알지 못하면 마귀의 유혹에 빠져 버림받게 될 수밖에 없습니다. 말씀이 육신이 되어 이 땅에 오신 예수님! 말씀으로 무장하여 우는 사자 같이 두루 다니는 사단과 싸워 이기며 세상을 이기고 나갈 수 있는 능력을 주옵소서. 하나님의 말씀이 강력한 힘이며 능력임을 세상에 알게 할 수 있는 말씀의 사람이 되게 하옵소서. 예수님의 이름으로 기도드립니다. 아멘.

주님만 자랑 하자

• 가정예배 •

　하나님께서 우주 만물을 창조하시고, 우주를 다스리시며 우리를 구원하신 구원자이시며 복 주시는 자이십니다. 우리 가정이 주님을 자랑하는 일에 앞장서게 하시어 이웃과 더불어 바른 관계를 맺게 하시고 교회를 든든히 세우는 일에 앞장서게 하옵소서. 지나간 과거를 돌이켜 하나님과 관계를 회복시키고 이웃과의 바람직한 관계 속에 하나님의 사랑을 나타낼 수 있는 가정이 되게 하옵소서. 저희로 사랑의 종이 되게 하시어 우리에게 속한 모든 공동체가 다툼이 아닌 평화가, 불평이 아닌 헌신이, 험담이 아닌 칭찬으로 세워주는 자들이 되게 하시옵소서. 예수님 사랑을 나타내는 사도들이 되게 하옵소서. 예수님의 이름으로 기도드립니다. 아멘.

11월의 대표기도

11월 첫째 주

말씀을 전하자

• 주일예배 •

은혜와 사랑이 풍성하신 하나님 아버지!
노아 시대에 소돔과 고모라와 같이 음란하며 죄악이 극도로 관영한 악한 세상에서 주님 날개 아래 보호하시어 신령과 진정으로 예배드리게 하심을 감사드립니다.

피리를 불어도 춤추지 않고, 애곡을 하여도 가슴을 치지 않는 저희들을 사랑하시어 임마누엘 되신 예수 그리스도를 믿을 수 있도록 은혜 베푸셨으니, 우리의 몸과 마음으로 산제사 드리기를 원합니다.

우리는 연약하다는 이유로 자신을 쉽게 포기하고 유혹에 넘어지려는 마음을 가지고 있습니다. 십자가를 체험한 저희들에게 연약하지만 강하고, 부드럽지만 담대한 믿음을 주시어 악한 세상과 타협하지 않는 강력한 십자가의 군사들이 되게 하여 주옵소서.

악한 세상에서 남은 생을 하나님 뜻대로 살기 원합니다. 골고다 언덕에 우편 강도의 기도를 들으시고 구원하신 하나님께서 저희들에게 강하고 담대한 믿음을 주시어 세상을 분별하게 하시고 환경에 편승하지 않고 믿음의 감각으로 세상을 변화시키는 거룩한 자존감을 지키는 성도들이 되게 하여주옵소서.

주님은 라오디게아 교회를 책망하셨습니다. "내가 네 행위를 아노니 네가 차지도 아니하고 뜨겁지도 아니하도다 네가 차든지 뜨겁든지 하기를 원하노라 네가 이같이 미지근하여 뜨겁지도 아니하고 차지도 아니하니 내 입에서 너를 토하여 버리리라"(계3:15-16) 고 하셨습니다.

우리 주변 환경은 수 없는 말씀들이 들을 수 있는 귀를 향해 열려 있지만, 정작 들어도 행동할 수 없고 순종할 수 없는 것은 쾌락주의에 빠져 정체성을 잃어가고 있습니다.

사도 바울처럼 살아도 주님과 함께 살고, 죽어도 주님과 함께 죽을 각오가 되어 있는 사람이 되게 하시어 하나님의 뜻을 따라 선을 행하는 성도들이 되게 하여 주옵소서.

오늘도 하나님의 임재 아래 말씀이 선포되고 그 말씀은 죄인의 마음에 잘 박힌 못처럼 박혀 있기를 원합니다. 흔들리는 갈대처럼 그리스도인의 가치를 상실한 부끄러운 모습을 보이지 않게 하시고 말씀의 뿌리를 내려 어떤 폭풍우가 몰아쳐도 요동치 않는 주님의 산성이 되게 하여 주옵소서.

"이르되 우리가 너희를 향하여 피리를 불어도 너희가 춤추지 않고 우리가 슬피 울어도 너희가 가슴을 치지 아니하였다 함과 같도다"(마11:17) 라고 하셨습니다.
이 시대를 향하여 온 성도들이 복음의 나팔수가 되게 하시어 들을 귀를 향해 담대하게 외쳐 이 시대에 회개의 경종을 울리는 우리 교회가 되게 하옵소서.
예수님의 이름으로 기도드립니다. 아멘.

11월 첫째 주

다윗처럼 감사하며 살자

• 주일오후예배 •

　우주 만물을 창조하시고 인간의 생사 화복을 주관하신 하나님 아버지! 은혜와 사랑을 진심으로 감사를 드립니다.
　"우리 하나님이여 이제 우리가 주께 감사하오며 주의 영화로운 이름을 찬양하나이다 나와 내 백성이 무엇이기에 이처럼 즐거운 마음으로 드릴 힘이 있었나이까 모든 것이 주께로 말미암았사오니 우리가 주의 손에서 받은 것으로 주께 드렸을 뿐이니이다"(대상29:13-14) 말씀하셨습니다.
　다윗은 일생에 있어서 가장 큰 관심사였던 성전 건축을 위한 마지막 열정을 가지고 있었습니다. 다윗은 여호와께서 자신과 백성에게 힘주셔서 즐거운 마음으로 성전 건축을 위한 헌금을 하게 하심을 감사했던 것은 자신이 아니라 하나님의 손에서 주셨기 때문이라고 겸손히 고백하며 감사드렸습니다. 저희들도 이런 믿음의 고백이 있게 하여 주옵소서.
　내가 가진 것이 많고, 남달리 지식이 있다 하여 교만한 마음을 가지지 않게 하옵소서. 주신 것에 감사하고 성실히 주님의 뜻을 따라 헌신하는 겸손한 마음을 주옵소서.
　특별히 감사는 절기가 아니라 우리의 삶 속에서 다윗과 같이 고백하며 사는 것이기에 감사가 삶이 되게 하여 주옵소서. 지금 우리 사회에 가장 시급한 문제가 있다면 그것은 민족 복음화라고 봅니다.
　다윗 왕이 민족 복음으로 하나가 되게 하여 건강한 나라를 만들었던 것처럼 우리나라가 믿음으로 정치하여 강하고 담대한 나라가 되게 하여 주옵소서. 이로 인해 교회가 부흥되고 선교하는 나라가 되게 하옵소서.
　예수님의 이름으로 기도드립니다. 아멘.

11월 첫째 주

영적인 눈을 뜨자

• 수요예배 •

　우리를 날마다 보호하시고 위험한 길에서 지켜주시는 하나님 아버지! 소경 바디메오의 눈을 뜨게 하여 주님을 바라보게 하시고, 엘리사의 종의 눈을 뜨게 하시어 하나님의 능력을 보게 하신 하나님 아버지께 찬양과 영광을 돌려 드립니다.

　저희들이 복음으로 기쁨을 누리는 삶을 살아갈 수 있는 것은 이 땅에 예수 그리스도를 보내 주시고 그를 믿는 자들에게 구원을 선포해 주신 하나님의 은혜인 줄로 믿습니다. 이런 복음이 우리에게까지 올 수 있었던 것은 수많은 선교사님들이 자기의 생명을 아낌없이 우리 민족을 위해 희생의 제물로 순교하시고 우리의 생명을 얻은 것입니다.

　물질 모으는 재테크에는 관심을 가졌지만 지구촌 밖에서 굶주리는 영혼들을 불쌍히 여기지 못했음을 용서하여 주옵소서. 이제 우리가 받은 은혜를 보답할 때가 되었습니다. 어두워진 영적인 눈에 안약을 사서 바르고 받은 은혜를 보답하는 선교의 정신으로 새롭게 거듭나게 하여 주옵소서.

　살아계신 하나님 아버지.

　저희들에게 영안을 열어주셔서 세속적인 눈은 감겨지게 하시고, 온전케 하시는 예수님만 바라보고 나가게 하여 주시기 원합니다. 하나님과 교통하는 시간이 지속되는 기도시간을 통해 주님의 뜻을 발견하게 하시어 우리에게 주어진 사명을 더욱 잘 감당하는 성도들이 되게 하여 주옵소서.

　오늘도 목사님께서 증거하시는 말씀으로 어두운 생각을 깨우게 하시어 충성된 증인으로 선교의 열정을 갖게 하옵소서. 예수님의 이름으로 기도드립니다. 아멘.

11월 첫째 주

영적 감각으로 살자

· 구역예배 ·

엘리사의 간청을 들으시고 갑절의 영감을 주신 살아계신 하나님 아버지!
자신의 사리사욕을 위하여 구하는 것이 아니요 주님의 뜻을 이루기 위해 구했던 엘리사에게 갑절의 영감을 주셨던 것처럼, 저희들에게도 영적인 능력을 주시어 주님이 쓰시는 도구가 되어 교회를 부흥시키는 구역의 한 일원이 되게 하여 주옵소서. 영적인 민감성을 가지고 맡겨준 사명을 감당하는 일에는 하나님과 사람 앞에서 더욱 진실하게 살게 하시고, 어떤 일을 하든지 동기가 선하게 하시어 쓸데없이 오해 살만한 일을 하지 않고 누구에게나 투명하고 성실하게 살아갈 수 있는 기도의 사람이 되게 하여 주옵소서.
예수님의 이름으로 기도드립니다. 아멘.

중심을 보십니다

· 가정예배 ·

우리의 자신을 주님처럼 낮추고 섬길 수 있는 사람이 되게 하옵소서. 많은 사람들은 우리를 비방하여도 바울처럼 주님의 본받아 자신을 낮추고 주님을 높이는 가족이 되게 하옵소서. 그리스도인의 무기는 육에 속하는 것이 아니라 하나님께 속한 것임을 알았습니다. 따라서 우리의 높아지려는 모든 주장이 무너지게 하옵시고 예수 그리스도께 겸손히 복종하기를 원합니다. 우리의 외모 때문에, 언변 때문에 때로는 공격받기도 하지만 도리어 이것이 주님의 사역을 감당하는 능력의 통로가 되게 하여 주옵소서. 부족한 것 때문에 공격적으로 우리의 자신을 변호하지 않게 하옵시고, 오히려 주님의 뜻을 나타내는 능력이 되게 하옵소서. 예수님의 이름으로 기도드립니다. 아멘.

11월 둘째 주

영적 추수의 계절이다

• 주일예배 •

여호와는 나의 반석이시요, 나의 요새시요, 우리를 깊은 수렁에서 건지시는 하나님 아버지! 그 은혜와 사랑을 진심으로 감사드리며 영광을 받으시옵소서.

결실의 계절을 맞아 믿음의 좋은 열매를 맺기 위해 씨를 뿌리고 거름을 주며 애썼던 농부의 마음이신 예수님의 마음에 흡족함을 안겨주어야 할 저희들이었음을 고백합니다. 그러나 세상염려, 걱정, 근심 때문에 주님이 기대하시는 것에서 벗어나 잎만 무성한 무화과나무 밖에 되지 못함을 용서하여 주옵소서.

"각 사람의 공적이 나타날 터인데 그날이 공적을 밝히리니 이는 불로 나타내고 그 불이 각 사람의 공적이 어떠한 것을 시험할 것임이라 만일 누구든지 그 위에 세운 공적이 그대로 있으면 상을 받고"(고전3:13-14) 고 말씀하셨습니다. 지금까지 내 생각으로 자랑삼았던 것을 용서하여 주옵소서.

하나님의 뜻을 저버리고 바람직한 사역을 감당하지 못했던 저희들에게 책망하여 부끄러운 모습으로 주님 앞에서 서는 일이 없게 하옵소서. 불이 각 사람의 공력이 어떠한 것을 시험할 그때에 세운 공력이 불에 타지 않고 그대로 있어 상 받는 종들이 되게 하여 주옵소서. 행여 우리에게 돌아올 수익 때문에 주님의 기대에서 벗어나는 행위가 없게 하시고 자신의 욕심을 버리고 오직 그리스도의 영광을 위하여 최선을 다하는 성도들이 되게 하여 주옵소서.

우리 교회 성도들은 하나님의 말씀에 순종하여 한 사람도 잎만 무성한 나무가 아니라, 좋은 열매를 맺어 알곡 성도로서 천국 창고에 거두어 들여가는 자들이 되게 하여 주시기 원합니다.

　첫 사랑을 버렸던 에베소 교회를 책망하시던 주님! 우리 교회가 믿음의 첫 사랑을 회복하여, 섬기는 자들이 거룩한 헌신으로 사랑을 공급하는 교회가 되게 하여 주시기를 간절히 원합니다.

　"오직 성령의 열매는 사랑과 희락과 화평과 오래 참음과 자비와 양선과 충성과 온유와 절제니 이같은 것을 금지할 법이 없느니라"(갈5:22-23)에 말씀하셨습니다. 선한 일에 열심을 내며, 대적하는 사람들을 축복하는 마음으로 끝까지 힘을 잃지 않게 하옵소서. 저희들 다른 영혼을 구원하는 일을 위하여 사랑에 기초한 겸손과 섬김과 희생으로 수고하기를 포기하지 않게 하시어 좋은 열매 맺게 하여 주옵소서.
　이로써 게으른 자들이 깨어서 기도하며, 자신만이 구원 얻은 감격으로 살고자 하는 교만함이 변하여, 순전한 마음으로 복음을 전하며 섬기는 자로 살게 하옵소서. 이런 기류를 타고 성도들이 끝없는 겸손과 온유 앞에 교만은 설 자리를 잃게 하시고, 오직 주님의 영광을 자랑하는 소문난 교회가 되게 하여 주옵소서.

　우리 교회는 장로님으로부터 온 성도에 이르기까지 사랑의 원자탄이 되어 영혼들을 구원하는 교회가 되도록 인도하여 주옵소서. 교회는 세계 선교를 꿈꾸고 이웃에게 복음을 전해야 생명력이 있습니다. 하나님의 말씀을 대언하시는 목사님의 말씀을 순종하여 생명력 있는 교회로 거듭나게 하여 주옵소서. 예수님의 이름으로 기도드립니다. 아멘.

11월 둘째 주

주님 안에서 살자

• 주일오후예배 •

처음이 되시고 나중이 되시며 죽었다가 살아나신 살아계신 하나님 아버지 환난과 궁핍 속에서 부요케 하시고 구원하여 주심을 진실로 감사와 영광을 돌립니다.

주님 안에 살아가는 저희들에게 항상 기쁨이 충만하게 하시어 죄악에 물들어 눈물과 근심, 걱정, 고통, 속에서 참된 소망의 빛을 밝힐 수 있게 하여 주옵소서.

에녹은 300년을 주님과 동행하다가 죽음을 보지 않고 하늘로 옮겼습니다. 저희들도 에녹과 같이 주님과 동행하여 노아와 같이 순종하여 구원받은 기쁨을 누리게 하여 주옵소서.

"너희는 마음에 근심하지 말라 하나님을 믿으니 또 나를 믿으라"(요14:1)고 말씀하셨습니다.

성도의 가정마다 아무것도 염려하지 말고 오직 모든 일에 기도와 간구로 너희 구할 것을 감사함으로 하나님께 간구하는 믿음을 주옵소서. 때로는 질병가운데 고생하는 성도들도 있습니다. 만병의 대 의사께서 치료하는 광선을 발하시어 질병에서 해방되게 하시며 건강하여 더 충성된 성도들이 되게 하여 주옵소서.

세상은 흔들리고 사람들은 변하여도 저희를 위해 지으신 하나님의 나라는 영원함을 알게 하여 주옵소서.

언제나 사랑으로 격려하시며 말씀으로 소망을 주시는 목사님의 말씀을 통해 저희들의 어두운 심령을 새롭게 하여 선교와 전도의 열정으로 살아가게 하여 주옵소서. 오늘도 보이지 않는 곳에서 수고하시는 여러분들과 해외에서 복음을 전하시는 선교사님들께 감사드리며 예수님의 이름으로 기도드립니다. 아멘.

11월 둘째 주

마음의 문이 열자

• 수요예배 •

　어두운 마음을 열어 복음을 전하는 능력을 나타내시는 하나님 아버지! 신령과 진정한 예배를 드리게 하심을 감사드리며 영광을 받으시옵소서.
　루디아는 불신자였지만 마음의 문이 열어 말씀을 경청하다가 구원함을 받고 자기에게 가장 소중한 일이 무엇인가를 깨달았습니다. 오늘 주님 앞에 나온 저희들도 말씀을 사모하게 하시어 주님을 영접하고 이 험악한 시대에 내가 무엇을 하여야 하는가를 깨달아 알게 하여 주옵소서.
　주님을 모시는 성도들은 이 땅은 물론이고 천국에서도 영원히 함께할 하나님의 가족으로서 거룩함과 진실함으로 아름다운 교제를 나누는 생활이 되게 하옵소서. 마음의 상처로 마음 문이 닫힌 자들에게 새로운 기쁨을 가져다줄 수 있는 능력이 저희들로 나타내게 하시어 교회의 부흥과 발전에 쓰임 받는 성도들이 되게 하여 주옵소서.
　하나님의 나라에는 성도들이 얼마나 사랑하며 살았느냐에 따라, 주님이 상급을 주실 것입니다. 먼저 믿은 저희들 주변에는 우리의 도움을 구하는 수많은 사람들이 있습니다. 힘들고 어려운 자들에게 주님의 마음으로 참된 친구가 되어주는 좋은 교회가 되게 하시어 하늘의 상급 받아 기뻐하는 성도들이 되게 하여 주옵소서.
　말씀을 선포하시는 목사님의 말씀을 듣고 모이면 기도하고 흩어지면 전도하여 시대적인 사명을 감당하는 교회가 되게 하여 주옵소서.
　우리를 구원하시는 예수님의 이름으로 기도드립니다. 아멘.

11월 둘째 주

구별된 삶을 살자

• 구역예배 •

어두운 골짜기 같으며, 험악한 바다와 같은 죄악에서 건져주시고 새 소망을 가지고 살아가게 하심을 감사드립니다. 악한 세상을 본받지 않고 나실인으로서 헌신하게 하신 주님! 저희들에게 세상과 구별되도록 문설주에 주님의 보혈의 피를 발라 주셔서 타락된 죄악이 가정을 침범치 못하게 하여 주옵소서. 주님의 몸 된 교회와 성도들을 가슴 깊이 사랑하는 구역원으로 역할을 잘 감당하게 하여 주옵소서. 저희들 때문에 혹 마음에 근심이나 상처를 받은 사람이 있다면 용서하여 주옵시고, 그들의 마음에 평안과 위로를 베풀어 주셔서 믿음으로 늘 승리하게 하여 주옵소서. 저희 회원들에게 사랑의 마음을 가득 부어 주옵소서. 예수님의 이름으로 기도드립니다. 아멘.

만물은 하나님의 것

• 가정예배 •

하나님은 스스로 영광을 받으시려고 만물을 창조하시고 인간을 만드셨습니다. 그러므로 내 것이란 아무것도 없고 모두가 하나님의 것입니다. 따라서 우리가 하나님께 드릴 수 있는 것은 모두 내 것이 아니요 하나님의 손에서 주신으로 드릴 수 있습니다. 이제 내가 드릴 수 있다는 것은 주님께 돌려 드리게 되므로 인색함이 아니라 가장 귀하고 제일 좋은 것을 드려 복 받는 가정이 되게 하여 주시기 원합니다. 우리에게 선물로 주신 가정을 더욱 사랑합니다. 내 것이 아닌 주님을 것을 잠시 맡겨 주신 것에 충실하게 하시고 내게 있는 모든 것으로 겸손하게 드리며 주님께 드릴 수 있는 믿음을 주옵소서. 주님이 원하는 어떤 것이라도 아낌없이 헌신할 수 있게 하옵소서. 예수님의 이름으로 기도드립니다. 아멘.

11월 셋째 주

감사는 하나님의 명령

• 주일예배(추수감사주일) •

내가 산을 향하여 눈을 들리라 나의 도움이 어디서 올꼬 나의 도움이 천지를 지으신 여호와께서 오는 것을 믿습니다. 오늘 거룩한 주님의 복된 날 이처럼 사랑하사 하나님 앞에 이끌어 주시고 신령한 예배를 드리게 됨을 감사 찬양을 드립니다. 지난 일 년 동안 저희들에게 베풀어 주신 모든 것은 모두 하나님이 주신 축복이었습니다. 행여 저희들이 받은 복이 우리의 노력의 대가라고 생각하는 교만한 마음을 갖지 않고 하나님의 은혜였음을 감사하는 마음으로 예배드리게 하옵소서.

"공중의 새를 보라 심지도 않고 거두지도 않고 창고에 모아들이지도 아니하되 너희 하늘 아버지께서 기르시나니 너희는 이것들보다 귀하지 아니하냐"(마6:26)라고 말씀하셨습니다. 이런 깊은 은혜를 깨달아 하나님의 은혜를 감사하는 자들이 되기를 원합니다. 감사는 감사하는 자가 감사의 복을 받으며 감사하는 것은 성도의 당연한 의무이며, 하나님의 명령입니다.

감사할 수밖에 없는 일에 감사하는 것은 당연하지만, 괴로워도 감사, 어려워도 감사, 범사에 감사하는 것이 하나님의 뜻인 줄로 믿습니다. 뿐만 아니라 하나님의 능력을 감사하는 깨달음을 주시옵소서.

추수하여 알알이 맺힌 넉넉함을 바라보며 더도 말고 덜도 말고 수확철만 같았으면 좋겠다고 하는 말들을 합니다. 배고픈 자들에게도 굶주린 자들에게도 일용할 양식을 주신 하나님의 풍성하심에 진심으로 찬양과 감사를 드립니다.

이런 감사를 모르고 잘못된 오락이나 문화에 빠져 평생을 노예로 살아가는 중독자들도 있습니다. 이들에게 돌려줄 축복은 무엇이란 말입니까 그것이 저주와 심판이라면 먼저 믿은 저희들의 책임입니다. 우리만 구원받았다고 감사하고 있을 때 슬퍼하는 저들을 생각하여 전도하는 열정까지 부어주옵소서.

　이 땅에 다시는 하나님의 심판으로 소돔과 고모라 같은 멸망을 거두어 주시어 성도들의 본분들을 충실히 감당하게 하옵소서. 의인 열 명이 없어서 멸망한 도시를 탄식하셨던 성령님의 마음을 깨달아 영혼의 목마름으로 감사하는 성도들이 되게 하여 주옵소서.

　또한 저희들에게 일용할 양식을 주셔서 감사하지만 영혼의 추수계절을 맞아 먼저 추수하러 나서는 주님을 따라 일 년 동안 뿌려놓은 복음의 밭에서 영혼을 추수하는 기쁨을 우리 모든 성도들이 함께 누리게 하여주옵소서.

　전쟁에 광분하여 핵을 만들어 인류의 살상무기를 만들고 민족 가슴에 핵을 폭발시키려는 북한 땅에는 굶주려 죽어가는 수많은 형제들이 오늘 같은 축복의 날을 모르고 살아가고 있습니다. 저들에게도 전쟁놀이 핵무기가 파괴되고 복음의 원산지인 평양의 장대현 교회에 임했던 성령의 능력이 다시 일어나 추수감사절의 기쁨이 북녘 땅에도 임하게 하시어 회개하는 민족이 되게 하옵소서.

　오늘도 하나님의 말씀을 대언하시는 목사님의 말씀을 통하여 감사를 모르고 굳어져 버린 저희들의 인색한 마음을 녹여 풍성하고 풍요로운 주님을 경험하고 사랑을 실천하는 성도들이 되게 하여 주옵소서. 오늘만이 추수감사절이 아니라 매주 감사절의 마음으로 살아갈 수 있는 감사의 성도들의 되게 하여 주옵소서.

　예수님의 이름으로 기도드립니다. 아멘.

11월 셋째 주

희생의 첫 열매

• 주일오후예배(추수감사주일) •

 감사와 찬송과 영광을 받으시기에 합당하신 하나님! 죄와 허물로 죽었던 너희를 살리시고 오늘날까지 먹고 마실 수 있는 우리의 의식주 문제까지 해결해 주실 뿐 아니라 생명까지 연장시켜 주심을 감사합니다.

 "그러므로 형제들아 내가 하나님의 모든 자비하심으로 너희를 권하노니 너희 몸을 하나님이 기뻐하시는 거룩한 산 제물로 드리라 이는 너희가 드릴 영적 예배니라"(롬12:1)라고 말씀하셨습니다.
 주님께서는 우리를 위해 몸바쳐 십자가를 지셨음으로 우리가 구원을 얻었기에 우리의 가장 소중한 생명까지도 드리기를 원합니다.

 세상물질이 그렇게 가치가 있다 하여도 하나님 나라 가치와 바꿀 수 없으며 그것이 하나님의 자리에서 왕 노릇할 수 없음을 잘 알고 있습니다. 우리의 모든 것이 주님을 위해 쓰임 받는 저희들이 되게 하여 주옵소서. 주님의 원하시는 것이라면 생명보다 더 소중한 것이라도 드릴 수 있는 감사가 희생의 제물로 드려지게 하여 주옵소서.
 과거에는 죄인이 용서받을 수 있는 유일한 기회는 짐승이 희생제물로 드려져 구원함을 얻었습니다. 이제 단 한 번의 어린양이신 예수 그리스도의 제물로 우리를 구원해주신 은혜를 생각한다면 세상에 어떤 물질로도 대신할 수 없음을 고백합니다. 감사하는 성도들에게 하나님의 말씀을 선포하시는 목사님에게 능력을 주시어 더 풍성한 성도들의 삶을 갖도록 하나님의 도구로 사용하여 주셔서 저희들에게 한없는 복을 누리게 하옵소서. 예수님의 이름으로 기도드립니다.
 아멘.

11월 셋째 주

추수하는 일꾼이 되자

• 수요예배 •

모든 것을 풍성히 주시기를 기뻐하시는 하나님 아버지! 우리에게 날마다 일용할 양식으로 풍족하게 주시고 구원함으로 감격된 삶을 살아가게 하심을 감사드립니다.

"이르시되 추수할 것은 많되 일꾼이 적으니 그러므로 추수하는 주인에게 청하여 추수할 일꾼들을 보내 주소서 하라"(눅10:2) 말씀하셨습니다. 이 시간 작은 감사로 우리의 몸과 마음을 다하여 찬양으로 영광 돌리게 됨을 감사드립니다. 상한 심령들에게는 위로로, 병든 자들에게는 치유함으로, 시험에 빠진 자들에게는 회복의 은혜를 베푸시어 힘겨워 지친 자들에게 긍휼히 여겨 주시기를 원합니다.

지금도 죄악에 빠져 주님을 알지 못하는 수많은 사람들에게 복음을 전하여 그들을 구원하라고 주신 사명을 잊어버리지 않도록 새롭게 다짐하는 마음을 가지게 하옵소서. 다음에는 꼭 영혼 추수열매 맺겠다고 다짐했지만 여전히 제자리 걸음만 하고 있는 저희들을 용서하여 주시고 더 많은 영혼을 추수할 수 있는 일꾼으로 사용하여 주옵소서.

몸된 교회를 위하여 충성하는 재직들을 기억하시어 우리 교회 성도들이 성령으로 충만하여 교회의 부흥을 위해 최선을 다하는 자들이 되게 하여 주옵소서.

하나님의 말씀을 선포하시는 목사님께 능력을 주셔서 말씀을 사모하는 성도들이 말씀을 풍성한 삶을 누리게 하여 주옵소서. 죄인을 구원하시기 위해 지금도 저희들을 재촉하시며 말씀하신 하나님의 음성을 듣고 이웃을 향한 사랑의 발걸음을 돌리게 하옵소서. 피곤하여 낙심될 때마다 사랑의 십자가를 바라보며 힘을 얻게 하옵소서.

예수님의 이름으로 기도드립니다. 아멘.

11월 셋째 주

부활의 신앙으로 감사하자

• 구역예배 •

하나님의 그 은혜와 사랑을 감사합니다. 예수님을 아끼고 사랑하던 여인들이 십자가에 돌아가신 예수님의 무덤으로 향하여 달려갔다가 찬란한 옷을 입은 천사들의 만나게 되었습니다. "다시 살아나신 예수님을 죽은 자 가운데서 찾지 말라"는 것이었습니다. 우리는 흔히들 힘들고 어렵다는 이야기를 많이 하고 삽니다. 일찍이 참된 소망은 십자가의 고난 속에 영광이 있다는 것을 가르쳐 주신 예수님의 은혜를 다시 한 번 감사하는 저희들이 되게 하여 주시옵소서.

예수님의 부활은 우리에게 영원한 소망이며 우리를 위해 준비된 영원한 하나님 나라가 있다는 약속입니다. 힘들고 어려운 우리에게 참된 소망은 부활의 신앙입니다. 이 신앙이 저희들에게도 있게 하옵소서. 예수님의 이름으로 기도드립니다. 아멘.

하나님을 모시는 감사

• 가정예배 •

내가 산을 향하여 눈을 들리라 나의 도움이 어디서 올꼬 천지를 지으신 여호와에게서 온다고 하셨습니다.

하나님께서 축복하지 않으시면 우리의 존재 자체도 확실치 않은 모습이지만 하나님을 모시는 즐거움과 행복을 주시니 더욱 감사를 드립니다. 때로는 힘겨울 때마다 기도했더니, 더 기도하라고 침묵하였습니다. 그럼에도 불구하고 주님의 신실하심을 기억하게 하시고 주님을 사랑하는 가정이 되게 하옵소서. 저희들의 잘못을 깨닫고 회개할 때 더 큰 위로와 은혜를 베풀어 주심을 감사합니다.

주님은 우리의 삶에 주인이셨습니다. 예수님의 이름으로 기도드립니다. 아멘.

11월 넷째 주

신령한 복을 받자

• 주일예배 •

약속을 성취하시는 하나님 아버지! 그 크신 은혜와 사랑을 진심으로 감사드리며 영광과 찬양을 받으시옵소서.

하나님께서 어느 날 아브람을 부르시고 밖으로 나가 말씀하셨습니다. "하늘을 우러러 뭇별을 셀 수 있나 보라 또 그에게 이르시되 네 자손이 이와 같으리라" (창15:5) 하셨던 주님!

순종으로 복의 근원이 되었던 아브라함처럼 말씀에 따라 순종하는 성도들이 되게 하여 주옵소서.

"그러므로 믿음은 들음에서 나며 들음은 그리스도의 말씀으로 말미암았느니라"(롬10:17)고 말씀하셨습니다. 우리가 하나님이 전능하시다는 것을 믿지 못한다면 무슨 말씀의 능력이 있겠습니까?

말씀을 들음으로 믿음 주시고 그 믿음 안에 순종할 수 있는 믿음 주시어 하나님께 쓰임 받는 좋은 일꾼 되게 하여 주옵소서. 말씀을 순종하지 못 하고 내 생각과 고집으로 밀어붙이는 신앙이 되지 않도록 말씀에 순종하여 복 받는 저희들이 되게 하여 주옵소서.

아벨은 믿음으로 양의 첫 새끼와 기름으로 하나님께 드렸을 때 하나님은 아벨의 제사를 받으시고 예수 그리스도의 통로를 열어 주셨습니다. 하나님의 축복을 사모하는 자들마다 참된 헌신과 순종의 열매를 통해 하나님의 기억되시는 사람이 되게 하여 주옵소서.

사랑의 주님! 우리 교회가 말만 앞장세워 사람을 감동시키는 사람보다는 말없이 성숙한 믿음을 본보여 줄 수 있는 순종의 대명사들이 되게 하여 주옵소서.

하나님의 축복은 심는 대로 거두며 순종할 때 응답을 주십니다.

"자기의 육체를 위하여 심는 자는 육체로부터 썩어질 것을 거두고 성령을 위하여 심는 자는 성령으로부터 영생을 거두리라"(갈6:8)고 하셨습니다.

날마다 하나님과 영적 교통을 잃어버리지 않고 주님의 음성을 듣고 순종하는 삶을 살아가게 하시어 겸손한 마음으로 가득하게 하옵소서.

이사야 선지자 때 이스라엘 백성들은 금식까지 하면서 열심히 신앙생활을 했는데 왜 하나님은 응답과 복이 없었는지 이해할 수 없다고 불평했습니다. 하나님은 그들의 문제를 지적하셨습니다. 하나님의 평가는 우리의 내신 성적이었습니다. 자신을 낮추고 자신의 생각을 부인하는 태도가 없다면 그것은 종교적인 위선이라고 하셨습니다.

사람에게 보이려고 힘쓰려는 인간적인 생각을 내려놓고 하나님 앞에 선 신앙인의 자세를 더욱 소중히 여기게 하시어 복 주시는 주님 앞에서 인정받는 진실한 성도들이 되게 하여 주옵소서. 속전속결로 사람들에게 인정받으려는 우리 모습보다는 25년을 인내하며 하나님의 약속을 기다렸던 아브라함처럼, 40년을 연단하여 민족 리더로서 광야로 내보냈던 모세처럼, 하나님께 인정받기 위해 최선을 다하는 모습 속에서 십자가를 지신 예수님의 인내를 배우게 하옵소서.

우리를 진리로 인도하기 위하여 불철주야 눈물로 기도하시며 복된 성도되라 일러주시고 말씀으로 채워주시기를 애쓰시는 목사님에게 능력으로 붙들어 주셔서 말씀을 전하실 때마다 성도들이 회개하고 변화되는 삶을 살게 하옵소서. 보이는 축복도 소중하지만 보이지 않는 믿음의 복을 주셔서 성숙한 성도로서 본이 되게 하옵소서.

예수님의 이름으로 기도드립니다. 아멘

11월 넷째 주

선한 청지기로 살자

• 주일오후예배 •

호흡이 있는 자마다 여호와를 찬양하되 나팔 소리로 찬양하며 비파와 수금으로 찬양하며 소고 치며 춤추며 찬양할 때 영광 받으시는 하나님 아버지! 은혜와 사랑을 감사드립니다.

한 해를 충성된 일꾼이 되라고 맡겨 주시며 축복해 주시던 목사님의 간절한 기도 소리가 어제 같은 한 해가 비호처럼 지나가 버린 지금 이 시간 주님을 위해 한 것이 없어 애통하는 마음을 가지며 회개하기를 원합니다.

보디발 장관 집으로 팔려간 요셉은 주님과 동행함으로 선한 청지기의 사명을 잘 감당하다 애매한 고난에 빠져 고통스러운 암울한 환경에서도 하나님을 의지하며 주인을 위해 신실한 청지기로 살아갈 때 하나님은 기뻐하셨고 그를 애굽의 총리 자리로 세워 주셨습니다.

청지기의 사명을 맡은 저희들이 다시 한 번 각성하며 회개하오니 맡은 자의 구할 것은 충성이라 여겨 최선을 다할 것을 다짐하는 저희들을 긍휼히 보시어 새 일을 맡겨 주옵소서.

남의 일이라 여기지 않고 요셉처럼 선한 청지기답게 생명을 두려워하지 않고 봉사하게 하여 주옵소서.

우리 교회 성도들에게 맡겨주신 직분이 얼마나 소중한가를 깨달아 앞장서서 충성 봉사하는 성도들이 되게 하여 주옵소서.

오늘도 말씀을 증거하시는 목사님에게 하나님의 임재하심 속에 강하고 담대한 능력을 주셔서 말씀에 순종하며 선한 청지기의 사명을 감당하게 하옵소서. 우리를 충성되게 여기시는 예수님의 이름으로 기도드립니다. 아멘

11월 넷째 주

의롭고 진실한 마음

• 수요예배 •

오른손에 일곱별을 붙잡고 일곱 금 촛대 사이로 다니시며 말씀하시는 하나님 아버지!

입으로는 진실한 믿음이 있는 것처럼 살았지만 우리의 삶을 회고해 보면 행함이 없어 부끄러운 것밖에 없습니다.

사데 교회가 주님의 책망을 받은 것은 진실한 믿음이 없었기 때문이었습니다. "내가 네 행위를 아노니 네가 살았다 하는 이름은 가졌으나 죽은 자로다"(계3:1) 주님의 책망을 받았습니다.

은혜 받은 저희들은 회개의 눈물을 흘리며 새로운 다짐을 약속하지만 돌아서면 아득하게 잊어버리는 망각의 생활을 청산하게 하시어 행함으로 능력 있는 그리스도인이 되게 하여 주옵소서.

데살로니가 성도들처럼 믿음의 역사와 사랑의 수고와 소망의 인내를 가지고 주님 나라를 확장하는 일에 앞장서도록 도우시옵소서.

깨어있는 저희들로 인하여 우리 교회가 수년 내에 부흥할 수 있게 하시어 이 지역을 복음화 시키고 선교하는 일에 앞장서게 하여 주옵소서. 저희들의 어려운 형편만을 고려하여 오직 자신에게만 관심과 생각에 몰두하여, 할 일이 있어도 보지 못 하고, 귀가 있어도 듣지 못 하고 있었습니다. 어두운 저희들을 말씀으로 치유하여 주셔서 장차 하나님 나라를 보고 주님의 말씀을 제대로 깨닫는 성도들이 되게 하여 주옵소서.

오늘도 목사님의 말씀을 통해 새로운 영적 대 각성 운동이 일어나서 하나님 나라의 진실한 청지기들이 되게 하여 주옵소서. 예수님의 이름으로 기도드립니다. 아멘

11월 넷째 주

주님과 동행하자

• 구역예배 •

　살아계신 하나님 아버지! 은혜와 사랑을 감사합니다. 하나님의 사랑을 받아 거룩한 사명을 감당하던 에녹은 하나님과 동행하는 멋진 신앙을 가졌습니다. 그렇다고 에녹이 평범한 삶이 아니었습니다. 인생을 살다보면 광풍도 만나고 큰 파도도 만나게 됩니다. 예수님을 모시고 사는 우리에게도 예외는 아닙니다. 그러나 어떤 환경의 변화가 있다 하더라도 변함없이 주님과 동행하는 저희들이 되기를 원합니다. 저희들에게 거룩한 특권을 주셔서 인생의 항로에 창조주 하나님을 선장으로 모시고 산다는 것이 얼마나 행복한 줄 모릅니다. 여러 성도들의 다양한 모습 속에 살아가지만 주님을 주인으로 모시고 살아가는 저희들이 되게 하여주심을 감사드립니다. 예수님의 이름으로 기도드립니다. 아멘.

하나님은 나의 목자

• 가정예배 •

　여호와는 나의 목자시니 부족함이 없으신 살아계신 하나님 아버지! 근시안적이고 아둔한 저희들을 인도하시어 푸른 초장 맑은 물가로 인도하시는 하나님께 영광을 돌리며 감사드립니다. 하나님은 우리 가정의 목자가 되시어 우리 가정을 날마다 푸른 초장으로 인도하사 좋은 꼴로 배부르게 먹이시고 생활을 돌보시니 참으로 감사합니다. 지금도 세계 도처에서는 굶주리고 병들어 많은 사람들이 죽어가고 있습니다. 그러나 우리 가정에 목자 되신 주님께서 일용할 양식을 주시며 건강 주심을 진실로 감사드립니다. 주님은 우리의 생수가 되시어 시절을 쫓아 과실을 맺게 하시고 그 잎사귀도 마르지 않도록 하시며 모든 행사가 주 안에서 형통케 하셨습니다. 예수님의 이름으로 기도드립니다. 아멘.

12월의 대표기도

12월 첫째 주

임마누엘 되신 하나님

• 주일예배 •

우리와 함께 하시는 임마누엘의 하나님 아버지!
지난 일 년 동안 하나님의 사랑과 은총 속에서 보호하시어 하나님께 예배드리게 하심을 감사와 찬양을 드립니다.

허물과 죄를 죽었던 저희들을 십자가의 보혈로 씻어주시고 하나님의 영광을 가리는 일이 없도록 인도하여 주시기 원합니다.
저희들은 주님의 품을 떠나 세상과 더불어 살아왔습니다. 그럼에도 불구하고 시시때때마다 눈동자같이 저희들을 지키시고 보호하시고, 생명까지 연장시켜 주심을 감사드립니다.

어느 날 하나님께서 아브라함에게 말씀하셨습니다.
"아브람아 두려워하지 말라 나는 네 방패요 너의 지극히 큰 상급이니라"(창 15:1) 하심을 확실히 믿습니다.
사자 굴속에 있던 다니엘도, 뜨거운 풀무불에 던지었던 다니엘의 세 친구들도 하나님이 함께 계실 때 어떤 것으로도 해할 수 없었습니다.

요즘 우리 사회에 불어 닥치는 여러 가지 어려운 문제들을 피부로 느끼고 있습니다. 정치, 경제, 문화, 사회, 군사적인 어려운 문제는 경제 시장을 얼어붙게 만들어 국민들이 어려움을 호소하고 있을 때라도 주님! 여기 계셔서 저희들의 참된 소망이 되심을 믿습니다.

두려움은 절망을 만들게 하는 사단의 정체입니다.

"내가 네게 명령한 것이 아니냐 강하고 담대하라 두려워하지 말며 놀라지 말라 네가 어디로 가든지 네 하나님 여호와가 너와 함께 하느니라 하시니라"(수 1:9) 말씀하셨으니 두려움을 몰아내고 내년에도 저희들을 도우실 하나님을 확신합니다.

금년에도 하나님의 은혜 가운데 우리 교회를 부흥시켜 주셔서 교회로서 가치 있는 일들을 하게 하셨습니다.
특별히 전도하는 일이나 해외 선교하는 일을 지속적으로 감당할 수 있게 하셨으니 내년에도 지속적으로 선교에 앞장서 나가는 교회로서 사명을 감당하도록 도우시옵소서.

복음이 없어 소망이 끊겨져 버린 이 시대에 복음으로 소망을 심어줄 수 있는 교회가 되게 하시고 빛을 잃어버린 이 시대에 어둠을 몰아낼 수 있는 그리스도의 빛을 밝게 비출 수 있는 교회가 되게 하여 주시옵소서.

세상에서 상처받고 상한 심령으로 찾아 나온 성도들에게 성령님의 인도하심 따라 목사님을 통해 위로와 어루만지심으로 참된 소망을 되찾아 가게 하옵소서. 진리는 어두운 세상에서도 참된 용기를 주며 내일의 밝은 소망을 안겨 주심을 믿습니다.

언제나 임마누엘 되신 예수님의 이름으로 기도드립니다. 아멘.

12월 첫째 주

하나님의 경고하심

• 주일오후예배 •

살아계신 하나님 아버지의 은혜와 사랑을 감사드립니다.
"내 아들아 나의 법을 잊어버리지 말고 네 마음으로 나의 명령을 지키라 그리하면 그것이 네가 장수하여 많은 해를 누리게 하며 평강을 더하게 하리라"(잠3:1-2) 고 하셨습니다. 지나간 일 년을 회고하여 돌이켜 볼 때 하나님의 무한한 사랑과 은혜와 축복 가운데 살아왔습니다.

역대 이스라엘 나라는 하나님의 말씀을 저버리고 인간의 생각으로 나라를 다스려 왔던 많은 왕들과 백성들에게 하나님은 경고의 메시지를 보냈습니다. 그럼에도 불구하고 말씀을 듣지 않고 고집부렸던 그들에게, 이방 나라를 동원하여 침략하게 하였고 지도자가 죽었으며, 많은 백성들이 포로로 잡혀가고, 많은 물건들은 탈취를 당했습니다.

이것은 하나님을 저버린 것에 대한 심판이었습니다.

소돔과 고모라가 멸망할 때 경고의 메시지를 주셨지만 롯의 사위들은 농담으로 여겼던 것처럼, 영적 지도자들을 통해 주셨던 메시지에 귀를 기울이고 순종하는 저희들이 되게 하여 주옵소서. 그동안 불순종의 모습이 익숙했다면 진정으로 회개하기를 원합니다.

말씀을 따라 순종하여 이 세상의 위기를 극복할 수 있는 지혜를 얻게 하옵소서. 행복한 가정, 행복한 교회, 행복한 나라를 이루기 위해서 우리가 할 수 있는 일은 아무것도 없습니다. 오늘도 하나님의 말씀을 선포하시는 목사님의 말씀을 따라 순종하여 위기를 극복하는 이 나라 민족과 저희들의 가정이 되게 하여 주옵소서.

하나님의 경고를 소중히 여기기를 원하시는 예수님의 이름으로 기도드립니다. 아멘.

12월 첫째 주

하나님 나라를 사모하자

• 수요예배 •

　오래전부터 우리를 택하시어 자녀 삼아 주신 하나님 아버지 이 예배를 통해 영광을 받으시옵소서.

　한 해 동안 저희들은 열심히 복음의 씨를 뿌렸습니다. 싹이 나고 이삭을 내며 충실한 열매를 맺어 곡식을 거두는 일은 우리가 아니라 주님이 그렇게 해주셨습니다.

　예수님은 겨자씨 비유를 들어 성장한 하나님 나라의 모습이 얼마나 풍성하고 아름다운지를 잘 보여 주셨습니다.

　주님! 지금 우리가 심는 것은 보잘것없는 작은 씨앗이지만 말씀을 따라 순종하여 복음의 좋은 열매 맺기를 원합니다. 모든 나라와 민족을 주님 품에 품으시고 성장시켜 주옵소서.

　부지런히 복음 전하는 순종의 결과는 여유를 갖고 믿음과 소망의 눈으로 기다리는 저희들의 열매라 믿습니다.

　하나님 나라를 생각하며 하루를 소중히 여겼던 자들에게는 거둘 것이 풍성하여 기쁨으로 단을 거두겠지만, 게으름과 불순종을 일삼은 자들에게는 거둘 것이 없을 뿐만 아니라 도리어 책망을 기대해야 합니다.

　사랑의 주님! 행여 못다한 것이 있다면 한 해만 유보해 주시기를 원합니다. 또 다시 씨를 뿌리고 노력하여 좋은 열매를 안고 주님께 영광을 돌리며 상 받기를 소망합니다.

　우리에게 귀한 사명 주신 예수님의 이름으로 기도드립니다. 아멘.

12월 첫째 주

영원한 하나님의 나라

• 구역예배 •

사랑하는 주님! 혹시 물고기는 물을 떠나 살 수 있다 하여도 저희들은 하나님의 말씀을 떠나서는 살 수 없습니다. 주님의 말씀을 순종하는 저희들이 되게 하시어 영원한 천국을 소망한다면 하늘나라의 영원한 보화를 위해 이 땅에 순간적인 가치를 포기하게 하옵소서. 한 해의 갈림길에서 세상이냐, 하나님 나라이냐의 선택이라면 하나님 나라의 가치를 위해서 과감하게 버릴 것을 버려두고 주님의 손에 붙들리는 자들이 되게 하여 주옵소서. 주님의 손에 붙들리는 일은 세상적인 가치와 판단으로 이해할 수 없는 초자연적인 기적임을 믿습니다. 작은 예배에서부터 우리의 가치를 확인하게 하옵소서. 예수님의 이름으로 기도드립니다. 아멘.

온전하신 예수님

• 가정예배 •

예수님은 이 땅에 오셔서 어두운 사탄의 세력을 몰아내시고 하나님 나라인 교회를 세우셨습니다.

예수님이 가버나움 회당에서 가르치실 때, 더러운 귀신 들린 사람이 있었습니다. 귀신도 예수님이 어떤 분이신지를 알아봅니다. 예수님은 '잠잠하고 그 사람에게서 나오라'라는 말씀 한마디로 귀신을 쫓으셨습니다. 예수님의 말씀에는 사람들을 움직이게 하는 힘이 있었습니다. 또 예수님은 열병으로 누워 있는 베드로의 장모를 고쳐 주셨습니다. 우리 가정에 믿음을 방해하는 악한 영들도, 예수님의 이름으로 명령할 때 쫓겨나는 능력이 나타나게 하옵소서. 예수님의 이름으로 기도드립니다. 아멘.

12월 둘째 주

주님 오실 날을 준비하자

• 주일예배 •

처음과 나중이 되신 하나님 아버지! 영광과 찬송으로 예배를 드립니다.

"만물의 마지막이 가까이 왔으니 그러므로 너희는 정신을 차리고 근신하여 기도하라"(벧전4:7) 하셨습니다.

하나님의 섭리 속에서 우리 교회를 세워 주시고 황무지와 같은 이 땅에서 복음을 전하며 선교하여 하나님의 뜻을 이루게 하심을 감사합니다. 저희들의 삶 속에서 만나는 고통이나 슬픔이 있다 하더라도 굳센 믿음으로 낙심하지 않게 하시고 참된 소망이신 예수님만 바라보고 나가게 하옵소서.

세상에는 각 가지의 원인 모를 일들이 생겨나 민족이 민족을, 나라가 나라를 대적하며 각처에 기근과 지진이 일어나고 있습니다. 뿐만 아니라 적 그리스도가 성행하여 사람들을 미혹하게 하여 타락한 사회를 만들어가고 있습니다. 이렇게 긴박한 시대에 그리스도인들이 서야 할 길은 오직 정신을 차리고 근신하여 기도하는 일입니다.

하나님 아버지!

이 나라와 민족을 불쌍히 여기시어 물질 만능주의, 물질 우상화와 목표를 잃어버린 배금주의와 자신의 이익만을 추구하는 극단적 이기주의를 몰아내고 하나님만을 섬기는 성경적인 교회를 구현하는 이 사회가 되게 하여 주옵소서. 세상에 어떤 가치보다 소중히 여겨 하나님께 헌금 드리는 성도들을 사랑하시어 가정과 사업이 날로 번창할 수 있는 저희들이 되게 하여 주옵소서.

물질의 가치를 잘 못 인식하여 하나님께 인색한 마음을 가지는 성도들이 없게 하여주시고 믿음으로 선한 사역을 위해 쓰임 받은 손길들이 되게 하여 주옵소서. 얼어붙은 남북 정상회담의 물꼬를 트이게 하시어 평화적 통일이 앞당겨지도록 이 민족에게 교통의 복을 주옵소서.

천문학적인 국방예산이 민족 살상무기 비용에 사용되지 않도록 이 민족에게 지혜를 주시어 평화 통일이 앞당겨지게 하여 주옵소서.

한 해 동안 크고 작은 일들로 나라가 어지러웠던 중에도 하나님께서 이 나라를 보호해주셔서 경제 성장의 탑을 세워가도록 지켜 주심을 감사 드립니다. 우리나라가 국력이 튼튼한 나라가 되어 지구상에 어려운 민족들을 향해 선교 제일 국가로서 뻗어 나가게 하옵소서.

이 예배 시간을 위해 보이지 않는 곳에서 사랑의 수고를 실천하는 성도들과 성가대원들에게도 하나님의 영광을 나타내도록 복을 주옵소서. 인류를 죄 가운데서 구원하시기 위하여 정사를 메시고 기묘자이시며 모사요, 평화의 왕으로 이 땅에 오신 하나님 아버지의 그 크신 사랑을 감사드리며 영광 받으시옵소서.

죄악 된 땅에서 저희들을 구원하시기 위해 오래전부터 미가 선지가 예언하셨습니다. "베들레헴 에브라다야 너는 유다 족속 중에 작을지라도 이스라엘을 다스릴 자가 네게서 내게로 나올 것이라 그의 근본은 상고에, 영원에 있느니라"(미 5:2) 예수님은 말씀이시며 영원 전부터 계시는 하나님이십니다. 창조주 하나님이신 예수님은 생명의 말씀이며 생명을 주시는 구원자이십니다. 어두운 곳을 밝게 비추시고 무지한 자를 깨워 영원한 소망을 알게 하시는 중보자이십니다. 은혜와 진리가 충만하신 하나님이십니다.

말씀이 육신이 되어 땅의 오신 예수님은, 하늘의 진리를 알지 못하는 사람들에게 비췄지만 세상은 그를 알지 못 하고 그분을 거절하였습니다. 이렇게 무지한 저희들에게 세상에서 어떤 것으로도 비교할 수 없는 구원을 선물로 주시기 위해 예수님은 이 땅에 오신 것을 다시 한 번 감사 드립니다.

예수님의 이름으로 기도드립니다. 아멘.

12월 둘째 주

승리하는 자

• 주일오후예배 •

거룩하신 하나님 아버지! 오늘 거룩한 주일에 저희들을 주님 전에 불러 모아 예배드리게 하시니 감사와 찬양을 드리나이다.

이스라엘 백성이 아말렉과 싸워 이기게 하시고 가나안까지 인도하신 살아계신 하나님 아버지!

"두려워하지 말라 내가 너와 함께 함이라 놀라지 말라 나는 네 하나님이 됨이라 내가 너를 굳세게 하리라 참으로 너를 도와 주리라 참으로 나의 의로운 오른손으로 너를 붙들리라"(사41:10) 말씀하셨습니다.

우리 주변에는 아말렉과 같은 원수들이 구름 떼와 같이 둘러싸여 택한 백성들을 넘어뜨리기 위해 유혹할지라도 두려워하지 않는 것은 하나님은 나의 하나님이심을 믿습니다.

모세가 아말렉과 싸워 이긴 것은 모세의 기도와 아론과 훌의 협력의 손이 있었으며 여호수아가 모세의 말씀에 순종하는 협력의 손이 있으므로 승리했습니다. 금년에도 우리 교회가 이만큼 성장하여 승리한 것은 전 교인들의 피땀 흘려 기도한 응답임을 믿습니다.

지금도 우리를 힘들게 만드는 각가지의 요소들이 있습니다. 모든 것을 이기게 하신 하나님께 전적으로 의지하여 기도로 승리하는 가정들이 되게 하여 주옵소서.

오른손이 하는 것을 왼손이 모르게 하듯이 조용하고 잠잠히 섬기는 이들에게 한없는 복을 주시옵소서. 하나님의 말씀으로 세상을 이기는 능력의 시간이 되도록 인도하여 주신 예수님의 이름으로 기도드립니다. 아멘.

12월 둘째 주

회개의 열매를 맺자

• 수요예배 •

우리의 구주가 되시며 임마누엘이 되시는 살아계신 하나님 아버지! 주님의 성탄이 가까웠습니다. 주님께서 이 땅에 왜 오셨는지 성탄의 의미를 바로 알며, 바로 지키고, 바로 믿는 성탄절이 되기 원합니다.

예수님이 이 땅에 오신 목적은 죄 가운데 빠졌던 저희들을 구원하시려고 독생자 예수님을 이 땅에 보내셨습니다. 사람들은 자신의 죄를 깨닫지 못 하고 불의하게 살아가고 있을 때, 예수님께서는 '회개하라 천국이 가까웠느니라' 고 말씀하셨습니다.

예배드리는 저희들에게도 '회개하라' 하신 주님 말씀 따라 먼저 자신의 내면적인 문제를 털어놓고 회개하는 성도들이 되게 하여 주옵소서.

사울도 회개할 때 바울이 되어 이방인의 복음사역을 감당하게 되었습니다. 삭개오도 회개하고 새로운 사람이 되었습니다. 저희들도 철저한 회개의 열매를 맺어 예수님을 내 마음에 영접하는 성탄절이 되게 하여 주옵소서.

연말에 교회 기관이 분주한 가운데 있습니다. 남은 시간을 소홀히 여기지 않고 주어진 일에 최선을 다하는 저희들이 되게 하여 주옵소서. 한 해에도 주님이 인도하심을 따라 살아가게 하셨으니 맡겨주신 사명을 끝까지 잘 감당하게 하여 주옵소서.

오늘도 말씀 증거 하실 목사님을 붙들어 주시고 영육 간에 강건함을 주시어 말씀으로 충만하게 하옵소서.

예수님의 이름으로 기도드립니다. 아멘

12월 둘째 주

믿음으로 승리하자

• 구역예배 •

모든 것을 가능하게 하신 하나님 아버지!
이방신을 섬겼던 이방인 백부장도 예수님을 믿고 구원받고 수하의 종들까지 구원받게 한 것은 그의 믿음이었습니다.
"어떤 사람은 말하기를 너는 믿음이 있고 나는 행함이 있으니 행함이 없는 네 믿음을 내게 보이라 나는 행함으로 내 믿음을 네게 보이리라 하리라"(약2:18) 하셨습니다. 좋은 믿음은 행함이 있는 믿음입니다. 저희들에게 이런 믿음을 주셔서 우리가 할 수 없는 일을 이루게 하여 주옵소서. 지금까지 맡겨준 직분을 잘 감당하게 하신 것도 주님을 믿고 의지했기 때문입니다. 이 믿음 변치 않게 하옵소서. 예수님의 이름으로 기도드립니다. 아멘.

드보라의 믿음

• 가정예배 •

드보라는 여자 사사로서 하나님이 주시는 통찰력과 판단력으로서 나라를 구원시킨 지혜로운 영적 지도자였습니다. 우리나라는 세계에서 가장 이혼율이 높은 나라요, 청소년들의 흡연율이 높고, 음주 문화가 깊이 뿌리내린 나라입니다. 영적으로 타락된 이 나라를 위해 그리스도인의 가정들이 먼저 회개하고 기도하게 하옵소서. 우리나라가 죄를 짓고 가슴을 후회하는 데서 그치지 않게 하시고, 주님의 보혈의 피로 씻겨 이 나라와 가정을 개혁시켜 나가는 국민의 한 사람으로 살아가게 하옵소서. 이 나라를 위해 눈물 흘리시며 안타깝게 보시는 주님의 눈물을 우리도 흘리게 하시어 주님의 치유와 회복을 경험하게 하여 주옵소서. 예수님의 이름으로 기도드립니다. 아멘.

12월 셋째 주

주님의 증인이 되자

• 주일예배 •

　예루살렘을 떠나지 말고 내게 들은바 아버지의 약속하신 성령의 세례를 받으리라 말씀하신 성부, 성자, 성령, 삼위일체 되신 하나님!

　주님께서 저희들에게 마지막 유언으로 말씀하시기를 "오직 성령이 너희에게 임하시면 너희가 권능을 받고 예루살렘과 온 유대와 사마리아와 땅끝까지 이르러 내 증인이 되리라 하시니라"(행1:8) 하셨습니다.

　한 해를 마무리하면서 주님께서 우리에게 마지막으로 부탁하신 뜻을 이루었는가? 돌아보며 이 해가 가기 전에 반드시 주님의 유언을 성취하는 성도들이 되게 하여 주시기를 간절히 원합니다.
　말씀이 육신이 되어 이 땅에 오신 주님!
　양식이 없어 주림이 아니요, 물이 없어 갈함이 아니라 여호와의 말씀을 듣지 못한 기갈이라고 하셨습니다. 육신을 위해 먹어야 할 양식은 많지만 영의 양식이 없어 굶주리고 있는 사람들이 많습니다.
　저희들에게 하나님의 신령한 양식을 풍족하게 주시어 굶주리고 목말라 기갈 중에 있는 자들에게 시대적인 사명을 잘 감당하여 영적 양식을 풍족하게 나눠주는 교회가 되게 하여 주시옵소서.
　예수님은 벳세다 광야에서 보리떡 다섯 개와 물고기 두 마리로 오천 명을 먹이고도 남았습니다.

　이 땅이 진정한 양식은 생명의 양식뿐입니다. 이 생명의 양식을 전하기 위해 언제나 전도지를 손에 들고 거리에 나서는 전도자들도 있습니다.

때로는 비웃는 사람들의 시선 때문에 위축되지 않게 하시고 그 사랑을 맛보는 사람들마다 기쁨으로 충만하게 하옵소서.

주님! 다른 복음은 원하지 않습니다.

예수님을 위해서라면 생명을 내거는 저희들의 삶을 축복해 주옵소서. 우리가 그 일을 하지 못한다 하여 무관심하고 헛된 말로 죄범하지 않게 하옵소서.

"좋은 소식을 전하며 평화를 공포하며 복된 좋은 소식을 가져오며 구원을 공포하며 시온을 향하여 이르기를 네 하나님이 통치하신다 하는 자의 산을 넘는 발이 어찌 그리 아름다운가"(사52:7) 하셨습니다.

아름다운 그리스도인의 향기는 복음을 전하는 자들입니다. 그들의 삶에서 풍겨나가는 사랑의 향기로 하늘나라의 소망을 두고 살아가는 자들이 많아질 때 어두운 세상을 밝아집니다. 이런 사명을 잘 감당하여 행복한 삶의 방향을 제시해 주는 우리 교회와 성도들이 되게 하여 주옵소서.

복음을 위해 한 해 동안 수고하신 목사님을 본받아 우리 성도들이 마지막까지 방심하지 않고 복음 전하는 일과 선교하는 일이 우선순위를 세우는 교회가 되기를 원합니다.

예수님의 이름으로 기도드립니다. 아멘

12월 셋째 주

이름을 예수라 하라

• 주일오후예배 •

우리 인간들을 죄 가운데서 구원하기 위하여 하늘 보좌를 버리시고 낮고 천한 이 땅에 오신 우리 구주 예수님!

그 은혜와 사랑을 감사드리며 찬양과 예배를 드립니다.

이 땅에 보내신 예수님을 경배하지 못 하고 경배를 가장한 세속적인 물질이 위선임을 알게 하여 주옵소서. 분주한 한 해를 마무리 하면서 우리의 삶의 우선이 이 땅을 구원하러 오신 예수님께 있음을 알고 그분께 초점을 맞출 수 있는 믿음 있는 성도들이 되게 하여 주옵소서.

창조주 우리 하나님은 언제나 새 일을 행하시는 분입니다.

전쟁과 지진, 가난과 절망, 자살과 살인으로 가득한 이 땅에 새 일을 행하신 하나님을 경배하지 않을 수 없습니다.

이 땅에 죄악과 흑암의 권세를 깨트리기 위해 아기 예수님을 보내주셨습니다.

이제 이 땅에 큰 빛이 임하시어 새로운 창조의 역사가 시작되는 소망의 메시지가 선포되었습니다.

"아들을 낳으리니 예수라 하라" 하셨습니다.

우리를 죄에서 구원할 자는 오직 예수뿐입니다.

이보다 더 큰 민족의 소망은 없습니다.

우리나라의 구원은 아기 예수님을 믿는 믿음뿐 더 큰 소망이 없습니다.

오늘도 말씀을 통하여 저희들의 마음 문을 열어 주님을 영접하게 하옵시고. 예수님의 이름으로 은혜가 가득하게 하옵소서. 우리를 죄악 가운데서 구원하신 예수님의 이름으로 기도드립니다. 아멘.

12월 셋째 주

북한 땅에도 예수 탄생

• 수요예배 •

이 땅에 평화의 왕으로 오신 예수님의 그 크신 은혜를 감사드립니다.

"지극히 높은 곳에서는 하나님께 영광이요 땅에서는 하나님이 기뻐하신 사람들 중에 평화로다 하니라"(눅2:14) 말씀하셨습니다. 하늘 보좌를 버리시고 베들레헴에 탄생하신 거룩하신 예수님! 이 땅에 마지막 분단된 우리 조국인 저 북한 땅에도 아기 예수님을 통해 평화가 찾아오게 하옵소서.

서해바다 교전에서, 천안함 폭파사건에서, 연평도에 일방적 폭격에서 천인공노할 저들에게 희생당한 전사자들의 희생이 헛되지 않게 하옵소서.

또다시 이런 비극이 발생하지 않도록 아기 예수님의 능력으로 회개하게 하옵소서.

이 땅에 오신 예수님의 목적을 모르고 민족 가슴과 행복한 가정에 통곡의 슬픔을 안겨준 북녘 땅에 평화의 예수님을 영접하여 회개하고 평화적 통일이 이루어지는 이 나라가 되게 하여 주옵소서.

이번 성탄절을 통해 고통당하는 저 민족들에게도 참된 소망을 소유하며 굶주림과 헛된 망상에서 벗어나게 하여주옵소서.

같은 하늘, 같은 땅을 밟고 살아가면서도 저들을 위해 기도하지 못한 죄를 용서해주시고 목사님의 말씀을 통해 죄악에서 구원하신 예수님을 영접하여 서로의 이기적인 욕심을 내려놓고 사랑과 평화가 넘치는 시간 되게 하여 주옵소서.

예수님의 이름으로 기도드립니다. 아멘.

12월 셋째 주

꿈이 있는 구역

• 구역예배 •

기묘자요 모사요 만왕의 왕이시고 만유의 주이시며 영원한 통치자이신 예수님이 이 땅에 오심을 진심으로 축하를 드리며 경배드립니다. 꿈을 잊어버리지 않은 우리에게 예수님을 만나게 하시고 참된 소망을 갖게 하셨습니다. 요셉에게 꿈을 통하여 하나님의 뜻을 이루게 하셨습니다. 꿈이 없는 사람은 소망이 없으며 망합니다. 우리의 진정한 꿈은 예수 그리스도입니다. 주님을 바라보고 의지하는 저희들에게 거룩한 땅을 열어갈 수 있는 큰 꿈을 주시옵소서. 저희 구역을 통해 우리 교회가 새로운 부흥의 역사를 이루게 하옵소서. 우리의 삶이 곤하여 낙심될 때마다 구원하신 하나님의 사랑을 기억하게 하옵소서. 우리의 소망이신 예수님의 빛을 비출 때마다 세상의 어둠은 물러갑니다. 예수님의 이름으로 기도드립니다. 아멘.

주는 자가 복이 있다

• 가정예배 •

복이 있는 사람은 여호와의 율법을 즐거워하며 그 율법을 주야로 묵상하는 자입니다. 우리에게 주신 소중한 것들은 움켜주면 그대로 있고 나누면 더욱 커져간다는 원리를 잊지 않게 하옵소서. 성탄절을 맞아 주변에 어려운 사람이 없는지 살펴보게 하시어 그들과 함께 예수님의 탄생을 축하하게 하옵소서. 지금까지 축복하신 우리 가정이 거룩한 뜻을 품고 선한 사역에 더욱 힘쓰게 하옵소서. 주님! 우리 가정 때문에 많은 사람이 행복해졌으면 좋겠습니다. 나누면 나눌수록 더 커지게 하시는 분은 주님이시기 때문입니다. 그 주님이 우리 가정과 함께하신 것으로 더욱 행복합니다. 예수님의 이름으로 기도드립니다. 아멘.

12월 넷째 주

성탄의 기쁨을 온 세계에

• 주일예배(성탄주일) •

　인류를 죄 가운데서 구원하시기 위하여 정사를 메시고 기묘자이시며 모사요, 평화의 왕으로 이 땅에 오신 하나님 아버지의 그 크신 사랑을 감사드리며 영광 받으시옵소서.

　죄악 된 땅에서 저희들을 구원하시기 위해 오래전부터 미가 선지가 예언하셨습니다. "베들레헴 에브라다야 너는 유다 족속 중에 작을지라도 이스라엘을 다스릴 자가 네게서 내게로 나올 것이라 그의 근본은 상고에, 영원에 있느니라"(미 5:2)

　예수님은 말씀이시며 영원 전부터 계시는 하나님이십니다. 창조주 하나님이신 예수님은 생명의 말씀이며 생명을 주시는 구원자이십니다. 어두운 곳을 밝게 비추시고 무지한 자를 깨워 영원한 소망을 알게 하시는 중보자이십니다. 은혜와 진리가 충만하신 하나님이십니다.

　말씀이 육신이 되어 땅의 오신 예수님은, 하늘의 진리를 알지 못하는 사람들에게 비췄지만 세상은 그를 알지 못 하고 그분을 거절하였습니다. 이렇게 무지한 저희들에게 세상에서 어떤 것으로도 비교할 수 없는 구원을 선물로 주시기 위해 예수님은 이 땅에 오신 것을 다시 한 번 감사 드립니다.

　지극히 높은 곳에서는 하나님께 영광이요 땅에서는 기뻐하심을 입은 사람들 중에 평화로다 하며 천사들도 찬송하며 하늘의 별들도 증거 하였으며 목자들도 찬양하여 영접하였습니다. 그러나 수많은 사람들은 헤롯과 같이 소동하며 교만과 질투와 분노심으로 거절하는 사람들도 있습니다.

어떤 사람들은 서기관과 제사장같이 형식적으로 마지못해 쓴웃음으로 맞이하기도 하며 돈 벌기 위해 소동하며 영광의 빛을 가리는 사람들도 있습니다.

평화를 주시기 위해 오신 예수님!
무지한 인생들에게 평화를 주옵소서. 우리나라는 정치적으로, 경제적으로 국민들의 빈부 격차가 심하여 백성들의 삶에 어려움이 많사오니 예수님이 국민들의 마음속에 오시어 참된 평화와 기쁨을 주옵소서.

나라가 분단되어 반세기가 지났습니다. 저 북녘 땅에 같은 민족 있다는 것은 부끄럼과 수치스러운 일입니다. 정치적 사상이 38선을 그어놓고, 오고 갈 수도 없는 비극을 만들었습니다. 비록 철의 장막이나 38선은 없어도, 같은 형제끼리 오가지도 않는 마음의 상처를 안고 사는 성도들도 있습니다. 주님! 이것 또한 더 큰 비극입니다. 예수님 탄생으로 이런 비극의 장막을 거두어 주옵소서.

우리가 성탄절을 맞아 즐겁게 예배를 드리고 있는 이 시간에도 굶주리고 헐벗고 병들고 소외당한 자들과 죽지 못해 사는 사람들이 많이 있습니다. 저희들을 통해 이런 자들에게 회복의 은혜와 구원을 베푸는 도구로 사용하기를 원합니다.

목사님의 말씀을 듣고 마음만 찔리는 우리 자신이 아니라 우리의 영혼을 수술받는 시간이 되게 하여 주옵소서. 성탄의 기쁨을 함께 나누어 주신 예수님 홀로 영광을 받으시며 우리를 구원하기 위하여 탄생하신 예수님의 이름으로 기도드립니다. 아멘.

12월 넷째 주

나그네 인생

• 주일오후예배(송년주일) •

우리를 이 땅에 보내주시고 거룩한 사명을 감당하게 하신 하나님 아버지! 영광과 찬양의 예배를 받으시옵소서.
잠시 왔다 영원한 길을 나서는 인생들은 내일 일을 알지 못 하고 오늘을 만족하며 살아가고 있습니다.

한 해 52주를 주님께 예배드리며 살아가도록 인도하여 주셔서 감사드립니다.

"세월을 아끼라 때가 악하니라 그러므로 어리석은 자가 되지 말고 오직 주의 뜻이 무엇인가 이해하라 술 취하지 말라 이는 방탕한 것이니 오직 성령으로 충만함을 받으라"(엡5:16-18) 말씀하셨습니다. 그러나 주님 앞에 우리의 신앙을 결산해 보니 주님이 원하셨던 것에 미치지 못하여 죄송한 것뿐입니다.

받은 바 은혜를 보답하기 위해 선한 일에 열심을 낼 뿐 아니라 우리를 대적하는 사람들을 축복하고 미워하는 자를 선대하며 저주하는 자를 위하여 축복하여 모욕하는 자를 위하여 기도하라 하셨습니다.
주님! 저희들이 바울과 같지 않지만 섬김과 희생정신으로 우리를 비방하는 사람들이 스스로 부끄러운 줄 알고 회개하며, 저희와 함께 주님을 전하는 사람으로 변화되게 하옵소서.

하지만 많은 사람은 우리의 기대에서 벗어나 있습니다. 그 이유는 우리의 삶이 저들을 변화시킬만한 능력 있는 삶에서 멀어져 있기 때문입니다.
주님! 이 시간 회개하기를 원합니다.

저희들을 용서하여 주옵소서. 성경에서 '사랑하라'는 성경구절은 누구보다 더 많이 알고 있고, 유창한 기도는 다른 사람들을 감동시킬만하여 부러워하고 있습니다. 하지만 주님은 우리의 부르짖음을 외면하고 있습니다. 이 시대의 바리새인들이 여기 앉아 한 해를 결산하고 있기 때문입니다.

목사님은 성경 인물 중에서 선한 사람들을 소개하며 본보여 주셨어도, 우리는 그분들을 본받지 않고 자기 방식대로 살아가려고 고집부리고 있습니다.
이로 인하여 자신을 속이고 하나님을 속인 우리의 내면적인 양심을 드러내고 회개하기를 원합니다.

끝없는 겸손과 온유하신 주님 앞에 교만한 우리가 설 수 있는 자리를 잃게 하여 주옵소서.
우리가 알고 있는 지식보다는 주님 말씀에 순종하고 실천하는 일에 강한 저희들이 되게 하여 주시옵소서.

이제 저희들 때문에 새로운 예수님을 만나는 기쁨을 누리는 교회로 바뀌게 하여 주옵소서.
온 성도들이 걸어 다니는 성경이요, 예수님의 편지가 되어 그 기쁨을 누리는 세상이 되기를 원합니다.
목사님의 말씀이 주님의 큰 음성으로 가슴에 새겨서 세상을 변화시키는 결단의 시간이 되게 하여 주옵소서.
예수님의 이름으로 기도드립니다. 아멘.

12월 넷째 주

복음의 열매를 맺게 하옵소서

• 주일저녁예배 •

천지 창조 때부터 지금까지 모든 일을 완전하게 이루셨던 하나님 아버지! 그 크신 은혜와 사랑을 감사드립니다.

하나님께서는 우리를 구원하시기 위해 한 치의 빈틈없이 구원을 완전히 이루셨습니다. 하지만 구원받은 저희는 일 년 동안 주님께 받은 사명이 크지만 너무 부실하게 한 해를 보냈습니다. 주님 앞에 회개합니다.

"하나님의 뜻대로 하는 근심은 후회할 것이 없는 구원에 이르게 하는 회개를 이루는 것이요 세상 근심은 사망을 이루는 것이니라"(고후7:10)라고 말씀하셨습니다.

잘못한 것에 대하여 후회하고만 있는 어리석을 저희들을 원하지 않으시는 주님! 하나님의 뜻을 따라 먼저 그 나라와 의를 구하는 저희들 되게 하여 주옵소서. 이제 일어나 남을 섬기며 헌신하는 일에 옥합을 깨뜨린 여인의 믿음을 저희에게도 주시어, 저희를 향한 주님의 깊은 사랑을 더 깊이 깨달아 알게 하여 주옵소서. 저희들 가지고 있는 것이 있다면 시간과 재능, 재물과 생명이라면 이것까지 기꺼이 주님께 드릴 수 있는 믿음을 주옵소서. 저희를 택하셔서 교회 일꾼 삼으신 것을 자랑스럽게 여기시는 하나님의 자녀들이 되기를 원합니다. 우리 목사님께서 저희들을 볼 때마다 흐뭇한 마음으로 자랑거리가 되는 성도들이 될 것을 다짐합니다.

말씀에 갈급하여 기다리는 저희들에게 은혜의 단비를 내리시어 흡족하게 적시게 하여 주옵소서. 아직도 주님께로 인도하지 못한 가족들까지도 주님을 만날 수 있는 일을 우리에게 맡기셨으니 성실히 전도할 수 있는 전도자로 사용해 주옵소서. 예수님의 이름으로 기도드립니다. 아멘.

12월 넷째 주

앞에 있는 것을 잡으라

• 수요예배 •

 죄를 미워하시는 하나님 아버지! 이 땅에 예수 그리스도를 보내 주셔서 우리를 구원하시니 참 감사합니다.

 "형제들아 나는 아직 내가 잡은 줄로 여기지 아니하고 오직 한 일 즉 뒤에 있는 것은 잊어버리고 앞에 있는 것을 잡으려고 푯대를 향하여 그리스도 예수 안에서 하나님이 위에서 부르신 부름의 상을 위하여 달려가노"(빌3:13-14) 말씀하셨습니다.

 우리 자신을 더 이상 내동댕이쳐 뒤엣것을 바라보며 후회하는 자들이 아니라 거룩한 비전을 바라보며 주님이 계획하신 일을 이룰 수 있는 용기를 주시옵소서. 복음을 위하여 살았던 날보다 우리 자신을 위하여 살았던 날들을 회개합니다. 새로운 한 해를 후회 없이 맞이하기 위해 이렇게 겸손히 주님 보좌 앞으로 나가기를 원합니다.
 길 다면 길고, 짧다면 짧은 지난 일 년간을 하나님의 은혜와 축복 가운데 암탉이 병아리를 품듯이 보호하시고 인도하심을 감사합니다. 새로운 한 해에는 부족한 저희들에게 지속적인 말씀으로 어두운 심령을 깨우쳐 하나님의 깊은 계획에 순종할 수 있도록 열심을 주시옵소서.
 하나님의 말씀을 전하시는 목사님의 말씀 앞에 다시 한 번 회개하는 저희들이 행함으로 실천에 강한 성도들이 되어 마지막 때 잘했다고 칭찬받는 저희들 되게 하여 주옵소서.
 예수님의 이름으로 기도드립니다. 아멘.

12월 넷째 주

말구유에 탄생하는 구주

• 구역예배 •

높고 높은 하늘 보좌를 버리시고 죄악 된 인간들을 구원하기 위하여 이 땅에 오신 구원의 주님! 하나님의 사랑을 감사드립니다.

이 나라가 진실한 마음으로 주님을 영접할 수 있는 은혜를 베풀어 주시옵소서. 이 땅에 오신 예수님을 경배하기 위해, 별을 연구하던 동방박사들처럼 귀한 예물 가지고 진실한 마음으로 구원의 주님을 영접하게 하여 주옵소서. 예수님은 누우실 곳이 없어 말구유에 탄생하셨습니다. 하나님의 아들이신 예수님은 겸손하게 오셔서 죄인을 구원하셨습니다. 주님의 그 크신 사랑을 잊지 않고 보답하는 구역원들이 되어 말없이 헌신을 다짐하게 하여 주옵소서. 예수님의 이름으로 기도드립니다. 아멘.

새롭게 하소서

• 가정예배 •

알파와 오메가가 되시어 처음과 나중이 되신 거룩하신 하나님! 누구든지 그리스도 안에 있으면 새로운 피조물이요 이전 것은 지나갔으나 보라 새것이 되었도다. 하셨습니다. 새날 새로운 마음 주시어 예수님의 발걸음을 멈추게 했던 바디매오처럼 가장 소중한 겉옷을 내던지고 예수님께 나올 때 주님은 말씀하셨습니다. '네게 무엇 주기를 원하느냐' 내게 가장 필요한 것을 주님은 알고 계셨지만 우리의 입술로 고백하기를 원하셨습니다. 과거의 소경 같은 저희들에게 새로운 광명을 빛을 볼 수 있는 영적인 눈을 열어 주시어 기뻐 뛰며 주님을 따르는 가정이 되게 하여 주옵소서. 주님은 이런 일을 이루실 무한한 능력과 자비를 가지신 분이신 줄 믿습니다. 예수님의 이름으로 기도드립니다. 아멘.

부록

모세처럼 기도하는 선교회

• 남선교회 헌신예배 •

　언제나 우리의 기도를 들어주시는 하나님 아버지! 은혜와 사랑을 진심으로 감사드립니다.

　하나님은 창세 전에 그리스도 안에서 우리를 택하시고 아들 삼아 주셨습니다. 또한 죄의 종노릇했던 우리를 그리스도의 보혈의 피로 값을 치르시고 구원하셨습니다. 이는 하늘의 신령한 복으로 우리를 복 주시고 교회를 위해 헌신하라고 거룩한 사명까지 주셨습니다.
　어찌 사명 감당치 않고 가만히 앉아 있을 수 있겠습니까? 이 사명 감당하도록 하나님의 뜻을 구하는 회원들이 헌신을 다짐하는 예배를 드리오니 주님만을 구하는 지혜를 주셔서 모범 된 자리를 지켜나가도록 도와주시옵소서.

　유한한 저희들은 영원하신 하나님의 뜻을 헤아릴 수 없어 시시때때로 인간의 자랑만 일삼고 있습니다. 그러나 다행스럽게도 영원하신 하나님의 뜻을 구하는 자들에게 필요한 모든 것을 알려 주셨습니다. 그리고 죄로 인해 멀어졌던 저희들과 화목 되게 하시어 하나님의 뜻을 나타내게 하셨으니 그 일까지도 잘 감당할 수 있는 지혜로운 자들이 되기를 원합니다.

　이스라엘 백성들이 르비딤에서 아말렉과 싸울 때 이스라엘의 손을 들어주시며 대승리하였습니다. 그것은 80세 고령이었던 모세가 손을 들고 하나님께 헌신하며 기도했기 때문이었습니다.

　장로님들은 아론과 훌처럼 전쟁에서 승리할 때까지 손이 내려오지 않도록 목사님을 도우며 헌신하게 하옵시고, 저희들은 최전방 적전 지역까지 다가서서 여호수아와 같이 싸워 승리하기를 원합니다.

우리의 영혼을 구원하시기 위해 십자가의 고통도 참으시며 죽으셨던 주님! 우리도 주님의 은혜 감사하며 죽을 각오로 교회 부흥과 발전을 위해 최선을 다할 수 있는 기관이 되게 하여 주옵소서.

회장을 비롯한 전 회원들이 한마음, 한뜻이 되어 헌신적인 봉사와 희생정신으로 아론과 훌처럼 서로 협력하여 하나님이 기뻐하시는 사역을 감당할 수 있게 하여 주옵소서.

"여호와께서 집을 세우지 아니하시면 세우는 자의 수고가 헛되며 여호와께서 성을 지키지 아니하시면 파수꾼의 깨어 있음이 헛되도다"(시127:1)라고 하셨습니다.

우리의 힘으로 할 수 없는 일을 만날 때 우리의 생각과 의지와 감정으로 해결하려고 하지 않게 하시고 주님께서 저희들을 주장하셔서 교회를 위해 충성된 증인으로 든든히 서 있기를 원합니다.

오늘도 말씀을 전하시는 목사님을 통하여 다시 한 번 헌신을 다짐하는 저희들에게 말씀으로 확신을 주셔서 충성하라고 주신 자리에서 충성된 자로 살아가게 하옵소서.

예수님의 이름으로 기도드립니다. 아멘.

부록

솔로몬 성전과 같이

• 남선교회 헌신예배 •

　주님을 섬기기로 다짐하는 저희들을 보시고 사랑하시며 용기 주시는 하나님 아버지! 그 크신 은혜와 사랑을 진심으로 감사를 드립니다.

　솔로몬의 아름다운 성전이 보물처럼 여기는 감각을 가진 사람들이 있다 하여도 그 속에 예수 그리스도가 계시지 않는다면 그 성전은 역사 속에 묻힌 하나의 건물에 불과할 것입니다. 이처럼 우리 교회가 외형적인 모습만을 가지고 자랑하는 일이 있다면 얼마나 부끄러운 교회일까요.

　우리 교회의 주인은 주님이심을 고백합니다.
　주인으로 모시는 저희들은 대장되신 예수님 때문에 행복합니다.
　그러나 우리가 누리는 이 행복한 특권 뒤에는 누군가 희생이나 헌신이 있었습니다. 이 특권은 예수 그리스도께서 희생의 피를 흘려주심으로 말미암아 우리 교회가 하나님의 자녀들이 모여 주님의 몸을 이루게 되었던 것처럼, 우리 모두는 희생과 헌신으로 수고하는 회원들 때문에 다른 성도들이 행복해지고 새로운 이웃들이 기쁨을 누리는 그런 교회가 되게 하여 주옵소서.

　이제 주님을 위해 헌신해야 할 때가 바로 이때라는 것을 다시 한 번 실감하며 헌신예배를 드립니다.

　모세는 80세의 나이에 몸바쳐 주를 위해 헌신하므로 나라와 민족을 구원하는 리더자로 사용하셨고, 죽으면 죽으리라는 에스더의 희생적인 도전으로 왕 앞에서 나갔을 때 민족을 살리는 사람이 되었습니다. 전쟁하는 전사들이 자기 자신을 위해 몸 사린다면 그 전쟁은 이기는 전쟁이 아니라 지는 전쟁입니다.
지금은 혈과 육의 전쟁이 아니라 영적전쟁터입니다.

"우리의 씨름은 혈과 육을 상대하는 것이 아니요 통치자들과 권세들과 이 어둠의 세상 주관자들과 하늘에 있는 악의 영들을 상대함이라 그러므로 하나님의 전신 갑주를 취하라 이는 악한 날에 너희가 능히 대적하고 모든 일을 행한 후에 서기 위함이라"(엡6:12-13) 하셨습니다.
마귀는 헌신을 각오하는 자들에게 활을 당기고 있습니다. 그러므로 우리 모두 하나님의 전신갑주를 입고 부정적인 생각에 혼돈하지 말고 오직 하나님 나라를 위해 헌신하는 저희들이 되게 하여 주옵소서.

솔로몬은 하나님의 성전을 건축하고 외소 앞에 두 기둥을 세워 야긴과 보아스라고 하셨습니다(대하3:17). 이것은 사람의 능력이 아니라 능력의 원천이신 하나님께 보호받고 세움을 입은 것입니다.

우리가 아무리 훌륭한 성전의 두 기둥 중심이 된다 하더라도 모든 능력은 우리가 아님을 알고 겸손히 헌신하는 저희들이 되게 하여 주옵소서. 주님께서 저희들에게 능력을 나타내시어 거룩한 뜻을 이루기 위해 절대적인 헌신과 봉사로 충성하게 하여 주옵소서.
말씀을 통해 저희들의 마음이 충성된 회원들이 되어 주님의 몸을 세우는 데 사용하여 주옵소서. 우리를 죄악에서 구원하신 예수님의 이름으로 기도드립니다. 아멘.

부록

하나가 되게 하옵소서

• 남선교회 헌신예배 •

능력과 지혜가 충만하신 하나님 아버지! 저희들에게 선교의 사명을 주시어 헌신된 회원들이 예배를 드리게 됨을 진심으로 감사를 드립니다.

"오직 성령이 너희에게 임하시면 너희가 권능을 받고 예루살렘과 온 유대와 사마리아와 땅끝까지 이르러 내 증인이 되리라 하시니라"(행1:8) 하셨습니다.

오늘은 하나님이 귀하게 쓰시고 사랑하시는 선교회 회원들 믿음으로 마음 모아 헌신예배로 드립니다.

유대인과 이방인 사이에 가로막고 있는 벽은 쉽게 무너지지 않는 무서운 죄악이었습니다. 그런데 예수 그리스도께서 피 흘리심으로 무서운 죄악의 담을 허무셨습니다.

주님의 희생으로 새로운 백성을 이루신 것처럼, 저희들에게도 하나가 되게 하는 회원으로 쓰임 받게 하시어 교회 발전에 힘쓰도록 하여 주옵소서.

말씀을 전하시는 목사님을 통해 저희들의 심령이 변화되게 하시어 주님 앞에 가는 날까지 선교하는 저희들이 되게 하여 주시기를 간절히 기도합니다. 베드로는 십자가 지기까지 생명을 두려워하지 않고 복음을 전했으며 야고보는 순교하는 시간까지 말씀을 전했습니다.

아직도 이 땅에는 주님을 모르는 죄악의 그늘 속에 묻혀 사는 영혼들이 많이 있으며 이들을 깨우치는 사명이 저희들에게 있는 줄 믿습니다.

저희들에게 베드로의 헌신을 본받아 교회가 초대 교회와 같이 하나가 되어, 이 나라가 구원받게 하여 주옵소서.

예수님의 이름으로 기도드립니다. 아멘.

부록

마음과 뜻과 목숨을 다하는 헌신

• 남선교회 헌신예배 •

인류 역사의 주관자이시며 천하만국 교회의 왕이 되시는 살아계신 하나님 아버지! 주의 크신 은혜와 사랑을 감사와 찬송을 돌립니다.

허물과 죄로 죽을 수밖에 없는 저희 인생들을 예수 그리스도의 피로서 구속하여 주시고 하나님의 거룩한 자녀로 인정해 주심을 진심으로 감사를 드립니다.

세상에서 가장 큰 계명은 사랑이고 둘째 계명도 사랑입니다. 위로는 하나님을 사랑하고 아래로는 사람을 사랑해 할 책무를 맡은 저희들입니다.

모든 계명 중에 대 강령은 사랑이라고 주님 말씀하셨습니다. 저희들이 하나님을 사랑하기 위해 마음과 정성과 뜻을 다해 헌신할 수 있게 하옵소서. 우리가 하나님과의 사랑 관계가 바로 성립되지 않고 교회 안에서 어떤 형태로도 사랑을 이룰 수 없기 때문에 먼저 하나님을 사랑하는 마음으로 살아가게 하옵소서.

"네 마음을 다하고 목숨을 다하고 뜻을 다하여 주 너의 하나님을 사랑하라 하셨으니"(마22:37) 하셨습니다.

헌신 예배를 드리는 이 시간 우리의 모든 정성으로 예물 드리기를 원합니다. 영광 받으시고 복 내려 주옵소서. 주의 말씀을 선포하시기 위하여 단 위에 세우신 목사님에게 성령과 권능으로 함께 하여 주셔서 외치시는 말씀이 날 선 검같이 예리하여 우리의 심령과 골수를 쪼개는 말씀이 되게 하시어 하나님의 살아계신 능력을 체험하는 권세가 있게 하여 주시옵소서.

말씀으로 우리의 삶이 변화되게 하시고 교회 발전을 위해 앞장서는 회원들이 되게 하여 주옵소서.

예수님의 이름으로 기도드립니다. 아멘.

부록

눈물의 기도

• 여선교회 헌신예배 •

우리의 기도를 들으시고 응답하시기를 원하시는 하나님 아버지!

밤낮으로 기도로 힘쓰며 교회를 위해 헌신의 자리를 지켜왔던 수많은 회원들이 헌신 예배로 드리게 됨을 감사드립니다.

하나님 아버지의 사랑과 예수 그리스도의 십자가의 은혜로 복된 예배를 드리며 헌신을 다짐하는 이 시간이 참 행복한 시간입니다.

유대인이었던 사도 바울은 조상 때부터 하나님을 섬겨왔지만 디모데는 유대인 어머니와 헬라인 아버지 사이에 태어나 훌륭한 믿음의 사람으로 성장할 수 있었습니다. 그것은 외조모 로이스로부터 시작하여 어머니 유니게를 통해 이어온 좋은 신앙의 전통이었듯이, 저희들도 믿음의 어머니로서 사명 의식을 가지고 뒤따르는 성도들과 자녀들을 위해 본이 될 수 있는 회원들이 되게 하여 주옵소서. 좋은 신앙의 인물을 이어 나가기 위해서 누구보다 더 기도에 힘쓰며 성숙한 그리스도인의 모습을 삶에 적용할 수 있도록 도와주옵소서.

막달라 마리아가 죽은 예수님을 만나기 위해 삼엄한 새벽에 무덤에 찾아갔다가 부활하신 예수님을 만난 것은 거짓 없는 믿음의 헌신이 있었기에 살아계신 예수님을 만났습니다. 디모데에게도 '거짓 없는 믿음'이 있었던 것은 믿음의 선조들의 삶을 배웠기 때문입니다.

오늘 밤 헌신 예배를 통해 회원들에게 거짓 없는 믿음의 유산을 남겨 줄 수 있는 통로가 되게 하여 주옵소서. 저희 선교회가 교회에 헌신하기 위해 로이스와 유니게와 같은 좋은 믿음을 본보이게 하여 주옵소서.

예수님의 이름으로 기도드립니다. 아멘.

부 록

좋은 그릇으로 헌신하자

• 여선교회 헌신예배 •

　우주 만물의 창조주가 되시며 인류 역사의 주관자가 되시는 하나님 아버지! 주의 위대하신 권능과 능력을 찬양하오며 예배를 드리오니 영광을 받으시옵소서. 저희들이 무지하여 말씀으로 순종하지 못 하고 충성하지 못한 죄악을 용서하여 주옵소서. 예수 그리스도의 갈보리 십자가에서 흘리신 보혈의 피로서 정결하게 씻어 주시어 주님처럼 교회를 위해 몸을 드릴 수 있는 희생과 헌신의 정신을 주시기를 원합니다.

　세상에 살면서 주님의 공의를 잊어버리고 세속에 물들었던 저희들에게 정의와 공의를 실천하는 회원들이 되어 주님의 이름을 빛내게 하여 주옵소서. 지금도 구원의 참 진리를 깨닫지 못 하고 멸망의 길에서 허덕이는 불쌍한 인생들에게 복음의 빛을 비추어 참된 소망을 찾게 하여 주옵소서.

　우리 교회가 주님의 선한 일을 하기 위해 좋은 일꾼들이 필요합니다. 그릇은 재료가 다르고 용도가 다르듯이 저희들도 재료가 금이냐 진흙이냐를 평가하지 않게 하시고 그 그릇이 사용할 수 있도록 준비되었는지를 확인할 수 있는 자들이 되게 하여 주옵소서. 아무리 금 그릇이라도 더러워지면 쓸모가 없고, 질그릇이지만 깨끗하면 그 용도에 맞게 활용되듯이 주어진 사역에 먼저 자신을 정결하게 하여 정직하게 사용되어지는 회원들이 되게 하여 주옵소서.
　목사님의 말씀을 통해 성령의 능력으로 변화 받게 하셔서 저 불의의 사회 속에서 진리를 지키게 하시고 사탄의 화전을 소멸하게 하시어 주의 재림하실 그날까지 주님께 쓰임 받는 그릇되게 하옵소서.
　예수님의 이름으로 기도드립니다. 아멘.

부록

민족을 구원한 에스더

• 여선교회 헌신예배 •

　죽음을 두려워하지 아니한 마리아의 헌신을 기쁘게 받으신 살아계신 하나님 아버지! 그 은혜와 사랑을 진심으로 감사드립니다.
　부족하지만 저희 회원들이 진정한 헌신을 다짐하기 위해 이 예배를 드립니다. 마음만이 헌신의 자세가 아니라 말없이 우리의 몸을 드려지는 참된 헌신이 어린 양 예수님처럼 희생의 참 모습을 배우고 실천하여 교회의 부흥의 초석이 되게 하여 주옵소서.
　부패한 마음을 가진 하만의 잘못된 함정에 빠지지 않고 믿음을 지켜왔던 에스더는 왕 앞에 담대히 나가 민족을 구원하였던 것처럼, 연약한 여자 회원들이지만 우리 교회를 성령으로 충만하게 하여 복음의 열정을 가질 수 있는 회원들이 되어 게으름과 나태함을 몰아내고 교회의 새로운 변화를 일으키는 복음의 개혁자들이 되게 하여 주옵소서.
　형식과 외식의 옷을 입고 입으로만 헌신을 말하지 않는 회원들이 되어, 실천을 생명처럼 여기는 충성된 회원들이 되기를 원합니다.
　"그러므로 형제들아 내가 하나님의 모든 자비하심으로 너희를 권하노니 너희 몸을 하나님이 기뻐하시는 거룩한 산 제물로 드리라 이는 너희가 드릴 영적 예배니라"(롬12:1)고 말씀하셨습니다.
　예배를 드리는 자들이 하나님의 기뻐하시는 산 제물이 되기를 소망하오니 받으시옵소서.
　하나님께서 사용하시는 목사님을 통해 말씀하실 때 저희들의 마음에 새로운 도약이 되고 말씀에 순종만이 감당하게 하옵소서. 예수님의 이름으로 기도드립니다. 아멘.

부록

칭찬받는 청지기

• 제직회 헌신예배 •

모든 만물 위에 뛰어나시며 찬양과 영광을 받으시기에 합당하신 하나님 아버지! 은혜와 사랑을 감사드립니다.

하나님의 부르심에 순종하여 사명을 감당하는 청지기들이 모여 헌신을 다짐하는 예배를 드리오니 받으시옵소서. 요즘 많은 사람들은 주어진 사명보다는 허망한 중독에 빠져 총명이 어두워지고 영적 무지함으로 마음이 굳어져서 하나님의 뜻을 분별하지 못하여 그리스도인의 생명에서 이탈되고 있습니다.

이런 시대에 저희 교회에 하나님의 뜻을 받들어 재직의 사명을 감당하라고 주신 직분에 대해 소홀히 여기지 않고 충성을 다하기를 다짐하며 이 몸 드려 예배드리오니 저희에게 거룩한 보혈의 피를 뿌려 정결하게 하옵소서.

저희들이 무엇을 하기보다는 우리 자신이 어떤 사람인가를 먼저 확인하는 겸손한 자들이 되게 하옵소서. 어떤 업적에 얽매이기보다 하나님이 쓰임 받을 도구로서 역할을 감당할 수 있는 마음의 자세를 새롭게 하여 충성된 청지기의 삶을 다짐하는 시간이 되게 하옵소서.

주님은 달란트 비유로 말씀하셨습니다. "그 주인이 이르되 잘하였도다 착하고 충성된 종아 네가 적은 일에 충성하였으매 내가 많은 것을 네게 맡기리니 네 주인의 즐거움에 참여할지어다"(마25:21)

소홀히 여기기 쉬운 작은 일이라도 사람에게 하듯 하지 않고 주님께 하듯 하여 충성할 수 있는 제직들이 되게 하여 주옵소서. 목사님의 말씀으로 우리의 사명감을 더욱 새롭게 각인시키는 시간되게 하옵소서.

예수님의 이름으로 기도드립니다. 아멘.

부록

죽도록 충성하자

• 제직회 헌신예배 •

흙으로 사람을 창조하시고 보시기에 심히 좋았다고 말씀하신 하나님 아버지! 저희들에게 재직의 사명을 주시어 헌신을 다짐하여 예배드리게 됨을 감사드립니다.

"사람이 마땅히 우리를 그리스도의 일꾼이요 하나님의 비밀을 맡은 자로 여길지어다 그리고 맡은 자들에게 구할 것은 충성이니라"(고전4:1-2) 말씀하시며 충성스러운 종들이 되어 주님 몸된 교회를 세우는 청지기의 사명을 감당하라고 하셨습니다. 이 사명을 받들어 제직들이 하나님 앞에 몸바쳐 헌신 예배를 드리오니 향기로운 제사가 되며 마음과 정성을 드려 하나님 아버지를 기쁘게 해 드리는 예배가 되게 하옵소서.

저희들에게 하나님의 교회를 섬기는 직분을 맡겨주셔서 감사드립니다. 하지만 무엇을 해야 할까 생각하며 더욱더 영적인 긴장을 늦추지 않고 주님을 주인으로 모시며 자신을 포기하는 삶을 살아가게 하옵소서. 돈 때문에 세상의 우선순위를 두지 않게 하시고, 자신을 율법적으로 위상을 높이려는 술책 때문에 세속적인 덫에 걸리지 말게 하옵소서. 순수하게 주님을 섬기며 거룩한 사명을 감당하려는 충성심은 이권과 관계없이 보혈의 피를 흘리신 그리스도의 은혜 아래 있음을 확인하는 기회가 되게 하옵소서.

오늘도 우리의 욕구보다는 진리의 영을 부어주셔서 주님께서 하시고자 하는 일에 온전히 순종하는 종들로 거듭나는 시간이 되게 하옵소서. 목사님의 말씀을 통해 어두워진 저희들의 영적 갈등을 각성시켜 성령으로 충만케 채워주시옵소서. 우리를 죄악에서 구원하신 예수님의 이름으로 기도드립니다. 아멘.

부록

죽기까지 복종하자

• 청년회 헌신예배 •

하늘 보좌를 버리시고 우리 인간을 구원하기 위하여 생명까지 희생하신 거룩하신 하나님 아버지! 은혜와 그 사랑을 감사드립니다.

"청년이 무엇으로 그의 행실을 깨끗하게 하리이까 주의 말씀만 지킬 따름이니이다"(시119:9) 하셨습니다.

하나님이 사용하시는 것은 우리의 외모가 아니라 성결된 청년으로서 하나님이 주신 거룩한 비전을 바라보는 청년일 것입니다. 그러므로 우리의 허망한 마음을 버리고 그리스도의 심장으로 주님을 사랑하는 마음을 가지게 하옵소서.

하나님의 말씀이 우리를 정결케 하시어 주님이 가시는데 까지 갈 수 있는 순종의 사람이 되게 하옵소서.

젊음을 가진 저희들이 주님의 일을 감당하면서 인간적인 방법을 써도 괜찮다는 생각을 하게 하는 유혹에서 벗어나게 하시고 모든 일을 주님이 이루신다는 믿음을 잃지 않는 청년들이 되게 하여 주옵소서.

사도 바울은 '아무 일이든지 다툼이나 허영으로 하지 말고 오직 겸손한 마음으로 각각 자기보다 남을 낫게 여기고' 다른 사람들의 일을 돌아보아 나의 기쁨을 충만하게 하라 하셨습니다. 개개인이 주님을 위한 헌신의 시간이 되게 하여 주옵소서. 오늘 헌신하는 저희들은 피가 끓는 젊은 꿈을 주님께 바쳐 독수리가 날개 치며 올라가는 것과 같이 헌신하기를 다짐하는 자들이 되게 하여 주옵소서. 목사님의 말씀을 통해 잘못된 우리들의 자신을 발견하며 죽기 까지 충성하여 든든한 기둥의 역할을 잘 감당하는 자들이 되게 하여 주옵소서.

예수님의 이름으로 기도드립니다. 아멘.

부록

요셉 같은 믿음

• 청년회 헌신예배 •

　오직 의인은 믿음으로 살리라 하신 하나님 아버지! 우리의 예배를 통해 영광을 받으시옵소서. 우리의 예배가 하나님께 상달 되어 마지막 때 하나님께서 원하시며 기뻐하시는 청년들이 되게 하여 주시옵소서.

　젊음을 자랑하는 청년들이 많이 있지만 젊음을 주님께 드리는 자들은 적습니다. 허망한 시대에 살고 있는 젊은이들은 우상과 죄악의 굴레에 빠져 타락을 일삼고 살아가기를 더욱 좋아하고 있습니다. 그래서 저희들은 이 시대에 더 큰 사명이 있다고 생각합니다.

　헌신 예배를 통해 하나님과 더 가깝고 친밀한 교재로 충만하게 하고 활기찬 삶의 실제가 되게 하여 주옵소서. 이것으로 우리의 감정, 지각, 감각, 사고, 상상력, 의지와 행동, 말 속에까지 그리스도의 사랑의 정신이 배어들어서 이 사회를 변화시키는 기독 청년들이 되게 하여 주옵소서.

　젊은 청년 요셉은 형들의 미움을 받아 애굽에 팔려갔지만 하나님과의 친밀한 교재로 인하여 예수 그리스도가 온 땅과 민족, 모든 세대, 정치인, 가족과 개개인에게 영향력을 주는 능력을 보여 주었습니다. 하나님의 군사로 살아가는 일이 비록 외롭고 장구한 날이라도 주님이 함께하실 때 그분이 일하시는 것을 볼 수 있는 젊은이들이 되게 하여 주옵소서.

　우리 가진 것이 없다고 생각하며 불평하는 삶이 아니라 작은 것을 가지고 큰 능력을 행하시는 하나님 앞에 우리의 삶을 내어 드리는 헌신의 시간이 되게 하여주옵소서. 말씀을 경청하여 능력 충만하기를 소망하며 예수님의 이름으로 기도드립니다. 아멘.

부록

선한 목자 되신 예수님

• 구역장 헌신예배 •

내가 너희에게 분부한 모든 것을 가르쳐 지키게 하라 하신 하나님 아버지! 은혜와 사랑을 감사합니다.

"내게 줄로 재어 준 구역은 아름다운 곳에 있음이여 나의 기업이 실로 아름답도다 나를 훈계하신 여호와를 송축할지라 밤마다 내 양심이 나를 교훈하도다"(시16:6-7) 말씀하셨습니다. 구역은 작은 교회이며 구역장은 양들을 다스리 작은 목자입니다. 그러므로 구역장에게 구역원들을 잘 다스리는 지도력이 있어야 하므로 통솔할 수 있는 지혜를 주옵소서.

주님께서 양들을 위해 푸른 초장과 쉴만한 물가로 인도하셨던 것처럼 작은 목자의 사명을 감당하여 게으르지 않게 하옵소서.

하인의 중풍병을 고친 백부장과 같이 구역원들을 사랑하며 이상 유무를 파악하여 항상 기도에 힘쓰게 하시어 올바른 방향 설정을 해 줄 수 있는 지혜로운 구역장들이 되게 하여 주옵소서. 구역원들이 믿음으로 앞장서서 기도하는 일과 말없이 봉사하는 일과 헌금하는 일까지 모범적인 신앙을 소유하여 주님이 기뻐하는 회원들이 되게 하여 주옵소서.

하나님은 겸손한 자를 귀히 쓰시고 교만한 자를 물리친다고 하셨습니다. 구역장들이 항상 겸손하며 구역을 위하여 불철주야 기도하고 가르치며 구역이 부흥되어 교회까지 영향력을 미칠 수 있는 자들이 되게 하여 주옵소서.

말씀을 통해 은혜충만케 하시고 하나님께 상달되는 예배가 되게 하여 주옵소서. 선한 목자 되신 예수님의 이름으로 기도드립니다. 아멘.

부록

소년 시절의 예수님

• 학생회 헌신예배 •

믿음이 자라며 강하여지고 지혜가 충만하며 하나님의 은혜가 우리와 함께하시는 살아계신 하나님 아버지! 그 은혜와 사랑을 진심으로 감사드립니다.

이 땅에는 꿈나무와 같이 자라는 학생들이 많이 있지만 그 사람 가운데서 오늘 헌신 예배드리는 학생들을 구원하시어 자녀로 자녀 삼아 주신 것을 감사드립니다.

"아기가 자라며 강하여지고 지혜가 충만하며 하나님의 은혜가 그의 위에 있더라"(눅2:40) 말씀하셨습니다.

예수님은 어린 시절에도 강하게 성장하셨으며, 지혜가 충만하여 제사장과 서기관들이 성경을 연구하는 자리에서 듣기도 하며 묻기도 하면서 지혜롭게 성장하셨습니다.

오늘 헌신하는 학생들에게 나라의 꿈나무로써 무거운 짐을 지고 나갈 수 있는 강건함을 허락하여 주시옵소서. 시냇가에 심은 나무가 시절을 따라 과실을 맺으며 그 잎사귀가 마르지 아니함 같으니 모든 행사가 다 형통하는 은혜와 복을 내리어 주옵소서.

우리 학생들에게 솔로몬의 지혜를 주시옵소서. 솔로몬은 하나님께 지혜를 구함으로 지혜를 받아 세계 전무후무한 지혜의 왕이 되었으며, 잠언을 기록한 왕이 되었습니다. 주님 말씀하시기를 때를 얻든지 못 얻든지 쉬지 말고 기도하라 하셨으니 탈선하며 빗나가기 쉬운 때에 예수님을 본받는 자들이 되게 하여 주옵소서. 헌신 예배를 통해 은혜충만함을 주시고 마음과 정성으로 예배드리게 하옵소서.

예수님의 이름으로 기도드립니다. 아멘.

부록

권세 있는 말씀으로

· 교사 헌신예배 ·

여호와의 명하는 말씀을 마음에 새기고 부지런히 가르치며 이 말씀을 강론하라고 말씀하신 하나님 아버지! 은혜와 사랑을 감사드립니다.

"그가 어떤 사람은 사도로, 어떤 사람은 선지자로, 어떤 사람은 복음 전하는 자로, 어떤 사람은 목사와 교사로 삼으셨으니 이는 성도를 온전하게 하여 봉사의 일을 하게 하며 그리스도의 몸을 세우려 하심이"(엡4:11-12) 말씀하셨습니다. 하나님의 자녀들을 부지런히 가르치는 저희들이 하나님께 몸과 마음을 드리며 헌신 예배를 드립니다.

누구의 지시가 없는데도 스스로 말씀을 깊이 경외하고 연구하여 자녀들에게 부지런히 가르치는 교사들입니다. 자녀들이 세속에 물들까봐 염려하며 돌아보기를 게을리하지 않는 저희들에게 더 많은 지혜와 지식을 주시어 맑은 시내, 쉴만한 물가로 인도할 수 있는 지도력을 주옵소서.

예수님은 말씀을 전하실 때 군중들은 이구동성으로 서기관과 같지 않고 권세 있는 자의 말씀같다고 말하였습니다. 저희들에게도 예수님의 지혜를 주시어 말씀을 가르칠 때 권세 있는 말씀이 되게 하시고 심령이 뜨거워지고 깨닫고 은혜 충만함을 주시기를 간절히 기도하고 원합니다.

저희 교사들 자기 것을 자랑하여 전하지 말고 오직 말씀을 의지하여 은혜가 풍성하신 하나님 아버지를 나타낼 수 있는 지혜를 주옵소서. 배우는 학생들은 배우는 것으로 끝내지 않고 스스로 말씀을 실천하여 행함으로 본을 보이게 하여 주시기 원합니다. 말씀을 선포하시는 목사님을 붙드시어 생명의 복음을 듣고 사명감에 불타게 하옵소서.

예수님의 이름으로 기도드립니다. 아멘.

부 록

하나님이 기뻐하시는 찬양

• 성가대 헌신예배 •

너희 만민들아 손바닥을 치며 즐거운 소리로 하나님께 영광을 돌리라고 하신 찬양받기 합당한 하나님 아버지! 영광을 받으시옵소서.

"할렐루야 하늘에서 여호와를 찬양하며 높은 데서 그를 찬양할지어다 그의 모든 천사여 찬양하며 모든 군대여 그를 찬양할지어다"(시148:1-2) 말씀하셨습니다.

"나팔 소리로 찬양하며 비파와 수금으로 찬양할지어다 소고 치며 춤 추어 찬양하며 현악과 퉁소로 찬양할지어다"(시150:3-4)라고 말씀하셨습니다.

우리가 살아가는 이 세상은 악하여 각종 유혹과 욕심, 궤술, 잘못된 교훈의 풍조에 밀려 잘못된 우상을 찬양하는 자들도 많습니다.
저희들의 헌신을 통해 교회가 찬양의 제사 드리기를 기뻐하게 하옵소서. 저희를 하나님의 자녀 삼으시고 구속하셨으니 그 탁월성을 입증할 수 있는 것은, 오직 찬양 드리는 백성임을 알게 하여 주옵소서.

헌신 예배를 통해 성령님의 임재와 역사 속에 충만하게 된 삶을 구체적으로 나타내는 것은, 시와 찬미와 신령한 노래들로 주님을 높이며, 범사에 감사하는 삶이 되게 하여 주옵소서. 지휘자와 반주하는 자에게 지혜와 좋은 기능을 주셨으니 주를 위해 즐겁게 봉사하게 하여 주옵소서. 찬양할 때 빌립보 옥문이 열렸고 사울에게 붙었던 귀신이 떠나간 것처럼 지금도 그리하옵소서. 우리의 찬양을 받으시고 기뻐하시는 예수님의 이름으로 기도드립니다. 아멘.

부록

선교는 주님의 명령

• 선교회 헌신예배 •

말씀으로 세계를 만드시고 죄악의 땅에 예수 그리스도를 보내신 은혜의 하나님 아버지! 의에 주리고 목마른 자에게 복 주심을 감사드립니다.

"좋은 소식을 전하며 평화를 공포하며 복된 좋은 소식을 가져오며 구원을 공포하며 시온을 향하여 이르기를 네 하나님이 통치하신다 하는 자의 산을 넘는 발이 어찌 그리 아름다운가"(사52:7) 라고 말씀하셨습니다.

선교는 우리의 일이 아니라 우리에게 맡기신 하나님 나라의 사역입니다. 그러기에 '해도 되고, 안 해도 되는 것이' 아니라 반드시 해야 할 과제를 앉고 선교의 꿈을 키워가는 교회가 되게 하여 주옵소서.

세계에는 아직도 하나님을 알지 못해 무지한 백성으로 죽어가는 자들이 얼마나 많은지 모릅니다. 우리 교회가 선교의 사명을 감당하여 지구촌의 200여 나라와 셀 수 없는 소수민족들을 향하여 그리스도의 복음을 전할 수 있는 선교 제일 교회가 되게 하여 주옵소서.

성도들은 주님을 위해 물질로 헌신할 때 필요한 재물을 주셨습니다. 교회가 선교할 때 재정을 풍요롭게 하셨습니다. 그것은 주님이 기뻐하신다는 사실이며 주님 나라의 가치로 살아가라는 사인임을 믿습니다.

우리의 삶에 진정한 힘과 기쁨은 하나님께로부터 주어짐을 잊지 않게 하옵소서. 오늘도 목사님의 말씀을 통해 선교의 타당성을 놓치지 않게 하시며 그 속에 하나님의 뜻을 발견하게 하옵소서. 예수님의 이름으로 기도드립니다. 아멘.

부록

자원하는 예물을 드리자

• 봉헌헌금기도 •

찬송과 영광을 받으시기에 합당하신 하나님 아버지! 그 크신 은혜와 사랑을 감사드립니다.

우리를 위해 피 흘리신 흔적은 우리를 구속하시는 은혜요, 은혜를 입은 우리는 주님을 위해 모든 것을 포기하고 따르는 일입니다. 우리의 가진 재물이 헌금이 되는 믿음을 주셨으니 감사함으로 모든 헌금을 드릴 수 있습니다.

예수님은 연보 궤 곁에서 부자들이 연보하는 지켜보시다가 과부의 두 렙돈으로 헌금하는 것을 보셨습니다. 부자들의 연보 보다 과부의 작은 헌금이, 모든 사람보다 많이 넣었다고 칭찬하시며 풍족하지 않지만 자신의 모든 것을 주께 드릴 수 있었다고 칭찬하셨습니다.

우리의 헌금이 있는 것의 일부인가, 아니면 최선을 다하는 헌금 인가를 따져보는 시간이 되게 하여 주옵소서.

"주라 그리하면 너희에게 줄 것이니 곧 후히 되어 누르고 흔들어 넘치도록 하여 너희에게 안겨 주리라 너희가 헤아리는 그 헤아림으로 너희도 헤아림을 도로 받을 것이니라"(눅6:38) 고 말씀하셨습니다.

주님께 받은 은혜에 대한 자신의 표현이 물질로 대신할 수 없지만, 우리의 가진 것으로 주님께 감사의 향기를 드리기를 원하오니 받으시옵소서.

즐겨내는 자를 사랑하신하시는 주님! 받은 바 은혜를 인색하거나 억지로 하지 않고 감사함에 진실한 헌신의 제물이 되게 하옵소서. 선한 일에 앞장서서 즐겁게 드릴 수 있는 마음 갖게 하시되 거절하는 마음이 사라지게 하옵소서. 이 예물을 받으신 예수님의 이름으로 기도드립니다. 아멘.

부록

감사로 드리는 인생

• 봉헌헌금기도 •

만물을 창조하시고 주관하시며 다스리시는 살아계신 하나님 아버지!
우리의 형편에 따라 필요한 것을 제공해 주시고 늘 감사함으로 살아가게 해주심을 감사드립니다.

이 땅에는 모든 것이 하나님의 것이요 내 것이라는 것은 아무것도 없으며, 현재 우리가 소유하고 있는 것은 하나님의 위탁물입니다. 우리는 빈손으로 왔다가 빈손으로 가는 인생입니다. 솔로몬왕은 전무후무한 부귀영화를 누린 왕이지만 이 땅을 떠날 때 모든 것이 헛된 것이다 하며 빈손으로 떠났습니다.

이 시간 하나님께 예물을 드리기 원합니다.
"나와 내 백성이 무엇이기에 이처럼 즐거운 마음으로 드릴 힘이 있었나이까 모든 것이 주께로 말미암았사오니 우리가 주의 손에서 받은 것으로 주께 드렸을 뿐이니이다"(대상29:14) 말씀하셨습니다. 다윗왕은 하나님의 성전 건축을 위해 드려지는 모든 헌금이 자신의 것이 아니라 드릴 수 있도록 주신 하나님께 감사하며 드리고 있습니다. 내 소유라고 하는 잘못된 관점은 인색한 마음을 만들어 내지만, 주님께서 주셔서 드린다는 마음으로 즐겁게 드리오니 복 주시옵소서.
우리를 위하여 보물을 땅에 쌓아두면 좀과 동록이 생기며 도적이 구멍 뚫어 잃어버리는 것이 많지만, 하나님 나라에 쌓기를 즐겨하는 자들은 주님이 보상해 주실 것을 믿습니다. 많이 심으면 많이 거두고, 적게 심으면 적게 거두는 법칙을 알게 하시어 주님으로부터 그 믿음을 인정받게 하옵소서.
예수님의 이름으로 기도드립니다. 아멘.

부록

보물을 하늘에 쌓자

• 봉헌헌금기도 •

우리의 가진 것을 믿음으로 봉헌하기를 기뻐하시는 하나님 아버지! 이 시간 헌금을 드리기 전에 먼저 우리의 몸을 산제사로 드려 헌신된 예배가 되게 하여 주옵소서.

"우리가 아직 죄인 되었을 때에 그리스도께서 우리를 위하여 죽으심으로 하나님께서 우리에 대한 자기의 사랑을 확증하셨느니라"(롬5:8)

죄 많은 저희들을 구원해주신 은혜를 생각한다면 어떤 물질로 그 가치를 대신할 수 없어서 희생의 제물 드리기를 원합니다.

"내가 애굽 사람으로 이 백성에게 은혜를 입히게 할지라 너희가 나갈 때에 빈손으로 가지 아니하리니"(출3:21) 하셨습니다. 받은바 은혜를 보답하기 위해 귀한 헌금을 드리기를 원합니다. 예수님께서 탄생하실 때 동방 박사는 황금과 유향과 몰약의 귀한 예물을 드렸으며 마리아도 주님 앞에 가장 귀한 향유를 드렸습니다.

주님 앞에 예배드리는 저희들이 빈손으로 나오지 않고 거룩한 마음으로 헌금드립니다. 부와 권력을 가진 한 청년은 영생을 얻고자 예수님께 찾아왔습니다. 주님은 그 청년에게 "네게 있는 것을 다 팔아 가난한 자들을 나눠 주라" 말씀 하셨을 때 순종하지 못 하고 근심하며 갔습니다. 우리 자신의 소유를 포기하고 주님의 말씀을 믿음으로 순종하는 일에 근심하지 않게 하옵소서. 주님이 채워주실 것을 확신합니다.

내 것이 곧, 주님의 것임을 믿고 하늘의 신령한 복을 사모하는 자들이 되기를 원합니다. 예수님의 이름으로 기도드립니다. 아멘.

부록

염려를 주께 맡기고 드리자

· 봉헌헌금기도 ·

거룩하신 하나님 아버지! 복된 주님의 날 정성과 뜻을 모아서 하나님이 기뻐하시는 예배를 드리게 됨을 진심으로 감사드립니다.

세상에 썩어져 가는 옛 구습과 욕심 때문에 주님의 선한 사업에 힘쓰지 못했던 저희들을 용서하여 주옵소서. 저희들의 약한 믿음 때문에 '목숨을 위하여 무엇을 먹을까, 무엇을 마실까, 무엇을 입을까' 염려하여 창조주 하나님보다 세상 것을 더 사랑하며 살아가고 있습니다.

"공중의 새를 보라 심지도 않고 거두지도 않고 창고에 모아들이지도 아니하되 너희 하늘 아버지께서 기르시나니 너희는 이것들보다 귀하지 아니하냐"(마6:26) 말씀하셨습니다. 모든 염려를 다 주께 맡기고 주님 의지하며 살아가게 하옵소서.

저희들이 드려지는 물질이 헌금이 되는 믿음을 주시어 인색하거나 아까운 마음으로 드리지 않고 믿음으로 드릴 때 하나님이 기뻐 받으실 것을 믿습니다. 사르밧 과부는 죽음을 두려워하지 않고 믿음으로 엘리야에게 양식을 드렸으며, 광야에 어린이는 믿음으로 보리떡과 물고기를 드림으로 기적을 만들었습니다.

우리가 염려하는 것은 악한 영들이 주는 것이기에 믿음으로 염려를 주께 맡기고 감사하며 살아가게 하옵소서. 저희가 드리는 헌금을 통해 하나님 나라의 선한 일에 쓰임 받게 하여 주옵소서.

예수님의 이름으로 기도드립니다. 아멘.

부록

소망의 새해를 맞자

• 설날예배 •

　새날을 창조하시고 복 주시기를 원하시는 하나님 아버지! 어느덧 한 해가 지나고 새로운 한 해를 맞는 새해 첫날을 하나님께 영광의 예배드리게 됨을 감사드립니다.

　하나님은 이 땅 모든 민족들에게 공평한 기회를 주셨습니다. 예수님께서는 '므나 비유'를 통해 우리의 사역을 말씀하셨습니다. 종들은 각자 다른 결과를 낳았고 그 결과에 따라 주인으로부터 칭찬과 책망을 받았습니다.
　주님! 한 해가 시작되는 첫날입니다.
　저희들에게 맡겨준 사명이 분쟁과 불평이 더 커질 때가 있습니다. 맡은 것보다 기도로 준비하지 못한 원인이 나타난 결과였습니다.
　맡겨준 일에 성실하게 순종하는 저희들이 되게 하여 주옵소서. 한 므나로 열 므나와 다섯 므나를 남긴 종들은 칭찬을 받지만, 한 므나를 싸 두었던 종은 책망을 받았으며 가지고 있던 한 므나마저 빼앗겼습니다. 빼앗기는 무지한 청지기가 되지 않도록 기도하며 최선을 다하는 종들이 되어 주님의 마음을 기쁘게 해 드리는 저희들이 되게 하여 주옵소서. 또한 우리의 말이 앞장서지 않고 우리 안에 계시는 주님의 말씀을 의지하여 말없이 실천하는 종들이 되게 하여 주옵소서.

　"모든 육체는 풀과 같고 그 모든 영광은 풀의 꽃과 같으니 풀은 마르고 꽃은 떨어지되"(벧전1:24) 말씀하셨습니다. 세세토록 변하지 않는 말씀을 붙들고 살아가는 소망의 새해가 되게 하여 주시옵소서. 예수님의 이름으로 기도드립니다. 아멘.

부록

3·1절 만세는 주님의 만세

• 3·1절예배 •

이 나라 이 민족을 붙드시고 사랑하시는 하나님 아버지! 이 백성을 통해 영광과 찬양을 받으시옵소서.
"우리가 사방으로 우겨쌈을 당하여도 싸이지 아니하며 답답한 일을 당하여도 낙심하지 아니하며"(고후4:8) 말씀하셨습니다.

1919년 이래 우리나라는 일본의 조선 총독부 통치하에 놓여 민족의 서러움과 한은 지금도 눈을 감지 못한 영령들이 그날을 증인이 되고자 합니다. 우리나라의 고유문화와 인권을 말살하고 토지, 광산, 금융 등 모든 분야의 이권을 독점 경영하였으며, 한 민족의 경제 발전마저 제한하고 민족 지도자들은 모두 해외로 망명시켰으나, 민족 자결주의의 새로운 원칙은 항일 투쟁을 계속해 오던 중 하나님께서 독립 운동가들에게 용기와 힘을 불어넣어 주셔서 독립을 선언하고 나라를 되찾게 해 주셔서 감사드립니다.

그러나 나라를 되찾았지만 일세기도 못 되어 권세와 권력의 다툼으로 나라가 분단되어 반세기가 지나고 있습니다. 3·1운동 함성의 여운이 아직도 사라지지 않고 있는데 또 다른 북녘의 포성은 민족의 가슴에 피를 흘리게 하였습니다. 이 나라가 우상숭배와 음란한 죄악에서 회개하라는 경고의 메시지로 알고 전 국민이 회개하게 하옵소서. 다시는 이런 아픔을 망각하는 민족이 되지 않게 하옵소서. 후대에 물려 줄 하나님의 영광스런 축복의 땅이, 복음으로 선교에 앞장서서 3·1운동 대신, 온 세계에 복음 운동으로 앞장 서가는 나라가 되게 하여 주옵소서. 예수님의 이름으로 기도드립니다. 아멘.

부록

내가 목마르다

• 수난주일예배 •

  저희들의 무지한 죄를 위해 독생자 예수 그리스도를 이 땅에 보내시어 구원해 주신 하나님 아버지! 그 크신 사랑과 은혜를 감사드립니다.

  무지한 사람들은 인간적인 조건을 정해놓고 예수님을 멸시했고 싫어했습니다. 그로 인해 예수님은 많은 멸시를 받으실 뿐 아니라 외로운 십자가 앞에서 슬프고, 고난 앞에 고통은 친숙하셨습니다. 사람들은 예수님이 고난받으실 때 마음이 더욱 강퍅해졌지만, 예수님은 오히려 고통받는 인생들을 불쌍히 여기셨습니다.

  우리의 질고와 슬픔, 징계와 채찍을 다 받으시고 십자가에 못 박히심으로 고통과 출혈이 극심하여 갈증을 가져온 주님은 "내가 목마르다"라고 하시며 고통스러워 하셨습니다.

  이런 수난절을 맞은 저희들에게 그리스도의 보혈의 피를 발라 주시고 우리의 악함을 정결하게 하여 주셔서 감사드립니다. 이제 성결한 몸으로 주님을 위해 선한 헌신에 동참하기를 원합니다. 주님의 고난은 자신의 고난이 아니요 나와 우리 인류를 구원하기 위한 고난이므로 그 은혜 보답하기 위해 기쁘게 십자가를 짊어지는 저희들이 되게 하여 주옵소서.

  저희들의 심령에 은혜의 단비를 부어주시는 하나님! 목사님의 간절한 말씀을 사모하여 회개하고 주님 뜻대로 살아가는 저희들이 되게 하여 주옵소서.
  예수님의 이름으로 기도드립니다. 아멘.

부록

부활은 우리의 부활

• 부활절예배 •

우리 인류를 구원하시고 영원한 천국을 선물로 주신 하나님 아버지! 크신 사랑을 감사드립니다.

"예수께서 이르시되 나는 부활이요 생명이니 나를 믿는 자는 죽어도 살겠고"(요11:25)고 말씀하셨습니다.

예수 그리스도를 믿는 모든 성도들에게 영원한 소망을 주시기 위해 무덤에 머물러 있을 수 없어 사망 권세를 이기시고 영원한 생명으로 부활하셨습니다.
어떤 이들은 예수님의 부활이 없다고 부정하는 사람들도 있습니다. 만약 부활이 없다면 우리의 믿음이 헛것이며, 우리는 여전히 무서운 죄 가운데서 심판을 받게 됩니다. 하지만 예수님의 부활은 역사적인 사실이므로 그 누구도 부인할 수 없기 때문에 저희들이 부활의 증인으로 살아갈 때 가장 영광스럽고 복된 삶이 될 것을 믿습니다.
주님께서 십자가에 죽으신 후 베드로는 디베랴 바닷가에서 육신의 양식을 구하고 있을 때 부활의 주님은 찾아오셨고 주님을 만난 제자들은 죽음을 두려워하지 않고 복음을 전했습니다. 저희들도 부활 신앙의 감격을 회복하여 부활의 증인으로 살아가는 삶이 우리 생활 속에서 나타나게 하여 주옵소서.
목사님의 말씀을 통해 부활의 사건으로 구원의 보증이 되심을 믿고 주님을 위한 삶을 살아가게 하옵소서.
부활하신 예수님의 이름으로 기도드립니다. 아멘.

부록

어린이는 나라의 보배

• 어린이 주일예배 •

　이 땅에 새 생명의 기쁨을 주시고 참된 소망의 꿈을 주시는 하나님 아버지! 어린이 주일을 통해 영광 받으시옵소서.
　"내가 진실로 너희에게 이르노니 누구든지 하나님의 나라를 어린아이와 같이 받아들이지 않는 자는 결단코 거기 들어가지 못하리라 하시니라"(눅18:17) 말씀하셨으며, "또 누구든지 내 이름으로 이런 어린아이 하나를 영접하면 곧 나를 영접함이니"라고 말씀하셨습니다.
　예수님은 어린이를 귀중히 여기시며 그들을 축복해 주셨습니다. 장차 이 나라와 하나님의 나라의 영광을 나타낼 어린이들을 사랑하며 기도로 양육하여 하나님의 영광을 나타낼 수 있게 아이들로 키우게 하여 주옵소서.
　부모들은 어린이들을 믿음 안에서 건강하고 흠이 키워 나라와 민족을 구원하는 에스더처럼, 요셉처럼 쓰임 받는 이 나라의 주역들이 되게 하여 주옵소서. 어린이들은 이 나라의 국력이며 희망입니다. 어린이들에게 거룩한 꿈과 비전을 주시어 전 세계에 예수 믿는 우리나라를 자랑하게 하는 어린이가 되게 하시고, 복음을 전하는 선교사들을 파송하는 나라가 되게 하여 주옵소서.

　하지만 어린이들이 학대를 받고 성폭력의 안전지대가 없어 불안해 떨기도 합니다. 이런 이들에게 보호받을 수 있는 정책적인 제동장치가 잘 마련되어 마음껏 뛰놀고 자라는 어린이들이 되도록 안전한 나라가 되게 하여 주옵소서.

　우리 교회도 어린이들을 위한 예산을 충분히 세워 장차 하나님 나라의 기둥으로 키울 수 있게 하여 주옵소서.
　예수님의 이름으로 기도드립니다. 아멘.

부록

부모 공경은 첫 계명

• 어버이 주일예배 •

이 땅에서 가장 소중한 부모님을 주신 하나님 아버지! 감사와 찬송과 경배를 드립니다.

"네 부모를 즐겁게 하며 너를 낳은 어미를 기쁘게 하라"(잠23:25) 말씀하시며 부모를 공경하는 어버이 주일로 예배드리게 하셔서 감사드립니다. 부모를 공경하는 것은 인간윤리와 도덕적인 교훈이며 하나님의 명령입니다.
 자녀들아 너희 부모를 주 안에서 순종하라 이것이 옳은 일이며 부모를 공경하는 것은 약속 있는 첫 계명이라고 말씀하셨습니다. 예수님께서도 십자가 위에서 요한에게 어머니를 부탁하시며 부모를 염려하는 효심을 베풀었습니다.

세상에는 장수하는 마을도 있다고 하지만, 우리의 생명은 과학의 힘으로 장수하는 것이 아니라 여호와 하나님을 잘 공경하는 것이 장수의 비결이라고 하였습니다.
 내 아들아 나의 법을 잊어버리지 말고 네 마음으로 나의 명령을 지키라 그리하면 그것이 너를 장수하여 많은 해를 누리게 하며 평강을 더하게 하리라고 말씀하셨습니다. 우리의 생명은 우리를 창조하신 하나님께 달려 있으므로 하나님을 공경하여 이 땅에서 복을 누리게 하여 주옵소서.
 목사님의 말씀을 통해 효도하는 자들에게는 축복의 말씀이 될 것이며 불효하는 자들에게는 더 잘하라고 채찍을 들어 책망하는 말씀으로 알아, 부모님을 잘 섬기는 저희들이 되게 하여 주옵소서.
 어버이 주일을 주신 하나님께 감사를 드립니다.
 예수님의 이름으로 기도드립니다. 아멘.

부 록

나라를 위한 희생은 의로운 희생

• 현충일예배 •

우리의 모든 기도를 들어주시기를 기뻐하시는 하나님 아버지! 이 나라와 민족 주심을 감사드립니다.

우리에게 조국을 주시고 충성할 수 있도록 국민의 의무를 감당하게 하였으니 그리스도인들의 자부심을 가지고 그 의무를 잘 감당하게 하여 주옵소서.

모든 국민들은 국방의 의무, 교육의 의무, 근로의 의무, 납세의 의무를 잘 감당하여 세계 속에 위대하고 잘사는 나라가 되기를 위하여 많은 젊은이들의 붉은 피를 이 땅에 흘린 나라입니다.

조국을 적에게서 지키기 위해 생명까지 희생하며 피 흘려 싸운 국군 장병들과 경찰들을 위로 하는 현충일 기념 예배를 주님께 드립니다. 나라 없는 민족이 없으며 백성 없는 나라도 없습니다.

나라가 잘될 때에 민족이 살고, 민족이 잘 되어야 나라가 부강합니다. 우리는 나라는 한민족으로 분단된 아픔이 있는 나라입니다. 에스더는 나라가 위태로울 때 백성들을 모아 기도하였으며, 죽으면 죽으리이다 하는 각오로서 생명 바쳐 나라를 구하였습니다. 이 나라를 지키는 국군장병들과 경찰, 특수부대에 이르기까지 하나님이 보호해 주시도록 기도하는 나라가 되게 하여 주옵소서.

자녀들이 피를 흘리며 희생했던 순국선열들의 유족들을 돌보아 국가를 위해 피 흘린 보람을 눈물에 담게 하옵소서. 어떤 일이 있어도 유가족들의 눈물이 헛되지 않은 나라가 되도록 하여 주시고 다시는 이런 비극이 일어나지 않게 하여 행복한 나라가 되게 하여 주옵소서.

예수님의 이름으로 기도드립니다. 아멘.

부 록

첫 열매를 기쁨으로 드리는 맥추절

• 맥추절예배 •

　범사에 감사와 영광과 찬양을 받으시기에 합당하신 하나님 아버지! 영광을 돌립니다.
　"맥추절을 지키라 이는 네가 수고하여 밭에 뿌린 것의 첫 열매를 거둠이니라 수장절을 지키라 이는 네가 수고하여 이룬 것을 연말에 밭에서부터 거두어 저장함이니라"(출23:16) 말씀하셨습니다.

　예수 그리스도께서 부활하신 첫 열매로 교회를 탄생시키시고 성령의 강림으로 예정 가운데 택하신 자들에게 성령을 부어주시어 영혼을 구원해 주신 표상이, 칠칠절이며 맥추절임을 믿습니다.

　우리가 먹고사는 양식 주심을 감사하여 첫 열매를 주님께 드리기를 원합니다. 죄인을 위해 죽으시고 부활하신 예수님의 은혜를 다시 한 번 깨달아서 영혼구원에 명령을 성실히 감당하는 감사절이 되게 하여 주옵소서.
　그동안 교제하며 관계를 맺고 있던 주변의 수많은 사람들을 구원할 수 있는 영적 추수의 예배가 되게 하여 주옵소서.

　예수 그리스도의 말씀으로 영원한 생명 주시기 위해 언제나 첫 것을 소중히 여기시며 축복하신 주님 앞에 영혼의 첫 열매를 드리게 하심을 감사드립니다.
　아벨은 소산의 첫 것을 드릴 때 그 제사를 기쁘게 받으셨습니다. 우리 교회도 영혼 구원을 위해 세계에 복음화를 위해 선교를 꿈꾸어 가는 비전 있는 교회가 되게 하여 주옵소서.
　예수님의 이름으로 기도드립니다. 아멘.

부록

8·15는 민족의 유월절

• 8·15해방예배 •

역사의 주관자가 되시며 나라의 흥망성쇠를 오른손에 쥐고 계시는 살아계신 하나님 아버지! 그 사랑을 감사하며 영광을 돌립니다.

유일하게도 분단된 국가로서 미국 다음으로 선교사를 가장 많이 파송한 나라가 지난날들은 잊을 수 없는 상처가 있습니다. 일제의 압박 시대와 6·25전쟁의 잿더미 위해 우리나라를 세워 주시고 8·15해방기념주일을 맞이하여 예배를 드리게 됨을 감사합니다.

전쟁을 경험한 세대, 경제 성장을 부르짖고 있는 세대, 산업화의 목소리를 높이는 세대, 미디어 천국 시대가 공존하고 있는 이 세대들 중에는 지난날의 전쟁을 경험하지 못 하고 공부가 최고라고 생각하며 8·15가 무엇인지도 모르는 세대들이 있습니다.

우리가 그리고 자녀들이 살아가야 할 나라는 해방의 기쁨을 누리며 살아가기보다는 핵무기와의 전쟁을 또다시 치러야 하는 불안한 사회 속에서 살아가면서도 그 위기를 모르고 있습니다. 정치인들은 부정 아닌 부정으로 당의 위상을 높이기에 멱살을 잡고 있고, 강력 범죄자들과 성폭행자들은 아동 성폭력까지 판을 치고 있고, 세계에서 이혼율 1위, 청소년 흡연 1위, 음주 1위인 이 나라의 앞날을 염려하며 책임지는 사람이 없는 주인 잃은 나라처럼 보입니다.

이 나라를 사랑하시는 하나님께서 믿음으로 기도하는 백성들의 간절한 기도를 들어주시어 건강하고 튼튼한 나라, 잘사는 나라가 되게 하여 주옵소서.

예수님의 이름으로 기도드립니다. 아멘.

부록

이웃과 함께 나누는 명절

• 추석예배 •

하늘과 땅을 창조하시고 자연을 풍요롭게 하신 하나님 아버지! 큰 사랑을 감사드립니다. 광활한 땅과 유구한 문화와 역사와 전통을 가진 나라들도 많지만, 그 가운데 우리 나를 축복하시어 사계절을 주시고 때를 따라 햇빛과 비를 주시며 오곡백과 풍성한 열매로 삶에 기쁨과 즐거움을 주신 하나님께 감사 예배드립니다.

특별히 오늘은 우리나라의 고유한 명절인 추석을 맞이하여 모든 국민들이 더도 말고 덜도 말고 이날만 같았으면 좋겠다고 외치며 선물로 함께 기쁨을 누리는 명절입니다. 이 명절을 맞이하여 즐거움만 누릴 것이 아니라 이스라엘 백성들이 광야 초막에서 맥추 절기를 지켰듯이 죄악에서 구원받아 하나님의 자녀가 된 것을 먼저 감사하게 하여 주옵소서.

이스라엘 백성은 믿음을 지켜온 위대한 선진들이 하나님의 은혜를 성경에 기록하며 감사드렸습니다. 모세는 백성을 이끌고 40년 광야 생활 속에 있을 때 하나님이 그 백성들을 먹여주셨고 전쟁에서 승리하게 하셨고 구름 기둥과 불기둥으로 지켜주셨던 것을 감사드렸습니다.

우리나라를 동북아시아에 꽃처럼 피어오르게 지켜주신 하나님께 감사를 드립니다. 원하는 것은 무엇이든지 가질 수 있고, 할 수 있고, 또 될 수 있는 자유가 있는 나라에 풍요로운 명절입니다. 이제 오직 한 가지 해야 할 일이 있습니다. 그것은 믿지 않는 우리 가족들을 꼭 구원하는 일입니다. 이 사명을 감당하게 하여 주옵소서. 예수님의 이름으로 기도드립니다. 아멘.

부록

범사에 참된 감사

• 추수감사주일예배 •

　감사할 모든 조건을 주시며 범사에 감사와 찬양과 경배를 드리게 하신 하나님 아버지! 영광을 받으시옵소서.
　"여호와께 감사하라 그는 선하시며 그의 인자하심이 영원함이로다 너희는 이르기를 우리 구원의 하나님이여 우리를 구원하여 만국 가운데에서 건져내시고 모으사 우리로 주의 거룩한 이름을 감사하며 주의 영광을 드높이게 하소서 할지어다"(대상16:34) 말씀하셨습니다.
　지구의 종말을 선포하듯이 지구의 온난화로 인해 북극의 얼음이 녹아내리고 해수면은 높아지고 바닷물의 온도는 상승하여 최악의 위기를 맞고 있는 중에 있지만 그 위기를 잊어버린 듯, 좋은 것을 주시며 감사할 제목들로 찬양하며 예배드리게 하심을 감사드립니다.
　또한 죄와 허물로 사망 길에서 방황하던 우리를 구원하여 주셨으며, 하나님의 자녀로 인정해 주시고 썩지 않고 쇠하지 않는 영원한 기업을 우리에게 유업으로 주시어 산 소망 가운데 살게 하심을 감사 드립니다.
　바울과 실라와 같이 상황을 초월하여 감사할 수 있게 하시고 병상에서나 어떠한 어려운 환경 속에서도 감사의 찬송이 끊이지 않게 하옵소서. 아무것도 염려하지 말고 오직 기도와 간구로 우리의 구할 것을 감사함으로 하나님께 아뢸 수 있도록 우리의 믿음을 더하게 하여 주시옵소서.
　아름다운 산과 들의 초목을 울창하게 하시고 해와 달과 별의 광채를 이 땅에 내려주신 하나님께 감사 찬송을 드리기 원합니다.
　예수님의 이름으로 기도드립니다. 아멘.

부록

한 영혼이 온 천하보다 귀하다

· 전도주일예배 ·

　죽어가는 영혼의 생명을 구원하시 위해 독생자 예수 그리스도를 이 땅에 보내주신 하나님 아버지! 그 사랑을 감사드립니다.
　"너는 말씀을 전파하라 때를 얻든지 못 얻든지 항상 힘쓰라 범사에 오래 참음과 가르침으로 경책하며 경계하며 권하라"(딤후4:2) 말씀하셨습니다.
　전도는 예수께서 우리에게 남겨 주신 최종 지상명령이기도 합니다. 이것은 전도할 여건과 적합한 환경이 주어지지 않아도 해야 할 우리의 사명입니다.
　우리 교회가 건물만을 자랑하는 교회가 아니라 말씀 선포하고 인내함으로 사람을 가르치며, 격려하여 복음 전도자로 나서게 하여 주옵소서.

　향락주의로 퇴패한 세대들을 향하여 십자가 구속의 복음을 어느 누구를 가리지 않고 전할 수 있는 능력을 주옵소서. 사도 바울은 자신의 삶이 마지막에 이르렀음을 느끼면서도 모든 것을 남김없이 하나님께 드려 영혼 구원의 초점을 맞췄습니다.

　저희들에게도 하나님이 주신 은사를 아낌없이 사용하여 새 생명을 얻는 기쁨을 누리게 하여 주옵소서. 땅끝까지 복음이 전파되기 위하여 우리에게 명령하신 주님의 말씀을 순종하는 것은 바로 우리에게 주신 명령임을 믿습니다.

　교회의 부흥은 구호가 아니라 영혼을 낳는 해산의 고통입니다. 우리의 생명도 귀한 것으로 여기지 않고 최선을 다하여 사명을 감당하는 저희들이 되게 하여 주옵소서.
　예수님의 이름으로 기도드립니다. 아멘.

부록

인류 구원의 성탄

• 성탄예배 •

　인류를 구원하시기 위해 아기 예수 그리스도를 이 땅에 보내신 하나님 아버지의 그 크신 사랑을 진심으로 감사와 찬송을 드립니다.
　"또 유대 땅 베들레헴아 너는 유대 고을 중에서 가장 작지 아니하도다 네게서 한 다스리는 자가 나와서 내 백성 이스라엘의 목자가 되리라 하였음이니이다"(마2:6) 말씀하셨습니다.
　성탄은 우연한 인간의 탄생이 아니라 하나님의 섭리였습니다. 요셉이 천사의 말에 따라 마리아를 아내로 받아들이고 잉태한 아이를 자신의 호적에 등록했기 때문에 예수님은 다윗의 자손으로 족보에 올라갈 수 있었습니다. 이것은 오래전 선지자들이 베들레헴에서 예수님이 태어날 것을 예언한 것을 이루기 위해서입니다.
　우리를 구원하시기 위해 오랜 역사 속에서 묻어두지 않으시고 그 예언을 이루신 하나님 아버지! 그토록 소중하셨던 하나님의 아들 독생자를 보내 주셔서 천한 저희들을 구원하신 것을 진심으로 감사를 드립니다. 동방의 박사들과 양치는 목동들만의 경배가 아니라 온 인류의 백성들이 주님을 경배하기를 원합니다.

　예수님이 이 땅에 오셨지만 세계는 전쟁과 기근, 경제와 에너지, 우주 항공사업과 위성, 스포츠와 미디어로 혼잡한 세상입니다. 예수님의 탄생으로 다시 한번 평화가 정착되고 구원의 기쁨을 누리는 축제의 성탄절이 되게 하옵소서. 다시는 원망과 불평, 시기와 질투, 미움과 전쟁이 없고 사랑이 넘치는 평화로운 세상이 되게 하옵소서.
　예수님의 이름으로 기도드립니다. 아멘.

부록

새해 새 소망을

• 송구영신예배 •

　어두운 세상을 밝히는 태양을 주셔서 어둠을 몰아내게 하신 하나님 아버지! 새해 첫 하루의 시작과 함께 영광과 감격된 예배를 드리게 하심을 감사드립니다. "그런즉 누구든지 그리스도 안에 있으면 새로운 피조물이라 이전 것은 지나갔으니 보라 새 것이 되었도다"(고후5:17) 말씀하셨습니다.

　세월은 유수와 같아 빠르게 지나가 버리고 새해 아침이 밝았습니다. 다사다난했던 한 해를 아쉽게도 보내면서 한 해를 결산해 볼 때 남는 것은 주의 은혜와 사랑뿐이었습니다. 갖가지 원수의 올무에서 벗어나게 하시고 사망의 그늘을 피하게 해주신 하나님 아버지! 생각할 때마다 감사를 드릴 것뿐입니다.

　묵은해를 보내고 새해를 맞는 우리에게는 새로운 다짐과 결단의 시간이 되게 하여 주옵소서. 정욕과 교만과 자랑과 거짓과 불충과 온갖 불경건과는 영원히 이별하게 하시어 주님만을 사랑하며 주님의 손에 붙들려 살게 하여 주시옵소서. 수고와 슬픔뿐인 인생들에게 세월은 쉽게 지나가고 있음을 알게 하는 지혜도 주옵소서.

　새해에는 내 가족과 이웃을 전도하여 구원받는 백성들이 늘어나게 하옵소서. 잠시 후면 이 해의 마지막 순간이 다가오며 모든 것이 새로운 한 해가 시작됩니다. 새로운 기쁨과 새 소망을 가지고 새해를 맞게 하여 주시옵소서.
　지금까지 지내온 것도 하나님의 크신 은혜였지만 새로 시작하는 한 해에도 하나님의 은혜로만 살게 하여주옵소서.
　예수님의 이름으로 기도드립니다. 아멘.

부 록

요단강에서 세례를 받으신 예수님

· 세례주일예배 ·

　악한 죄악을 벗어 버리고 하나님 나라의 거룩한 백성이 되라고 예수 그리스도를 이 땅에 보내주신 하나님 아버지! 구원하여 주심을 감사드립니다.
　"그러므로 너희는 가서 모든 민족을 제자로 삼아 아버지와 아들과 성령의 이름으로 세례를 베풀고"(마28:19) 말씀하셨습니다.

　주님의 이름으로 세례받은 자들은 그리스도와 연합하여 성령님이 새롭게 하는 능력으로 죄악의 어둠에서 해방되어 거룩하고 정결한 그리스도인으로 살아가도록 보혈의 피 뿌려 주심을 감사드립니다.
　그러므로 이 세례는 형식이 아니라 예수님의 죽으심과 부활에 동참함으로 그리스도와 연합된 신앙의 행위를 통해 구원하시기 위해 부르심을 입은 소명임을 확신하게 하여주옵소서.

　오늘 세례 주일 예배에 참례하는 성도나 세례받는 성도들은 지난날의 잘못을 철저하게 회개하고 거듭나는 그리스도인이 된 것을 다시 한 번 확인하고 다짐하는 기회를 갖게 하여 주옵소서.

　주님께서도 세례를 받으시고 요단강에서 올라오실 때 하늘이 열리고 하나님의 성령이 비둘기 같이 임할 때 하늘에서 말씀하셨습니다. "내 사랑하는 아들이요 내 기뻐하는 자라 하시니라"(마3:17) 하셨습니다.
　오늘 세례받는 성도들에게 하나님의 성령이 충만케 하시고 내 사랑하는 아들이요 내 기뻐하는 자라는 하나님의 음성이 성전에 가득 임하게 하옵소서. 우리의 죄를 속죄하신 예수님의 이름으로 기도드립니다. 아멘.

부록

만세 반석 위에 세운 교회

• 창립주일예배 •

　교회의 머리가 되신 예수 그리스도를 보내시어 교회를 세우시고 구원함을 얻은 백성들을 불러주신 하나님 아버지! 은혜와 사랑을 감사를 드리오니 영광을 받으시옵소서.

　베드로는 예수님이 "주는 그리스도시오 살아계신 하나님의 아들이니라"고 고백하고 주님은 베드로에게 말씀하셨습니다. "너는 베드로라 내가 이 반석 위에 내 교회를 세우리니 음부의 권세가 이기지 못하리라"(마16:18) 예수님의 마음에 만족하게 고백했던 베드로의 인격적인 믿음을 보셨습니다.

　교회는 예수님을 하나님의 아들로 믿으며 구주이심을 고백하는 신앙 위에 세우셨습니다. 교회는 건물이 아니라 참된 신앙의 고백 위에 교회를 세워주셨습니다. 우리 교회에게 예수 그리스도의 뜻을 따라 구원받은 백성들을 부르라고 사명 주셨으니, 진정한 신앙을 고백하는 교회요, 그 고백이 교회설립의 선언임을 알게 하여 주옵소서.

　우리의 진정한 고백은 예수 그리스도입니다. 우리 교회를 그리스도 위에 세우시기 위해 주님은 고난을 받으시고 속죄로 죽음을 맞으면서도 부활하신 메시아로 승리하는 교회의 표상이 되어주셨으니, 구원을 방해하는 악한 영들과 싸워 승리하는 교회가 될 것을 믿습니다. 그러기에 우리 교회가 한목소리로 전해야 할 복음은 십자가에서 승리하신 예수 그리스도를 전하게 하여 주옵소서.

　이런 교회가 탄생한 감사예배를 드릴 때 값진 예물을 드려 구원받은 백성이 많아지는 교회가 되게 하옵소서.

　예수님의 이름으로 기도드립니다. 아멘.

부 록

죽도록 충성하라

• 장로, 안수집사, 임명자, 임직예배 •

　거룩한 사명을 감당하여 충성하라고 직분 주신 하나님 아버지! 귀중한 직분 주시어 임직예배 그리게 됨을 감사드립니다.
　"큰 집에는 금 그릇과 은 그릇뿐 아니라 나무 그릇과 질그릇도 있어 귀하게 쓰는 것도 있고 천하게 쓰는 것도 있나니"(딤후2:20) 말씀하셨습니다.
　그릇의 재료가 다르고 용도가 다르듯, 사람도 타고난 기질과 재능도 다르게 만드셨습니다. 그러나 하나님께서는 우리의 재료가 금이냐 은이냐를 평가하지 않으시고 그 그릇이 어디에 어떻게 사용할 수 있게 준비되었는지를 확인하십니다.
　임직을 맡은 여러 직분 자들은 하나님이 쓰시기에 준비된 줄로 믿습니다. 그러므로 세상의 정욕과 불의를 멀리하고 의와 진리와 믿음과 사랑을 실천하여 악하고 타락된 세상을 변화시키는 능력을 겸비하게 하여 주옵소서.

　사나운 자들에게는 온유하고 죄의 길에서는 단호한 결단력을 주셔서 죄악의 길을 멀리하고 진리의 등불을 켜드는 종들이 되어 주님 마음을 흡족하게 해 드리는 직분자들이 되게 하여 주옵소서.

　세상에 가장 귀한 것이 있다 하여도 주님을 위해 우선순위를 둘 수 있는 종들이 되게 하여 주옵소서. 직분을 수행하던 중 힘들고 어렵다 하여 포기하는 일이 없게 하시고 주어진 은혜에 감사하는 믿음을 본보일 수 있는 자들이 되게 하여 주옵소서. 하나님의 진리를 수호하는 자로서 불의를 거부하고 정의를 존중하는 깨끗한 직분자들이 되어 하나님께 영광 돌리게 하여 주옵소서.
　예수님의 이름으로 기도드립니다. 아멘.

부록

환난 날에 나를 부르라

• 심방예배(시험 당한 가정) •

　우리의 피난처가 되시고 환난 날에 저희들을 구원해 주시는 하나님 아버지! 그 은혜와 사랑을 감사드립니다. "환난 날에 나를 부르라 내가 너를 건지리니 네가 나를 영화롭게 하리로다"(시50:15) 말씀하셨습니다. 마지막이 가까울수록 더 어렵고 고달픈 시련이 바람이 불어오는 것을 경험합니다. 이럴 때에도 경건하게 살고자 하는 자들에게는 그로인해 감당하기 어려운 일도 만납니다. 그러나 우리를 결코 시련 중에 두지 않으시고 반드시 일으켜 세워, 믿음으로 진리를 굳게 하여 흔들리지 않는 능력 주실 것을 믿습니다. 주님의 권능은 환난에서 벗어나 근심 없게 하시며 이전보다 더 큰 비전을 보여주실 것을 믿습니다. 예수님의 이름으로 기도드립니다. 아멘.

네 집이 구원을 얻으리라

• 심방예배(새로 믿는 가정) •

　"주 예수를 믿으라 그리하면 너와 네 집이 구원을 받으리라 하고"(행16:31) 말씀하시며 말씀하셨습니다. 죄악의 올무에서 쉽게 벗어나지 못 하고 오랜 방황의 끝에 주님을 발견하게 하셨습니다. 아브라함의 가정도 우상을 섬겼으나 하나님이 찾아주셔서 우상을 청산하고 믿음의 조상으로 구별하시어 하늘의 별과 같이 바닷가의 모래알과 같은 복을 주셨습니다. 주님께서 우리를 구별하여 자녀 삼으시고 불신의 죄에서 해방시켜 구원받게 하셨습니다. 세상에서 완벽한 삶을 살았다 하여도 우리의 내적 견고한 마음을 깨트리시는 분은 우리가 아니라 주님이셨습니다. 이제 악한 영들에서 해방되어 전능하신 하나님의 능력을 경험하는 삶을 살아가도록 하나님의 자녀가 되는 권세를 주옵소서. 예수님의 이름으로 기도드립니다. 아멘.

부록

자식은 여호와의 주신 기업

• 심방예배(돌) •

일 년이 하루 같은 날을 주시어 첫돌을 맡는 기쁨을 안겨주심을 감사드립니다. 하나님께서 자녀에게 새 일을 행하셨던 지난날들은 모두 신비롭고 경이로우신 하나님임을 경험하게 하셨습니다. 그 은혜 감사하여 하나님의 선한 일 감당할 수 있는 자녀로 키워, 주님의 영광을 나타내기 원합니다. 세례 요한의 출생은 사가랴와 엘리사벳의 기쁨과 즐거움만이 아니요 많은 사람이 함께 즐거웠던 것처럼 자녀의 돌은 사람들도 기뻐하며 하나님의 기쁨이 되기를 소망합니다. "여호와께서 집을 세우지 아니하시면 세우는 자의 수고가 헛되며 여호와께서 성을 지키지 아니하시면 파수꾼의 깨어 있음이 헛되도다"(시127:1) 말씀하셨습니다. 자식은 여호와의 주신 기업이라 하셨으니 평생에 주님 품에 안기어 평안과 형통의 은혜를 베풀어 주옵소서. 예수님의 이름으로 기도드립니다. 아멘.

백발은 영화의 면류관

• 심방예배(회갑/칠순) •

하나님의 은혜와 경륜 속에 평생을 돌보아주시어 주의일 하다가 자녀들을 축복하시어 고희를 맞습니다. "백발은 영화의 면류관이라"(잠16:31), "여호와를 경외하면 장수하느니라"(잠10:27) 늙은 자의 아름다운 것은 백발이라 하셨습니다. 예수님에게 있는 은혜와 진리의 충만함으로 한 평생을 살아 건강과 믿음의 복을 주셨으니 남은 생애 주님의 영광을 나타내며 자손들을 믿음으로 축복하여 세계선교를 꿈꾸는 종들이 되게 하옵소서. 건강으로 지켜주시어 여기까지 오게 하셨으니, 남은 기간도 주님의 것입니다. 영원한 생명이신 예수님을 믿어 하나님의 나라 기쁨이 되도록 지켜주옵소서. 젊은이들이 할 수 없는 새로운 사명이 무엇인가 발견하여 충성하게 하옵소서. 예수님의 이름으로 기도드립니다. 아멘.

부록

이 땅 위에 삶보다 더 좋은 낙원

• 심방예배(추모) •

　수정같이 맑은 생명수 강이 하나님과 어린양의 보좌로부터 흘러 길 가운데로 흐르게 하신 하나님 아버지! 아브라함 같은 믿음을 지키다가 먼저 가신 고인을 추모하여 예배드립니다. "형제들아 자는 자들에 관하여는 너희가 알지 못함을 우리가 원하지 아니하노니 이는 소망 없는 다른 이와 같이 슬퍼하지 않게 하려 함이라"(살전4:13) 말씀하셨습니다. 예수님의 품에서 지난날의 고생을 잊으시고 영원한 안식을 누리기에 그곳은 다시 저주가 없으며 하나님과 어린양의 보좌가 그 가운데 있고 그의 종들이 그를 섬기고 있음을 확신합니다. 남은 자들은 고인의 삶을 영원히 이어 가며 하나님의 뜻을 이 땅 위에 전파하여 부활의 소망이 되신 예수님을 높이며 살기를 원합니다. 예수님의 이름으로 기도드립니다. 아멘.

주님의 사랑으로 이루는 부부

• 심방예배(약혼) •

　하나님께서 사람을 처음으로 만드시고 남자와 여자가 연합하여 가정을 이루는 제도를 만들어 주셨습니다. 그러므로 결혼은 하나님이 창설한 신성한 복된 가정 제도입니다. 하나님 앞에서 신성한 가정을 이루기 위해 엄숙히 약속하오니 이들이 결혼하기 까지 거룩한 그리스도인의 삶을 실천 해가며 서로의 사랑이 더욱 깊어가게 하옵소서. 허물과 약점은 사랑으로 덮어주고 잘하는 점과 강점은 더욱 다듬어서 가정공동체의 주인으로 준비하게 하옵소서. 꽃의 향기는 바람이 불수록 더 진하듯이 두 사람이 하나님의 은혜 안에 피운 사랑의 꽃 바람은 모든 가족에게 불어 기쁨을 안겨주게 하옵소서. 예수님의 이름으로 기도드립니다. 아멘.

부 록

충성스러운 종의 가정이 되라

• 심방예배(임직 받은 가정) •

알렉산드리아에 아볼로라는 사람은 학문이 많고 성경에 능한 자였지만 요한의 세례만 알고 있었습니다. 바울을 도와 충성하던 브리스길라와 아굴라 부부는 그에게 하나님의 말씀을 더 자세히 알려줬던 헌신의 사람이었습니다. 이 가정에도 예수님께 칭찬받는 가정이 되게 하여 주옵소서. 주님께서 우리를 구원하시기 위해 십자가의 아픔을 참으시어 온 세상을 구원하신 것처럼 어려운 일이나 혹 슬픈 일에도 주님만을 바라보며 맡겨준 사명을 감당할 수 있게 하여 주옵소서. '맡은 자들에게 구할 것은 충성'이라 하셨으니 그 외에 다른 말을 덧붙이지 않게 하시고 죽도록 충성하여 생명의 면류관을 받아 쓰는 기쁨을 또한번 맛볼 수 있게 하여 주옵소서. 예수님의 이름으로 기도드립니다. 아멘.

주님을 주인으로 모시는 가정

• 심방예배(이사한 가정) •

길이요 진리요 생명이 되시는 주님을 우리 가정에 주인으로 모시기를 원합니다. 우리가 염려하여 키를 한자나 더 자라게 할 수 없듯이, 모든 염려 주님께 맡기고 주님의 뜻을 따라 순종하는 가정으로 본보이게 하옵소서. 하나님께서 광야 학교에 있던 이스라엘 백성들을 위해 낮에는 구름 기둥으로, 밤에는 불기둥으로 인도하셨습니다. "너희가 내 안에 거하고 내 말이 너희 안에 거하면 무엇이든지 원하는 대로 구하라 그리하면 이루리라"(요15:7) 하셨습니다. 우리의 진정한 복은 하나님이십니다. 주님께서 우리의 목자장이 되시어 푸른 초장 맑은 물가로 인도하여주시고 쉴만한 물가로 인도하실 것을 믿습니다. 이 가정으로 하나님이 기뻐하시는 선한 일을 이루게 하옵소서. 예수님의 이름으로 기도드립니다. 아멘.

부록

하나님은 지혜와 지식의 근본

• 심방예배(입학한 가정) •

"네 자녀에게 부지런히 가르치며 집에 앉았을 때에든지 길을 갈 때에든지 누워 있을 때에든지 일어날 때에든지 이 말씀을 강론할 것이며"(신6:7) 말씀하셨습니다. 지식과 지혜와 근본은 하나님이시기에 학문을 앞서기 전에 주님의 말씀을 실천에 옮겨가며 살게 하옵소서. 입학의 첫걸음부터 목표에 이르기까지 주님 인도하시어 학문이 우상 되지 않게 하시고 강한 사람에게 강하게 하고, 약한 사람에게 약한 자가 되어 실력으로 섬기는 사람이 되게 하옵소서. 학문을 탐구하는 어려운 중에서도 주님이 세우신 몸된 교회에서 충성하게 하시고, 인간적인 욕심이나 방법을 주장하지 않게 하옵소서. 오직 하나님의 약속을 신뢰하고 하나님께 영광 돌려 정상에 서게 하옵소서. 예수님의 이름으로 기도드립니다. 아멘.

믿음과 중심을 보시는 주님

• 심방예배(믿음이 약한 가정) •

오직 의인은 믿음으로 말미암아 살리라 하신 말씀만을 붙들고 살아가기 원합니다. 말씀이 있는 곳이라면 어느 곳을 고려하지 않고 나서기를 원합니다. 믿음으로 살아가는 길에는 직분도 중요하지만 자신을 부인하고 헌신하지 않는다면 그 믿음은 잘 그려진 그림에 불과합니다. 믿음으로 하나님을 기쁘게 해 드리는 가정이 되기를 원합니다. 진리를 거슬러서는 아무것도 할 수 없듯이 주님 없는 우리의 업적은 교만의 선봉이며 무너지는 바벨탑뿐입니다. 사소한 것을 바라보고 낙심하지 않고 위에서 상주시는 주님을 바라보며 묵묵히 헌신의 자리로 내려가는 믿음을 보여주게 하옵소서. "내가 가는 길을 그가 아시나니 그가 나를 단련하신 후에는 내가 순금 같이 되어 나오리라"(욥23:10) 예수님의 이름으로 기도드립니다. 아멘.

부록

예수님의 좋은 군사

• 심방예배(군대 간 가정) •

평화를 사랑하라고 국가의 부름을 받아 제복을 입고 나서는 자녀에게 정의의 길을 배우게 하시고 인내를 배우게 하시어 든든한 국방의 의무를 감당하는 군인으로 그 자리에 서게 하옵소서. 젊은이가 가는 길에는 수많은 어려움도 있지만 나라를 지키는 국방의 의무를 감당하는 일에는 어렵다 회피하지 않고 여호수아처럼 앞장서는 장병이 되게 하옵소서. 초병이 자기의 위치를 분명하게 지키고 있는 한가족이, 국가가, 적군에게 노출되지 않을 것이며 철통 같은 국방의 힘은 오히려 적군에게 위협이 될 것을 믿습니다. 군인으로 부름 받은 하나님의 자녀들은 의무 기간을 때우기 위한 자리가 아니라 나라를 민족을 위한 불침번임을 알게 하옵소서. 큰 눈을 뜨고 지켜주시어 건강하게 하옵소서. 예수님의 이름으로 기도드립니다. 아멘.

졸업은 시작이다

• 심방예배(졸업하는 가정) •

시작과 끝도 하나님이 주관하심을 감사드립니다. 주님께서 건강 주시고 지혜 주시어 음란하고 패역한 사회 속에서 학업을 마칠 수 있게 해주셨습니다. 또 다른 학문을 탐구하기 위해 더 넓은 세상으로 나갈지라도 주님은 거기 계시기에 두렵지 않게 하옵소서. 어디를 가든지 주님 밖에 의지할 자가 없음을 고백하며 겸손히 교정을 나서게 하옵소서. 배우고 익힌 지식과 지성을 가지고 낮은 사람, 비천한 사람, 눌린 사람을 위로하며 그들의 숨결을 들을 수 있는 지혜를 주시어 하나님께 쓰임 받는 사람이 되게 하여 주옵소서. 언제나 주님 앞에는 정직한 자로, 사람들에게는 양심 있는 자로 살아가게 하시어 어두운 세상을 밝히는 빛으로 소금으로 살아가게 하옵소서. 예수님의 이름으로 기도드립니다. 아멘.

부록

주님은 만병의 대 의사

• 심방예배(병든 가정) •

　우리의 연약함은 하나님의 능력을 나타내는 기회이며, 우리의 질병은 하나님의 치유하심을 바라는 믿음입니다. 저희에게 생사화복을 주시고 좋은 것 주시기를 기뻐하신 하나님의 은혜를 기대하며 간구합니다. 주님께서 가버나움의 한집 계실 때 네 명의 친구가 한 중풍병자 친구를 침상 채 메고 왔습니다. 예수님의 그의 믿음을 보시고 '소자야 네 죄 사함을 받았느니라.' 말씀하셨습니다. 치유의 손길을 기다는 자에게 필요한 것은 오직 주님의 능력뿐임을 믿습니다. 주님이 이 곳에 오셔서 인간의 눈으로 볼 수 없고 알 수 없는 질병에서 자유하도록 자비를 베푸시옵소서. 이 일을 통해 우리에게 연약함을 주신 목적이 무엇인가 발견하여 주님 뜻대로 살아가게 하옵소서. 예수님의 이름으로 기도드립니다. 아멘.

하늘나라의 소망을 바라보자

• 심방예배(믿다가 낙심한 가정) •

　우리가 아직 죄인 되었을 때에 그리스도께서 우리를 위해 죽으시고 하나님의 자녀 삼아주신 주님의 사랑을 어찌 모른다고 외면할 수 있겠습니까? 그 크신 은혜와 사랑을 저버릴 수 없어 감사하며 어떤 어려운 일에도 낙심치 않으며 살아가기를 원합니다. 하지만 우리가 감당하기 어려운 일은 여전히 힘겹기만 합니다. 이럴 때 우리의 힘으로 해결하려고 하는 생각을 내려놓고, 주님의 지혜를 구하며 도와주심을 기대합니다. 저희는 이 가정의 형편과 사정을 다 알지 못하는 무지함에 있지만, 마음의 중심을 아시는 주님께서 상황과 형편을 고려하여 평안하게 하시고 믿음으로 인내하며 이겨나갈 때 더 큰 것으로 보상해 주실 것을 믿고 주님만을 의지하기를 원합니다. 예수님의 이름으로 기도드립니다. 아멘.

부록

주님의 빛을 내기 위한 승진

• 심방예배(승진한 가정) •

자기의 힘을 과시하는 사람들에게는 세상이 주는 명예와 권세를 이용 하려 하지만, 하나님께 기도하는 사람들의 승진은 겸손히 타인을 섬기기를 원하며 이런 일까지 높여주신 하나님께 감사드리는 신앙입니다. 주님의 뜻을 순종하기 원하여 기도하더니 이렇게 좋은 자리에 이르게 하신 하나님께 영광을 돌리기 원합니다. 이 자리까지 올 수 있게 하신 것도 감사드리지만 감당할 수 있는 능력 주실 것을 믿고 감사하게 하옵소서. 누구나 사회적으로 높은 지위에 있고 인정받는 자리에 있다고 해도 인간의 힘으로 유지할 수 있는 자리는 없습니다. 겸손히 엎드려 자신 앞에 달려오는 어려운 문제들을 지혜롭게 해결해 수 있도록 도우심을 구하며, 능력을 최대한 발휘할 때 빛 되게 하옵소서. 예수님의 이름으로 기도드립니다. 아멘.

나라를 위해 부름 받은 가정

• 심방예배(군에 입대한 가정) •

"여호와께서 집을 세우지 아니하시면 세우는 자의 수고가 헛되며 여호와께서 성을 지키지 아니하시면 파수꾼의 깨어 있음이 헛되도다"(시127:1) 말씀하셨습니다. 나라의 부름을 받아 군대에 가는 것은 의무이기 전에 남자의 자부심입니다. 군대에 가는 것은 나 개인의 문제가 아니라 내 나라와 조국을 지키는 영광스러운 일이며 내 가족을 지키는 의무입니다. 그리스도의 군사가 되어 주님의 영광을 나타낼 수 있는 기회로 삼아 존경받고 귀감이 되는 아들이 되게 하옵소서. 위험한 곳에서는 큰 눈으로 지켜주시고 보호해 주옵소서. 정신적으로나 육체적으로나 건강한 위상을 세울 수 있는 든든한 남아로서의 자격을 부여받을 수 있는 곳임을 알아 하나님만을 의지하게 하옵소서. 예수님의 이름으로 기도드립니다. 아멘.

부록

욥의 인내를 생각하라

• 심방예배(사업 실패한 가정) •

"우리가 사방으로 우겨쌈을 당하여도 싸이지 아니하며 답답한 일을 당하여도 낙심하지 아니하며 박해를 받아도 버린 바 되지 아니하며 거꾸러뜨림을 당하여도 망하지 아니하고"(고후4:8) 말씀하셨습니다. 우리에게 '왜 이런 일이 있게 되었는가.' 하고 원망하기보다는 우리가 겪고 있는 문제 속에 하나님의 뜻이 무엇인가를 구할 수 있게 하옵소서. 우리 인생의 주인이 주님이시기에 그 해답도 주님께 있음을 고백합니다. 우리의 연약함은 하나님의 능력을 나타내는 도구이시기에 우리가 처하고 있는 역경은 하나님이 일하시고자 하는 새로운 도약임을 믿습니다. 마음이 곤비한 자들을 위로하시고 번민하는 자에게 희망을 주시는 주님! 참된 소망은 보이는 것에만 있지 않음을 믿습니다. 예수님의 이름으로 기도드립니다. 아멘.

실패는 성공의 지름길

• 심방예배(진학에 실패한 가정) •

'실패는 성공의 어머니라' 라는 말도 있습니다. 수많은 영웅들이 왔다 갔지만 영웅이 공짜로 된 것이 아니라 분명한 과정을 주시고 그 과정으로 온전하게 하신 것을 믿습니다. 욥은 "내가 가는 길을 그가 아시나니 그가 나를 단련하신 후에는 내가 순금 같이 되어 나오리라"(욥23:10) 말씀하셨습니다. 산을 알려면 나무를 바라보기보다는 큰 숲을 바라보아야 하듯이, 부분적인 실패 앞에 무릎 꿇지 않게 하시고 큰 숲을 볼 수 있는 건강한 믿음을 주옵소서. 형들의 미움을 받아 애굽에 팔려간 요셉에게 거룩한 꿈을 주시어 총리가 되게 하신 하나님을 믿습니다. 실패는 절망이 아니라 새로운 시작이며 도약의 사인임을 알게 하시어 겸손히 주님을 의지하는 믿음의 도를 배우게 하옵소서. 예수님의 이름으로 기도드립니다. 아멘.

부록

직장은 사업이다

· 심방예배(취업한 가정 심방) ·

　변함없이 주님을 의지하며 살아가게 하심을 감사드립니다. 세상에서 우리의 자리가 있고 없음이 아니라, 언제라 돌보아 주시는 하나님의 사랑에 더욱 감사드립니다. 주님 때문에 하나님의 영광을 나타낼 수 있게 되었으니 그 은혜와 영광을 안고 일터로 들어가 주님 영광만 나타내게 하옵소서. 우리에게 익숙하지 못한다 하여 포기하지 않게 하시고 새로운 변화에 적응하고 그리스도인의 위상을 들어낼 수 있는 능력을 주옵소서. 하나님께서 주신 직장은 내 삶의 터전이요, 주님을 보여줄 수 있는 동영상입니다. 우리로 인해 많은 사람에게 예수님을 보여 줄 수 있는 복음의 홍보대사가 되게 하옵소서. 사람에게 하듯 하지 않게 하시고 주님께 하듯 하여 하늘의 상급 받게 하옵소서. 예수님의 이름으로 기도드립니다. 아멘.

환난에서 구원하신 하나님

· 심방예배(퇴원한 가정) ·

　"환난 날에 나를 부르라 내가 너를 건지리니"(시50:15) 말씀을 믿고 부르짖는 죄인의 기도를 들으시고 병석에서 일어나게 하셔서 감사드립니다. 우리의 약한 것이 강한 것이 되었던 것 중에 하나는 주님을 의지하는 기도였음을 알게 하옵소서. 믿음과 기도는 동전의 양면과 같아서 믿음으로 기도하는 것 중에 어떤 것도 빼놓을 수 없었던 것은, 그런 기도를 들어주신 하나님을 경험하게 하셨습니다. 어려울 때일수록 주님이 가까이 계셨음을 알게 하셨던 주님! 어려움을 당한 사람에게 언제나 우리가 있게 하시어 위로의 주님을 만날 수 있게 하옵소서. 하나님을 의지한다 하면서도 자신을 의지하고 싶은 유혹이 많았습니다. 문제를 해결해 주시는 분은 하나님뿐임을 알게 하옵소서. 예수님의 이름으로 기도드립니다. 아멘.

부록

구원 받은 기쁨의 생신

• 심방예배(노인생신) •

"그는 늙어도 여전히 결실하며 진액이 풍족하고 빛이 청청하니"(시92:14) 하셨습니다. 잎사귀만 무성한 나무도 있지만 앙상한 가지에 소담한 열매를 맺고 있는 나무는 더욱 아름답습니다. 지금까지 주님이 주신 축복을 누리며 살았던 날들을 간증하며 살게 하옵소서. 주님이 아닌 다른 것으로 채워진 것이 있다면, 어떤 신앙이라도 용납하지 않게 하옵소서. 후대에 물려줄 영광스런 신앙을 전승시킬 믿음으로 채워주시어 예수님의 영광을 나타내게 하옵소서. 지금까지 건강하게 지켜 주셨으니 앞으로 남은 생애가 모자라 아쉬울 정도로 충성하는 삶이 되게 하옵소서. 효도하는 자녀들을 축복하시어 이 땅에서 잘되게 하옵소서. 예수님의 이름으로 기도드립니다. 아멘.

새 사람으로 변화되자

• 심방예배(술로 고민하는 가정) •

"술 취하지 말라 이는 방탕한 것이니 오직 성령으로 충만함을 받으라"(엡5:18) 말씀하셨습니다. 그러나 웬일인지 이기지 못하는 것 하나가 있어 주님의 마음을 아프게 하고 있습니다. 회개의 마음을 주시어 마귀가 틈타지 않게 하옵소서. 율법에 정통한 바리새인 니고데모는 예수님을 찾아와 자신의 고민을 털어놓았습니다. 예수님은 그에게 성령으로 거듭나게 하셨고 성령으로 거듭나지 않은 신앙은 헛된 행위임을 알게 하셨습니다. 세상 것을 버리지 못해 영원한 것을 잃어버릴 수 없듯이 사랑하는 형제가 믿음 없음을 회개하게 하옵소서. 자신의 지위와 체면을 모두 내려놓고 갈급한 마음으로 주님을 만날 수 있게 하시어 물과 성령으로 거듭나게 하옵소서. 예수님의 이름으로 기도드립니다. 아멘.

부록

사업의 걸음을 인도하는 자는 여호와

• 심방예배(개업하는 가정) •

"마음의 경영은 사람에게 있어도 말의 응답은 여호와께로부터 나오느니라, 적은 소득이 공의를 겸하면 많은 소득이 불의를 겸한 것보다 나으니라"(잠16:1,8) 말씀하셨습니다. 하나님은 처음과 나중이 되시기에 험한 경쟁업체들 중에서도 지켜주실 것을 믿습니다. 주님을 의지하는 것이 복이라고 하셨습니다. 작은 것을 소중히 여기고 주님께 충성할 수 있는 마음을 주시어 더 많은 것을 얻을 수 있는 기회를 가지게 하옵소서. 베드로는 자기의 경력과 기술을 믿고 그물을 던질 때 실패하였지만 주님의 말씀을 의지하고 나아갈 때 만선의 기쁨을 누렸습니다. 사람이 마음으로 자기의 길을 계획할지라도 그 걸음을 인도하시는 분은 여호와이십니다. 주님을 선장으로 모셨기에 만선을 기대하며 예배를 드립니다. 예수님의 이름으로 기도 드립니다. 아멘.

성공을 주관 하시는 주님

• 심방예배(사업을 확장하는 가정) •

"내 아들아 나의 법을 잊어버리지 말고 네 마음으로 나의 명령을 지키라 그리하면 그것이 네가 장수하여 많은 해를 누리게 하며 평강을 더하게 하리라"(잠3:1-2) 말씀하셨습니다. 그리스도인의 삶과 말씀은 뗄 수 없는 관계이기에 성경의 진리를 알수록 경제의 지혜를 배우게 하심을 감사드립니다. 사업이 번창하여 바쁠수록 더욱더 하나님을 경외할 수 있도록 하옵소서. 하나님이 주신 지혜자의 법과 말씀에 순종하여 하나님을 기쁘게 해 드리는 기업으로 성장해 나가기를 원합니다. 경제 불황 속에서도 확장예배를 드림은 사업주의 지혜나 노하우가 아니라 하나님이 주신 축복임을 믿습니다. 성실과 정직을 바탕으로 그리스도인의 위상을 높이는 곳이 되게 하옵소서. 예수님의 이름으로 기도드립니다. 아멘.

부록

부활과 영생의 소망

• 심방예배(상을 당한 가정) •

　여기 사랑하는 가족과 작별하여 슬픔을 이기고 주님의 뜻을 신뢰하고 있는 가족들이 있습니다. 인간의 죽음으로 인하여 작별한 가족들에게는 슬픔과 괴로움을 말로다 표현할 수 없습니다. 그러나 슬픔을 이기는 위로가 여기 있습니다.
　"예수께서 이르시되 나는 부활이요 생명이니 나를 믿는 자는 죽어도 살겠고 무릇 살아서 나를 믿는 자는 영원히 죽지 아니하리니 이것을 네가 믿느냐"(요 11:25-26) 말씀하셨습니다. 고인은 이 땅에서 믿음으로 살아가시는 중에 힘들고 어려운 일이 많았지만 아름다운 믿음을 지켜왔습니다. 주님은 고인을 보시고 더 좋은 곳, 영원한 천국으로 부르셨습니다. 그곳은 모든 눈물을 씻기시고 다시 죽음이 없으며 슬픔이나 아픈 것이 없는 곳에서 영원히 쉬게 하셨습니다. 예수님의 이름으로 기도드립니다. 아멘.

예수 사랑 충만한 가정

• 심방예배(결혼한 가정) •

　가나의 혼인잔치에서도 예수님이 직접 참석하시어 그들을 위해 기적을 베푸셨습니다. 이 가정에도 오시어 에덴동산에서 한 가정을 축복하시어 인류를 번성할 수 있는 복된 가정으로 축복하신 것처럼 복을 주시옵소서. 꽃은 아름답지만 더 귀한 것은 그 꽃의 향기입니다. 사랑의 향기가 진동할 수 있도록 서로를 아끼며 존경하여 예수만을 섬기는 가정이 되게 하옵소서. 혹시 괴로운 일을 만날 때는 능력의 주님 바라보게 하시고 자신의 마음을 알아주지 못해 애매한 고난을 받을 때에는 내 안에 계신 주님이 해결해 주실 것을 믿고 감사하게 하옵소서. 무력적인 방법을 선택하기보다는 기도로 이겨가는 영성을 주셔서 행복한 가정의 본이 되게 하옵소서. 예수님의 이름으로 기도드립니다. 아멘.

부록

그날이 온다

• 심방예배(성묘) •

"내가 진실로 진실로 너희에게 이르노니 내 말을 듣고 또 나 보내신 이를 믿는 자는 영생을 얻었고 심판에 이르지 아니하나니 사망에서 생명으로 옮겼느니라"(요5:24) 말씀하셨습니다. 고인을 보내고 슬퍼하는 유족들을 긍휼이 여기시어 주님의 따뜻한 손길로 위로하여 주옵소서. 영원한 소망을 주신 주님은 일찍이 부활을 통하여 사람의 죽음은 인생의 끝이 아니라 영원한 시작이라고 가르쳐 주셨습니다. 모든 육체는 풀과 같고 그 모든 영광은 풀의 꽃과 같으니 하나님을 믿는 성도들은 영생이 있으며, 부활의 소망이 있는 것을 믿습니다. 저희들은 성묘를 통해 깊은 인생관을 깨닫고 고인의 신앙을 다시 한 번 본받아 후회 없는 인생을 살게 하옵소서. 예수님의 이름으로 기도드립니다. 아멘.

믿음으로 하나 되자

• 심방예배(믿음이 하나 되지 못한 가정) •

"주도 한 분이시요 믿음도 하나요 세례도 하나요 하나님도 한 분이시니 곧 만유의 아버지시라 만유 위에 계시고 만유를 통일하시고 만유 가운데 계시도다"(엡4:5-6) 말씀하셨습니다. 마치 고넬료의 가정처럼 하나님을 경외하며 기도하여 가정 구원이 이루어지게 하여 주옵소서. 심판하시는 하나님 앞에서 부끄럽지 않도록 오직 예수님만 보이게 하옵소서. 바리새인들은 예수님이 메시아가 아니라는 신조를 증명하려고 했지만, 오히려 그분이 메시아라는 진리를 더 확실하게 알게 되었습니다. 이 땅에 예수님을 보내신 분은 하나님이심을 밝혔지만 귀를 막고 듣지 않으려는 사람들도 있습니다. 영적 소경 같은 가정에 진리를 보게 하시어 세상의 유혹과 시험에도 구원의 메시아를 보내신 하나님을 믿는 가정으로 하나 되게 하옵소서. 예수님의 이름으로 기도드립니다. 아멘.